평생 교육론

김문섭 김규태 김진숙 공저

LIFELONG EDUCATION THEORY

양성원

머리말

제4차 산업혁명의 물결이 전 세계를 휩쓸고 있다. 이 용어는 2016년 세계경제포럼(WEF: World Economic Forum)에서 처음 언급된 이후, 정보통신기술(ICT) 기반의 새로운 산업시대를 대표하는 용어가 되었다. 인공 지능(AI), 사물 인터넷(IoT), 클라우드 컴퓨팅, 빅데이터, 모바일 등 지능정보기술이 경제·사회 전반에 융합되어 혁신적인 변화를 가져오고 있다. 이러한 삶의 전 분야에서 발생하고 있는 변화는 우리로 하여금 새로운 라이프스타일과 삶의 지식을 요구하고 있다. 평생교육학적 관점에서 보면 평생학습의 시대가 도래하였다.

칸트는 무지의 속박으로부터 벗어나는 길은 자신 스스로가 이성적 존재로서 환경을 깨우쳐 나갈 때 가능하다고 하였다(sapere aude). 학습의 주체적 존재로서 자기 삶의 구속을 해방시킬 수 있는 앎에 대한 부단한 노력을 강조하는 의미이다. 현대를 살아가는 우리는 끊임없는 자기 계몽의 필요 속에 살고 있다. 과학기술의 발달로 인한 새로운 지식이 수없이 쏟아지는 시대를 놓치지 않고 따라가기 위해서는 지속적으로 새로운 지식을 깨우쳐 나가는 방법밖에 없다. 여기서 우리는 평생학습의 필요성을 갖게 된다.

본서는 평생교육을 전공하는 학생들에게는 전문 지식과 영역을 탐구할 수 있는 가이드 역할을 할 것이다. 평생교육사나 평생교육 분야에 종사하는 이들에게는 평생교육에 대한 종합적인 이해를 하는 데 도움을 줄 수 있을 것이다. 평생교육과 평생학습에 관해 관심을 가진 이라면 평생교육과 평생학습에 대한 입문서로서 충분한 기능을 할 수 있을 거라고 생각한다. 이 책을 통해 인식의 확장을 경험하고 배우는 즐거움을 가지는 시간을 갖기를 바라는 마음이다. 끝으로 지난 일 년 동안 바쁘신 시간을 쪼개어 집필을 같이 해 주신 계명대학교 김규태 교수님과 대구한의대학교 김진숙 교수님에게도 심심한 감사를 드리는 바이다.

2019년 2월

삼성산 기슭에서 저자대표 김문섭

차 례

| PART 1 | 평생교육의 이론적 기초

| PART 2 | 평생교육행정 및 경영

평생교육론

PART

1

평생교육의 이론적 기초

CHAPTER 1

평생교육의 기초

개요

인간은 자유, 성장, 학습, 의미, 탐구 등과 같은 단어를 사용한다. 삶의 진행은 자기성찰 또는 자기 찾기이다. 인간은 태어나서 노년에 이르기까지 평생에 걸쳐 성장 및 발달하는 전 생애 발달이론이 확산되었으며, 자아실현을 위한 학습과제의 실천방안으로서 평생학습에 대한 관심과 수요가 증가하고 있다. 평생교육론은 인류의 역사만큼이나 오래된 교육론이라고 할 수 있다. 이러한 평생교육은 20세기 후반에 이르러 세계 각국이 추구하는 새로운 교육체제의 발전이념과 원리로 자리 잡았다. 이와 관련해서 이 장에서는 평생학습의 이론과 방향 및 목표를 수행하기 위해 요구되는 평생교육의 개념과 필요성, 이념과 목적, 영역과 특성, 그리고 평생교육의 유사개념을 살펴본다.

학습목표

1. 평생교육의 개념과 학교교육의 개념적 차이를 이해한다.
2. 평생교육의 이념은 무엇이고 왜 필요한가를 설명한다.
3. 평생교육의 영역과 기본적 특성을 열거한다.
4. 평생교육의 유사한 용어를 학습한다.

1. 평생교육의 개념과 학교교육

오늘날 평생교육은 새로운 사회의 교육 이상형으로 또는 학교교육 중심의 제도권 교육 중심체제에 대한 대안적 교육이념으로 제시하고 있다. 평생교육이란 흔히 '요람에서 무덤까지' 평생에 걸친 배움을 강조하는 이념으로 또는 가정교육 및 학교교육과 사회교육으로 이해한다.

메를로 퐁티(M. Merleau Ponty)의 표현을 빌리면, '세계를 보는 방법을 재학습해야 할 의무는 개인적인 일일 뿐만 아니라 세대 간의 일이다'라고 하였다(Feinberg, 1995). 이러한 평생교육의 아이디어는 현대에 이르기 전에도 많은 철학자와 사상가, 교육이론가들에 의해 제시되어 왔다.

일찍이 고대 로마인들은 가르침과 배움의 본능을 지닌 학습하는 인간으로서 일상생활에서 지식과 지혜를 익히는 사람을 호모 에루디티오(Homo Eruditio, 배우고 공부하는 인간)라고 불렀다. 한나 아렌트(Hanna Arendt)는 교육은 어떤 새로운 것을 시도할 수 있도록 하며 동시에 공공세계를 갱신하는 과업으로 중시하였다.

평생교육은 자신의 계급이나 생활수준에 관계없이 누구나 평등하게 교육받도록 하는 것이다. 이런 취지에서 1970년대 이후 평생교육의 개념과 이념은 현대교육의 특징적이며 핵심적인 개념으로 자리를 잡아 가고 있다. 유네스코는 21세기 교육으로 평생교육이 중심 개념이 될 것임을 예견하고, 현대사회에서 교육을 이해하고 실천하는 방법들을 제시해 왔다. 또한, 독일의 시민대학연합, 경제개발협력기구(OECD) 등이 교육의 이론과 실천방향에 대해 조언하고 있다.

평생교육이 활성화된 배경으로는 유네스코와 OECD 등 국제기구들의 역할이 크다. 국제적인 연대 속에 평생학습의 순환교육 등에 대한 기초를 마련하였다. 순환교육(recurrent education)이란 OECD에 의해 주창되어 스웨덴을 비롯하여 세계 각국으로 확대 도입이 되었다. 순환교육이론의 가장 큰 특징은 교육과 노동, 여가

활동과 같은 각기 다른 분야와 순환적으로 활동을 반복할 수 있으며, 의무교육 종료 후 모든 교육을 대상으로 하는 교육전략이다(서보준, 서명환, 신성철, 2015). 평생교육은 교육의 어떤 한 특정 영역이나 특정 부문을 지칭하는 실체적 개념은 아니다.

평생교육은 글자 그대로 일생에 걸친 교육과 학습을 의미한다고 할 수 있지만, 그 개념의 해석은 학자들에 따라 다양하게 이루어지고 있다.

1) 평생교육의 개념

평생교육은 '교육' 그 자체와 동의어적인 성격을 지니는 개념으로, 교육의 모든 것을 총칭하는 본질적인 이념과 방법론들이 정립된 것이다. 평생교육은 인간을 '교육적 존재' 혹은 '학습존재'라고 부르듯이, 학교교육처럼 특정의 실체적 영역을 지니는 명확한 개념이라기보다는 이 모두를 하나로 묶는 이상향적인 이념의 성격을 지니고 있다. 사회화 과정에서 보면, 평생교육은 인생주기에 맞는 학습과정을 만들어 인간을 완성해 가는 것이다.

일반계층에서 선호하는 평생학습은 일상생활에서 벗어나 새로운 지식을 취득하는 것이었다. 그로 인해 평생교육에 관해 우리는 상당한 개념적 혼란과 오류를 범하기 쉽다. 많은 경우 평생교육은 사회교육과 동의어로 혼용되고 있기 때문이다. 물론 평생교육의 이념이 강조하고 중요시하는 핵심적인 영역이 사회교육 부문임에는 틀림없다. 그로 인해 두 개념은 마치 동의어인 것처럼 인식되고 있고 한 단어처럼 쓰이고 있다.

그러나 이 양자의 개념은 구별될 필요가 있다. 평생교육은 사회교육과 학교교육을 포괄하는 상위의 총체적 교육이념이다. 반면, 사회교육은 학교교육을 제외하고 청소년 및 성인에 대한 직업 및 취미 등 각 영역의 일체교육활동이라는 점에서 학교교육 이외의 비정형적인 교육 부문을 의미하는 하위 부분 개념으로서 이해되고 있다.

1999년 독일 쾰른에서 개최한 G8정상회담에서 평생학습사회가 이미 세계적인 화두로 등장하였으며, 평생교육은 정보화 사회의 필수불가결한 요청임을 확인할 수 있다. 즉, 쾰른의 평생학습 목표와 목적(KOLN CHARTER - Aims and ambitions for lifelong learning)은 모든 나라의 국민들이 다음 세기를 살아가는 데 필요한 지식, 기술, 자격을 습득할 수 있는 환경, 즉 학습사회를 구현하는 것을 중요한 과제로 삼고 있다. 국민들이 유동적인 세상, 급변하는 세상에서 살아남기 위해서는 교육과 평생학습이 뒷받침되어야 하며, 국가는 국민들에게 교육과 평생학습의 기회를 보장해야 한다고 주장하였다.

이러한 평생교육의 개념과 관련하여 폴 랑그랑(P. Lengrand)은 1965년 12월 파리의 유네스코(UNESCO) 성인교육발전위원회에서 처음으로 평생교육의 개념을 '개인의 출생에서부터 죽을 때까지의 전 생애에 걸친 교육의 통합'으로 제시하였다. 구체적으로 살펴보면 다음과 같다.

① 평생교육은 기존 교육체제에 비하여 교육을 전 생애에 걸친 것으로 본다.
② 평생교육은 인간의 전인적 요소, 즉 지적·정서적·심미적·신체적 요소에 대한 균형적인 발달을 추구한다.
③ 평생교육은 인격의 전체적이고 유기적 발달을 위해 여러 가지 교육 간의 통합을 추구한다.
④ 평생교육에서 지식은 계속적인 탐구를 통해 변화, 발전한다고 보기 때문에 기존의 지식을 단순히 전달하는 것보다는 계속적인 탐구를 강조한다.
⑤ 평생교육은 각 개인이 가지고 있는 개성과 잠재력에 따라 자발적인 발달과 성장을 할 수 있도록 돕는다.

⑥ 평생교육은 교육을 개인의 성장을 위한 수단으로 보며, 따라서 교육을 끊임없는 자기계발의 과정으로 이해한다.
⑦ 평생교육에서는 인간이 가지고 있는 능력과 잠재력을 일생 동안 각 성장단계에서 발달시키고자 노력한다.
⑧ 평생교육에서는 때와 상황에 따라 사회구성원 모두가 교육을 제공할 수 있다고 본다.

한편, 데이브(R. H. Dave)는 평생교육을 개인적 및 사회적 삶의 질을 계속적으로 향상시키기 위하여 평생 동안에 걸쳐 연장 및 실시되는 모든 형태의 형식적·비형식적 학습활동을 포함하고 있다. 이러한 관점에서 평생교육의 개념을 보다 종합적이고 분석적으로 정리하면 다음과 같다(Dave, 1976).

① 평생교육의 개념을 생(Life)과 평생(lifelong)교육(education)으로 보고 평생교육의 의미와 그 범위를 해석하고 있다.
② 교육은 학교교육으로 종료되는 것이 아니라 평생을 통한 과정으로 평생교육은 한 개인의 전체 생활의 영역과 전 생애주기를 통하여 이루어지는 것이다.
③ 평생교육은 반드시 성인교육에만 국한되는 것이 아니라 학령 전 교육, 초등교육, 중등교육, 고등교육 및 그 밖의 모든 단체의 교육을 포괄하거나 통합하는 개념이다.
④ 평생교육은 학교교육과 학교 외 교육을 포함하며 조직적인 학습과 비조직적 학습을 포함한다.
⑤ 평생교육에 있어서는 가정이 제1차적인 것으로 결정적인 역할을 담당한다. 이 가정은 한 개인의 전 생애를 통하여 전인적 발달을 추구하는 것이다.
⑥ 평생교육체제에 있어서는 지역사회 역시 아동이 처음으로 지역사회와 접촉

할 때부터 중요한 역할을 담당한다.

⑦ 학교나 대학이나 또는 훈련기관도 중요하지만 그들은 각각 전체 평생교육기관의 하나로서 중요한 제도들이다.

⑧ 평생교육은 계속성과 아울러 수직적·종적 측면에서의 인간발달과 교육의 통합을 추구한다.

⑨ 평생교육은 모든 발달단계에 있어서 수평적·심층적 측면의 교육의 통합을 추구한다.

⑩ 평생교육은 선택된 자들을 위한 교육 형태와는 달리 그 성격이 보편적이고 민주적이다. 평생교육은 이러한 점에서 교육의 민주화를 추구한다.

⑪ 평생교육은 학습시간, 학습내용, 학습방법 및 자료 등에 있어서 융합성과 다양성을 그 특징으로 한다.

⑫ 평생교육은 새로운 학습자료 또는 학습매체가 개발되었을 때 즉시 그것들을 활용할 수 있게 하는 역동적인 교육의 방법이다.

⑬ 평생교육은 교육을 받는 데 있어서 매우 다양한 형태와 방법을 추구한다.

⑭ 평생교육은 교양교육과 중간 직업교육이라는 두 개의 광역적 구성요소를 가지고 있다. 이 두 개의 구성요소는 그 성격상 서로 완전히 다른 것이 아니라 서로 연관성이 있거나 상호작용을 하는 것이다.

⑮ 개인이나 사회의 적응기능이나 혁신기능은 평생교육을 통하여 충족될 수 있다.

⑯ 평생교육은 기존 교육제도의 결함을 보완하는 교정적 기능을 지니고 있다.

⑰ 평생교육의 궁극적인 목표는 인간의 삶의 질을 향상시키는 데 있다.

⑱ 평생교육에는 세 가지 중요한 전제조건이 있는데, 그것은 기회와 동기와 교육 가능성이다.

⑲ 평생교육은 모든 교육기관의 조직 원리이다.

⑳ 실천적 단계에 있어서 평생교육은 모든 교육의 전제적 틀을 마련해 주는 역할을 한다.

그리고 유네스코에서는 평생교육(lifelong education)이란 문자 그대로 평생을 통한 계속적인 교육을 의미한다. 우리나라 국가평생교육진흥원에서는 광의의 개념으로 평생교육은 인간의 삶의 질 향상과 사회적 발전 추구를 위하여 태교에서부터 시작하여 죽을 때까지 전 생애에 걸쳐 행해지는 교육으로 총칭한다.

우리나라 「평생교육법」 제2조에서는 평생교육을 학교의 정규과정을 제외한 학력보완교육, 성인문자해득교육, 직업능력 향상교육, 인문교양교육, 문화예술교육, 시민참여교육 등을 포함하는 모든 형태의 조직적인 교육활동으로 정의하고 있다.

2) 평생교육과 학교교육의 차이

학교교육이나 평생교육의 틀은 역사적 산물이다. 교육의 기본 틀을 형성하는 규칙과 구조들은 계속 변하고 있는 것이다. 평생교육이 갖는 특성들은 평생교육과 학교교육의 차이점을 비교해 볼 때 더욱 분명하게 이해될 수 있다. 물론, 학교교육은 평생교육의 한 부분을 구성한다는 점에서 학교교육과 평생교육은 서로 완전히 별개의 것은 아니다. 그러나 학교교육을 포함한 모든 교육활동을 망라하는 평생교육은 개인이나 학습자 집단에 대한 계획적인 행동 변화를 모색하는 포괄적이고 기본적인 과정으로 운영된다(Boone, 1985). 따라서 평생교육은 다음과 같은 점에서 학교교육과 분명하게 대비된다.

① 학교교육의 대상은 아동이나 청소년으로 제한되어 있으나, 평생교육의 대상은 유아, 부모, 부녀자, 노인, 학생에 이르기까지 연령상의 제약이 없고 다양

하다. 즉, 학교교육에 대한 요구는 아동기나 청소년기와 같은 일정한 시기에 한정되는 데 비해, 평생교육에 대한 학습자의 요구는 일생 동안 계속된다.

② 학교교육은 아동이나 청소년에게 미래의 준비를 위해 의무적이고 강제적으로 부과되는 데 비해, 평생교육은 학습자가 삶의 일부로서 자기계발을 목적으로 자발적으로 참여한다.

③ 학교교육은 일정한 형식 속에서 의무적 교육으로 학습자의 학습참여를 강제적으로 할 수 있으나, 평생교육은 개인 학습자의 자발적 참여에 의존하고 집단과 지역사회까지 광범위하게 포함되기 때문에 학교에서처럼 강제력이 작용하기 어려우며 이에 따라 학습 참여 동기를 유지시키기 어렵다.

④ 학교교육에서 학습자는 연령과 학습배경의 동질성을 갖는 데 비해, 평생교육의 학습자는 연령, 학습배경, 직업, 계층 등에서 다양한 차이를 갖는다. 따라서 개인의 발전과 능력개발을 위한 다양한 학습자 구성으로 인해 교육내용과 학습방법의 설정에 어려움이 있다.

⑤ 학교교육이 교과나 학문을 중심으로 하여 계열성이 갖추어진 교육내용을 다루는 반면, 평생교육의 내용은 학습자의 요구에 따라 다양하다. 평생교육은 현실생활이나 직업과 직결되는 실제적 지식이나 생활경험, 과업 중심적인 내용을 다루며, 학습요소 간의 계열성도 그렇게 엄격하지 않다.

⑥ 학교교육은 사회 변화에 신속하게 대응하는 교육을 할 수 없는 데 비해, 평생교육은 신속하게 대응할 수 있다. 학교교육은 제도화되어 있어서 사회적 변화를 수용하는 데 신속하지 못하다. 이에 비해 평생교육 프로그램은 실생활의 과제해결에 초점을 맞춰 시대 변화에 따라 신속하고 유연하게 변화할 수 있다.

⑦ 학교교육은 교사 중심의 교육방법에 크게 의존하는 데 비해, 평생교육에서는 교사의 조력과 학습자의 상호작용이 보다 강조되며, 교육방법이 프로그

램 목표, 기관의 특성 및 지원체제에 따라 보다 다양하고 탄력성 있게 채택된다.

⑧ 학교교육의 기간은 최소 몇 년에 달하는 장기간인 데 비해, 평생교육의 기간은 단기간이다. 또한 학교교육은 획일적인 시간계획하에 전일제 수업을 하나, 평생교육은 시간의 융통성이 많으며 흔히 정시제 수업으로 운영된다.

⑨ 학교교육은 국가나 지방단체에 의해 설립되거나 인가된 학교교육기관만이 실시할 수 있으나, 평생교육은 다양한 기관이나 주체가 실시할 수 있다. 따라서 사회단체, 언론기관, 각종 기관과 시설, 대학 등은 물론 개인도 평생교육의 주체가 될 수 있다.

⑩ 학교교육의 효과는 심리적인 동시에 장기적으로 나타나는 데 비해, 평생교육의 효과는 단순한 지식전달에 그치지 않고 문제해결능력을 향상시키는 교육활동을 추구한다. 일상생활이나 직업과 관련되어 보다 구체적이며 즉시적으로 나타난다.

⑪ 학교교육은 국가의 중앙집권적인 통제가 강조되지만 평생교육의 경우는 자율적인 통제 속에 자기 주도하에 생활지향성으로 이루어진다. 그러할 때 유네스코가 제시하는 저마다 자신의 능력을 개발하고 기존의 지식을 더 풍부하게 할 것이고 자기행동 양식을 바꾸게 될 것이다.

평생교육의 이러한 특성들을 학교교육과 비교하여 보면, 〈표 1-1〉과 같이 그 특징이 분명하게 드러난다. 평생교육은 학교교육을 포함한 모든 교육활동을 포함하는 광의의 개념이지만, 협의의 관점에서는 다음과 같이 분명하게 차이를 나타낸다.

〈표 1-1〉 학교교육과 평생교육의 비교

구분	학교교육	평생교육
교육목적	• 인간 교육, 인격 향상, 자격증 획득	• 인간교육, 여가선용, 실제적 교양
교육대상	• 획일적, 동질적, 특정인	• 다원적, 이질적, 보편적
교육내용	• 학문 분류에 따른 기본적 교과지식 • 이론, 방법론 중시	• 학습자의 흥미와 요구에 기초한 교육내용 • 경험 중시, 이해 중심, 관심 중심
교육방법	• 교사 중심적, 일방교육, 교육 중심	• 학습자 중심적, 상호교육, 쌍방향
교육제도	• 형식적, 고정적, 획일적 • 사회 변화에 적응하기 곤란	• 비형식적, 다양성, 유연성, 개별성 • 사회 변화에 적응 용이
교육평가	• 교사의 기준에 의한 시험평가	• 학습자의 자기평가, 자율평가
교육결과	• 지식의 미래 효용도 중시	• 지식의 현재 효용도 중시
교육시기	• 한정(입학 시기, 재학기간, 졸업 시기)	• 수시, 전 생애
교육장소	• 학교로 한정	• 학교 내외로 무한정
학습동기	• 타율적, 강제적, 의무적	• 자율적, 선택적
학습자	• 의존적 성향, 교사 주도적, 수동적 자세	• 독립적 성향, 자기 주도적, 능동적 자세
교사역할	• 지식전달, 권위적	• 조력자, 안내자, 민주적

출처: 송병순(2000). 평생교육의 이론과 실제. 서울: 원미사.

평생교육과 학교교육은 여러 가지 측면에서 차이점이 있으나 이 두 가지가 각각 별개의 교육으로 단절되어 있는 것은 아니다. 개인의 일생에 걸친 학습이 일정한 방향과 목표를 위해 일관되게 이루어지기 위해서는 학교교육은 평생교육의 한 부분으로서 가정교육이나 사회교육과 서로 모순되거나 갈등을 일으키지 않고 상호 보완적인 기능을 해야 한다.

2. 평생교육의 이념과 필요성

1) 평생교육의 이념

평생학습권은 단순히 자유권을 넘어 적극적인 사회권으로 인정된다. 인간의 학습은 기본적으로 사적인 활동이며 동시에 인간의 자유권적 인권으로 이해할 수 있다. 평생교육의 목적은 자기주도적인 학습을 지속적으로 추구하고 실천하는 인간을 육성하여 개인의 삶의 질을 향상시키며 바람직한 사회를 건설하는 것이다. 그러므로 평생교육의 개념은 모종의 교육활동이나 과정 그 자체를 나타내는 개념이라기보다는 교육의 과정이나 활동 또는 정책이 추구하는 방향이나 원리 이념으로서 사용되고 있다.

평생교육이 추구하는 이념이나 목적은 기본적으로 바람직한 자기성장과 개인의 삶의 질 향상을 위해 자기주도적인 학습을 계속적으로 추구하고 실천하는 인간을 육성하는 데 있다. 그리고 국가는 평생학습권을 만족시킬 의무를 갖는다. 개인의 육성을 통해 바람직한 사회를 건설해 나가도록 하는 것이다. 그런 점에서 학습권은 사회적 권리를 실현하기 위한 국가의 적극적 책무행위라고 할 수 있다.

모든 국민이 전 생애에 걸쳐 다양한 교육활동에 참여함으로써 평생학습사회가 새로운 사회적 핵심제도로서 정착시키는 것은 대규모의 사회적 인프라와 국민적 공감대가 필요한 영역이다. 따라서 평생교육의 이념적 속성은 다섯 가지 측면에서 돌아볼 수 있다. 즉, 교육개념의 전체성과 통합성, 교육시기의 계속성과 항상성, 교육대상의 평등성과 전체성, 교육체제의 개방성과 다양성, 학습사회의 실현 및 교육접근기회 보장, 개인의 자아실현과 사회적 삶의 질 향상, 생애단계별 창조적 학습자 육성 등으로 요약할 수 있다.

평생교육이념의 첫 번째 속성으로서의 교육개념의 전체성과 통합성이란 전통적

교육개념에서와 같이 학교교육 만능의 교육관, 즉 교육은 곧 학교교육이 전부라는 학교본위개념에서 탈피하여 여타 교육범주에서 실질적으로 확산되어야 함을 의미한다. 즉, 가정교육을 위시하여 유치원교육, 초등교육, 중등교육, 고등교육 등의 학교교육, 그리고 사회 속에서 이루어지는 다양한 형태의 교육을 서로 연결하고 통합함으로써 모든 형태의 교육이 일관성과 관련성을 갖도록 하는 것이다.

둘째, 교육시기의 계속성과 항상성이란 교육의 시기가 태어나서 죽을 때까지의 전 생애주기에 걸쳐 균등하게 재분배되고 지속적으로 중시되어야 한다는 것이다. 지금까지 학교교육의 주 대상집단이었던 아동이나 청소년층의 교육시기뿐 아니라 성인기나 노년기라는 후반기 교육시기도 함께 학교교육의 대상영역에 포함되고 고려되어야 한다는 점을 반영한다. 이는 인생주기 전체집단을 대상으로 하는 확산된 교육의 장이 되어야 한다는 것을 전제로 한다.

셋째, 교육대상의 평등성과 전체성이란 지금까지의 학교교육이 주로 혜택받은 소수 특권집단의 이익을 대변하는 것이 아니라 교육적 불평등 수혜 계층이나 교육·문화적 결손집단들에 대해 학교가 관심을 갖고 그들을 위한 교육기회를 진정으로 확산시켜 줄 것을 기대한다. 더욱이 단순한 기회 제공이나 허용의 측면에서가 아니라 기회 제공의 보장적 평등과 기회, 과정, 결과 산출의 제 측면에 있어서의 평등관으로 확산되고 연결된 것을 의미한다.

넷째, 교육체제의 개방성과 다양성이란 국민들에게 평생학습정책 개발, 평생학습제도 운영, 평생교육 현안과제에 대한 개방성과 다양성을 보장한다는 의미이다. 모든 국민이 평생에 걸쳐 학습할 수 있도록 다양한 학습기회를 제공하고 이를 통해 개인은 꿈을 실현하고 국가는 지속적으로 성장하는 건강한 평생학습문화를 만들어 가는 데 있어서 개인들의 참여와 관심을 갖도록 하는 것이다.

다섯째, 학습사회의 실현 및 학습권, 접근권 보장이란 평생교육은 언제, 어디서나, 누구나, 원하는 것을 배울 수 있는 교육체제의 실현과 함께 그러한 교육체제를 구축한 사회의 실현을 의미한다. 교육의 기회를 확대하고 다양화하며, 또한 기회를 균등하게 제공함으로써 교육의 민주화를 지향하고 추구한다.

여섯째, 생애단계별 창조적 학습자 육성이란 평생교육을 통한 개인의 자아실현과 사회적 삶의 질 향상이란 의미를 갖는다. 평생교육은 평생을 통한 학습의 기회를 개인에게 제공함으로써 궁극적으로 개인의 계속적인 성장과 발전을 이루어 나가며, 개인의 자아실현과 사회발전을 최대화하고자 한다.

교육이념으로서 평생교육은 가정교육과 학교교육, 사회교육을 망라하는 모든 형태의 교육을 통합적으로 연계시키며, 또한 사회구성원 모두에게 언제 어디서나 원하는 교육을 받을 수 있는 기회를 균등하게 제공함으로써 개인의 계속적인 성장과 삶의 질 향상을 추구한다. 이를 위해 학습자의 재학습률을 높이고 이들을 교육할 전문기관 및 교육 프로그램을 획기적으로 늘리는 것이 필요하다.

2) 평생교육의 필요성

교육목적의 철학적 담론은 세계의 본질과 이상에 대한 형이상학적 관심이다. 1980년대 이후에는 포스트모더니즘의 영향에서 기술주의적 교육관에 대한 비판 속에서 인간해방, 자기 창조, 웰빙(well-being), 자기구원, 민주주의, 사회정의 등의 개념이 강조되었다. 교육은 한 사회의 변화, 정치적 영향을 받을 뿐만 아니라 사회적 맥락에 따라서 혹은 개인의 필요에 따라 달라질 수 있다는 점이다.

이와 관련하여 현대 평생교육의 선도자인 랑그랑은 1972년 유네스코 본부에서 열렸던 '평생교육에 관한 심포지엄'에서 평생교육의 필요성을 기존의 교육체제와 비교하여 다음과 같이 제시하였다.

첫째, 평생교육은 계획적이고 의도적인 학습뿐만 아니라 우발적인 학습까지도 포함하여 모든 형태의 교육을 통합하려는 교육이다. 그러므로 평생교육은 학교교육이 독점하는 교육을 인정하지 않으며, 학교교육의 의미와 역할도 평생교육의 차원에서 파악하고자 한다.

둘째, 평생교육은 사회 전체를 교육적인 환경을 만들기 위해 노력하며 보다 나은 교육적 환경을 사회구성원들에게 제공하기 위해 노력한다.

셋째, 평생교육의 기회 확대와 균등화를 이루기 위해 교육의 형태와 내용, 방법을 다양화하고 융통성을 부여하여 교육의 개별화를 추구한다.

넷째, 평생교육은 일생에 걸친 균등한 교육기회의 확대를 통해 개인의 자아실현을 지속적으로 지원하며, 개인의 전인적인 발달을 추구한다.

그러면서 그는 현대사회에서 평생교육이 요청되고 있는 배경을 다음 몇 가지로 제시하였다. ① 인간의 이상, 관습, 개념의 가속적 변화, ② 인구의 증가와 평균수명의 연장으로 인한 교육의 양적 확대와 질적 변화, ③ 과학기술발달에 따른 산업, 직업 구도의 변화, ④ 정치적 변동, ⑤ 정보매체의 발달과 정보처리능력의 필요성 증대, ⑥ 여가의 증대와 활용, ⑦ 생활양식과 인간관계의 위기, ⑧ 현대인의 정신과 육체의 부조화, ⑨ 이데올로기의 해체에 따른 정체감의 혼란 등이다 (Lengrand, 1975).

이와 같이 랑그랑이 제시하고 있는 것처럼, 20세기 후반 들어 급속한 사회 변화 속에서 개인이 계속적인 자기성장과 발전을 이루고 사회적응을 해나가기 위해서는 학교교육의 한계를 벗어난 보다 넓은 의미의 다양한 교육이 필요해졌기 때문이라고 할 수 있다. 즉, 지식과 기술의 폭발적인 증가, 사회체제와 생활양식의 급격한 변화, 직업세계의 변화 등으로 인하여 종래의 학교교육만으로는 생을 성공적으로 영위하거나 준비할 수 없게 되었다는 자각에서 가정과 학교, 직장 등에서 이루어지는 다양한 교육기회를 통합함으로써 개인 자신이 주체적으로 학습에 참여하도록 하는 것이다. 이와 관련하여 오늘날 평생교육이 대두되고 있는 구체적인 사회적·문화적 배경과 그 필요성을 찾아보면 다음과 같다.

(1) 인구학적 변화: 인간의 평균수명 증가

21세기에 일어나는 인구학적 변화는 그동안 인류역사에 나타난 것보다 훨씬 더 큰 규모일 것으로 추정한다. 정확한 예측은 아니지만 유엔은 다양한 시나리오를 통해 세계 인구는 2150년경에 250억 이상일 것으로 예측한다. 의료기술의 발달, 생활수준의 향상, 그리고 노화에 대한 유전공학적 연구결과의 응용으로 인해 인간의 평균수명은 계속 연장되고 있다.

우리나라의 경우, 여타 선진국과 마찬가지로 평균수명이 늘어나고 고령화가 급속히 진행되고 있다. 아울러 대졸 이상의 고학력자를 포함한 고학력 인구 비율이 빠른 속도로 늘고 있다. 사회구성원의 평균연령의 증가, 교육수준의 향상, 수입정도의 변화 등과 같은 인구학적 특성은 그 사회의 교육 및 평생교육의 방향과 활동을 결정짓는 중요한 요인으로 작용한다. 이러한 환경 속에서 다양한 학습경험에 대한 성인의 욕구가 확대되고 있는 가운데 평생학습의 시대로 접어든 것이다.

이렇게 여러 나라에서 그 형태는 다를지라도 특정한 성인집단을 대상으로 하는 선별적인 학습활동의 제공 및 실천이 점차 중요해지고 있는 실정이다. 일례로 노인인구의 증가는 양적 측면에서 뿐만 아니라 질적 측면에서도 우리 사회에 커다란 변화를 끼치고 있다. 현재 급속히 증가하는 노인 인구는 이전의 노인들에 비하여 상대적으로 교육수준이 높으며 경제 수준도 높다. 이처럼 길어진 노년의 시기를 즐겁게 보내기 위해서는 노년에 이르기까지 교육권의 보장과 각종 평생교육 프로그램이 필요하다.

(2) 지식과 정보, 과학기술의 폭발적인 증가

시공간을 넘어온 현대사회는 지식집약적인 제3의 물결에서 창의성 지혜를 기반으로 하는 제4의 물결로 이동하였다. 정보혁명은 주로 통신기술에 의해 촉진된다.

눈에 보이지 않는 무형자산과 소프트 파워가 경쟁의 승패를 좌우한다.

시간이 지나가면서 지식정보는 그 유효성이 떨어진다. 변화 속도에 따라 무용지식도 많아진다. 한 조사에 의하면(이명희, 2007), 데이터를 기반으로 지식 정보가 생산된 이후 1~2일 이내의 가치가 접근빈도에 있어서 가장 높으며, 7일이 지나면 접근빈도는 현저히 낮아지고, 90일이 지날 경우에는 지식정보로서의 가치는 거의 사라지고 단순한 데이터로만 존재한다고 한다. 앨빈 토플러(Albin Toffler) 역시, 지식의 함정과 관련해 0.5초 지날 때마다 투자, 시장, 경쟁사, 기술과 고객요구에 대한 지식의 정확성이 감소한다고 했다(Toffler, 2006).

패러다임 전환의 속도는 가속된다. 현재는 10년마다 두 배씩 증가한다. 정보기술의 힘은 1년에 두 배씩 증가한다. 이 원칙은 인간지식의 총량 등 다양한 분야에 적용된다. 미래 예측서들은 광속을 넘어 온 우주로 지능을 전파하는 시점이 온다고 말한다. 문명은 생물학적 인간의 영역을 벗어나는 듯하다(Kurzweil, 2007). 창조되는 지식 양의 확대도 놀라워서 현재 7년마다 두 배로 증가하고 있으며, 이 속도는 점점 빨라져서 2030년이면 72일마다 지식의 양이 두 배로 증가할 것으로 내다본다.

지식 정보의 폭발이라고 할 수 있는 이러한 급속한 지식의 증가는 그만큼 지식의 노후화 속도를 가속시키고 있으며, 이에 따라 노후화된 지식을 버리고 새로운 지식을 끊임없이 효율적으로 습득해야만 현대사회에 성공적으로 적응해 나갈 수 있게 되었다. 이와 같은 상황 속에서 학교교육이 지식 습득의 유일한 창구가 되던 시대는 이미 끝났으며, 학교교육에서 배운 지식은 졸업할 때면 이미 낡은 지식이 되고 만다.

과학기술의 발전은 성인의 학습활동을 의무적 · 필연적인 조건으로 만들기도 하지만, 성인의 학습활동을 도와줄 다양한 수단과 방법을 제공해 주기 때문이다. 현대인들은 이-러닝(e-learning), 유비쿼터스러닝(ubiquitous learning) 등으로 일컬어지는 컴퓨터 보조학습, 화상통신 강의, 인터넷 활용 등에 의하여 보다 효율적인 교육매체를 제공받고 있다. 이를 통하여 폭발적으로 증가하는 다양한 학습자의 교육적 요구를 보다 쉽게 충족시킬 수 있게 되었다. 또한, 과학기술의 발전은 교육자와 학습자에게 새로운 역할을 요구하고 있다. 따라서 빛의 속도에 비견되는 빠른 속도로 이루어지는 지식의 변화는 학교교육만으로는 따라잡기가 어렵게 되었으며, 학교의 역할은 지식을 단순히 전달해 주는 것이 아니라 평생에 걸쳐 자신에게 필요한 지식을 스스로 학습해 나갈 수 있는 자기주도 학습능력을 배양하는 일로 변하고 있다.

(3) 사회의 변화와 생활양식의 급격한 변화

과학기술의 발달과 첨단 산업화는 사회를 급격히 변화시키고 있다. 통신, 교통수단, 의식주의 형태, 가족의 구조, 인간관계의 변화, 직업의 종류와 구조 등이 변화하고 있다. 즉, 전통적인 가치관이 붕괴되고 이에 따른 갖가지 사회적 문제가 발생하고 있으며, 핵가족화, 도시화, 산업화, 정보화, 시민화, 세계화, 고령화 등의 변화가 급속하게 진행되고 있다. 이와 같이 급격하게 이루어지는 사회 변화에 적응하고 또한 사회적 문제해결을 위해서는 개인은 물론 집단에도 계속적인 학습이 요구되고 있다. 특히, 현대사회에 급속히 진행되는 기술혁신과 산업구조의 변화로 인해 직업의 분화, 노동양식이 크게 변하고 있다.

오늘날 직업에 대한 수요나 인식이 변하고 있다. 직업주기가 단축되고 평생직장의 개념이 사라지고 있다. 한번 직업을 선택하고 직장이 결정되면 평생 동안 그 일을 계속할 수 있었던 시대는 사라졌으며, 선진국의 경우 근로자 한 사람이 일생 동안 평균 10여 차례 정도 직업을 바꾸는 시대가 되었다. 직업교육 분야에서도 전문적이며 핵심능력자를 중시하는 사회로 발전하고 있다. 새로운 지식기술 및 네트워크능력을 요구받고 있는 것이다. 이런 점에서 직업교육은 곧 개인의 능력개발인 것이다.

또한, 동일 직종의 직업에서도 직무내용이 끊임없이 크게 변화하고 있다. 예컨대, 오늘날 단순 사무직의 업무를 담당하기 위해서도 컴퓨터 활용능력이나 정보처리능력은 필수적인 것이 되고 있다. 이와 같이 빠르게 변화하고 있는 직업세계의 변화 속에서 기존의 직업을 계속 갖거나 또는 새로운 직업을 갖기 위해서는 끊임없이 새로운 직업정보와 기술을 익히지 않으면 경쟁력 없는 사람으로 낙오될 수밖에 없는 상황이 전개되고 있다. 그리고 과학정보통신기술의 발달에 힘입어 진행되고 있는 세계화의 시대에서 다양한 정보를 처리하고 접할 수 있는 정보화 능력은 물론이고 세계 여러 나라의 문화에 대한 이해와 국제교류를 위한 외국어 훈련 등은 필수가 되고 있다. 세계화·정보화 시대에 학교교육이나 기업체 내의 교육만으로는 사회 변화에 대응할 수 있는 직업인의 능력개발이 매우 어려워지는 상황에서 다양한 교육시설, 기관을 활용한 총체적이고 지속적인 평생교육이 요구된다.

(4) 지구촌화되는 글로벌 경제체제의 대두

세계 대부분의 국가는 서로 긴밀히 연결되어 있으며, 이러한 국가 간의 상호 의존성은 장점도 있지만 엄청난 재앙을 가져올 수 있다. 대부분의 국가들은 글로벌 경제하에서 공장, 조립라인, 대량생산으로 대변되는 생산 중심 사회에서 금융 서비스, 대형 할인점, 쇼핑몰 등과 같은 소비 중심 사회로 변화하고 있다. 이러한 분위기 속에서 일의 성격, 내용, 방법이 변화되고 있다. 아울러 기능 중심의 전문가보다는 통합된 역량을 갖춘 통섭적 전문가가 요구되고 있는 상황이다.

특히, OECD에 속한 선진국들은 고용 없는 성장이라는 특이한 현상으로 인해 일상생활에서 실업, 미취업 같은 커다란 변화 및 고통을 겪고 있다. 경제, 문화, 정치, 사회 전반에 걸친 세계적인 글로벌화 현상은 평생교육에도 커다란 변화를 일으키고 있다.

소비주의의 탈근대사회에서 교육자와 학습자의 관계는 생산자와 소비자의 관계로 변화하고, 교육될 지식은 소비자로서 학습자에게 수행적 가치를 지닌 것인지에 근거하여 교환된다. 최근 우리나라에서도 많은 대학들이 지식을 상품처럼 홍보하고 판매하는 인력 공급처로 공인받기 위해 서로 경쟁하고 몸부림을 치는 풍토가 확대 및 재생산되는 것은 이러한 맥락과 함께 한다. 또한, 새로운 직종의 직업들이 빠른 속도로 분화 확산되고 있는 가운데 점차 노동시장 내에서 지식산업이 차지하는 비중이 늘고 있으며, 지식 근로자(Knowledge worker)가 전체 노동시장의 2분의 1 이상을 차지하는 산업구조와 직업구조의 변화를 초래하고 있다.

이러한 시대에 변화하는 직업세계에 적응하고 대처하기 위해 그리고 이들 직업세계 속에서의 생존을 위한 전략으로 전문성을 기르기 위해 필연적으로 직업적 성취를 위한 계속교육을 필요로 하게 된다. 경쟁력을 갖추기 위해서 연구개발, 마케팅, 금융, 재무 등 기업조직에 있어서 인간자본은 새로운 '생산재' 중의 하나가 된다. 모든 직업인들의 전문화 요구는 더욱 중요해지고 있다.

(5) 학교교육의 한계성과 비인간화 교육의 반성

현대인의 삶에서 많은 변화가 일어나고 있다. 개인의 학습을 뒷받침하는 조건, 예컨대 노동시간의 단축과 여가시간의 증대, 고령 인구의 증가, 흥미나 관심의 다양화 등으로 인해 일반 사람들의 학습욕구가 높아지고 있다. 우리가 경험하는 것이지만 오늘날 학교에서 배운 것이 일생 동안 통용되는 시대는 지나갔다.

현대사회에서 학교교육이 갖는 한계와 문제점은 많은 교육학자들에 의해 1970년대부터 강하게 지적되어 왔다. 예컨대, 일리치(I. Illich)는 《탈학교사회(Deschooling society)》(1970)라는 책을 통해 제도화된 학교교육이 학력과 지식 중심의 교육에 빠지게 되고 획일적이고 권위적인 교육으로 인해 학교교육이 원래 추구하던 인간

교육에 실패하고 있음을 비판하고 있다.

학교의 기능이 학력이나 학벌, 출신 학교 등에 따라 사회적 지위나 소득을 결정하는 도구적 수단이 되었다는 것이다. 그래서 일리치(Illich, 1971)와 라이머(Reimer, 1971) 등은 학교교육의 본래의 기능이 회복되어야 한다고 주장하였다. 특히, 일리치는 개인적으로 자아실현을 도모하고 사회적으로 억압적인 요소를 제거할 것을 강조한다. 그러면서 그는 학습망(learning webs)을 주장하면서 제도화된 학교교육의 폐지, 즉 탈학교화의 대안으로 평생교육을 제시하고 있다. 학습망은 일종의 학습 네트워크(learning network)로서 오늘날의 학습사회의 구상과 비슷하다. 일리치는 학습을 위해 반드시 제도화된 학교에 갈 필요가 없는 무형식적 교육을 내세우고 있다.

결론적으로 물질문명의 발달과 도시화, 산업화 등의 사회 변화로 인한 인간소외와 비인간화 현상의 극복을 위한 인간교육의 필요성은 더욱 강조되고 있다. 또한 대량화되고 획일화된 학교교육을 벗어나 다양한 교육경험을 통해 인간성을 함양하고 정신적인 여유와 풍요를 회복하기 위한 학습이 강조되고 있다. 개인의 일생에 걸친 자기개발과 자기교육의 중요성을 강조하며 학교교육 이외의 다양한 교육적 대안의 중요성을 강조하는 평생교육의 이념은 오늘날 학교교육이 안고 있는 위기를 극복할 수 있는 새로운 교육의 가능성을 열어 주고 있다.

3. 평생교육의 영역 및 특성

1) 평생교육의 영역

우리나라 「평생교육법」 제2조에서는 평생교육을 학교의 정규과정을 제외한 학력보완교육, 성인문자해득교육, 직업능력향상교육, 인문교양교육, 문화예술교육,

시민참여교육 등을 포함하는 모든 형태의 조직적인 교육활동으로 정의하고 있다.

다양한 평생교육현장에서 일어나는 대상별, 직무별 특화된 전문연수과정을 개설하여 운영하고 있다. 여기서 체계적이고 종합적으로 아우르는 평생교육의 영역을 개발하고 있다.

〈표 1-2〉 평생교육의 영역

영역	내용
학력보완교육	• 고등교육 방계학제: 방송대, 원격대학 • 고등교육학력인정교육: 학점은행제/독학사 학위과정 등 • 중등교육방계학제: 방통고, 공민학교, 기타 학력인정의 평생교육
성인문자해득교육	• 고등교육 방계학제: 방송대, 원격대학 • 고등교육학력인정교육: 학점은행제/독학사 학위과정 등 • 중등교육방계학제: 방통고, 공민학교, 기타 학력인정 평생교육 과목
직업능력교육	• 자격증 취득교육훈련: 국가공인자격 및 민간인 자격증 취득훈련 • 취/창업 준비교육: 공공기관 및 시설, 산업체, 민간단체의 취/창업훈련 • 경력개발교육훈련: 공공기관 및 시설, 산업체, 민간단체직무향상훈련
인문교양교육	• 인문교양: 역사, 문학, 철학, 과학기술, 경제 관련 교육 프로그램 • 외국어 교육/IT 관련 과목: 외국어, 정보화 능력개발 프로그램 • 심성개발: 자아이해, 성격 유형, 대인관계 등 심성개발교육 프로그램
문화예술교육	• 문화예술 일반: 문화예술교육 프로그램 • 건강/스포츠 관련 교육 프로그램 • 기타 문화예술 관련 교육 프로그램
시민참여교육	• 시민의식교육: 환경, 소비자. 노동, 보건 공동체의식, 국제이해교육 • 사회적응교육: 부모교육, 노년준비교육 • 시민참여교육: 자원봉사, 주민자치, 정치참여 등

출처: 국가평생교육진흥원(2013). 2011 · 2012 평생교육백서

2) 평생교육의 특성

평생교육의 특성을 이해하기 위해서는 평생교육의 기본적 성격과 그 원리를 살펴볼 필요가 있는데, 여기서는 다음과 같은 여덟 가지의 기본적 평생교육 특성을 통해 평생교육을 이해할 수 있다.

(1) 탈정형성

형식화, 제도화된 교육 원리와 다르게 평생교육은 학교교육과 달리 본질적으로 탈정형성을 그 특징으로 한다. 평생교육은 교육의 시기에서부터 교육의 장소, 교육대상, 교육담당자, 교육체제, 교육 프로그램 및 교육과정, 교육방법, 교수-학습자료 및 교재, 교육평가방식 등에 걸쳐 획일적이며 경직된, 그리고 폐쇄적이며 정형적인 교육적 요소가 학교교육에 비해 극소화된다. 개방적이고 다원적이며 자율적인 탈정형적 특징을 지닌다.

(2) 자기주도성

평생교육은 자유의지에 의하여 '자기성취감'을 증진시킬 수 있는 활동이다(Brookfield, 1995). 한 평생에 걸쳐 이루어진다는 점에서 타인의 강요나 외부의 기대에 의해 학습하는 것이 아니라 성인학습자들이 자신의 필요와 교육적 욕구에 따라 자율적으로 교육을 선택하고 참여하는 것을 전제로 한다. 미리 정해진 교육과정에 의해 교육받는 것이 아니라 교육의 전 과정, 즉 계획, 실행, 평가의 전 과정에 학습자가 함께 참여하여 자율적이고 자기주도적인 학습을 행하게 되는 특성을 지닌다.

(3) 상호학습성

교육은 평생 동안 쌍방향 커뮤니케이션이다. 성인친화적인 관점에서 학습을 향상시킬 수 있도록 상호학습 분위기가 중요하다. 평생교육은 상호학습(co-learning), 주고받는 학습의 특성을 지닌다. 학습자 상호 간, 교사와 학습자 간의 상호 교류와 피드백을 통한 학습이 중요시되는 상호학습의 특성을 지닌다. 교육방식 역시 단순한 강의보다는 시청각매체의 활용, 토론, 세미나, 실습 등의 학습이 보다 효과적이다.

(4) 다양성과 이질성

평생학습자들 간에는 적지 않은 개인 차이가 존재한다. 그래서 평생교육은 학교에서의 학생대상 교육과는 달리 교육대상, 담당자, 목표, 내용, 방법, 교육시기, 교육시간, 교육장소 등이 매우 다양하고 비획일적이며 유동적이라는 특징을 지닌다. 따라서 평생교육의 프로그램은 연령, 시간, 장소에 따라 다양하고 이질적인 뷔페식 교육과정(buffet curriculum) 또는 카페테리아식 교육과정(cafeteria curriculum)의 특성을 지닌다.

(5) 과정 중심성

평생교육은 학교교육에서의 성적 중심 또는 결과 중심 교육과는 달리, 교육이 이루어지는 과정이 중시되며 성과에 있어서도 외재적 성과보다는 내재적 성과, 그리고 학습결과의 외적인 객관적 평가보다는 학습자 자신의 삶의 주도성, 만족감과 성취감이 훨씬 더 중시되는 특징을 지닌다.

(6) 참여와 공존성

학습자들이 능동적으로 학습에 참여하는 것이다. 평생교육에서는 전 과정에서 모든 학습구성원이 함께 참여하는 것이 중요하다. 평생교육에서의 학습자는 마치 빈 컵이나 백지와 같은 객체적인 존재가 아니라 스스로 필요에 따라 앎을 추구해 나가는 주체로서의 학습자이다. 따라서 평생교육에 있어 가르치는 사람과 학습자는 수직적이고 위계적이며 권위에 기초한 주종관계가 아니라 수평적이고 대등한 관계하에 함께 소통, 참여하고 공존하는 특성을 지닌다.

(7) 경험 중심성

평생학습자들은 경험을 중시한다. 평생교육에서는 삶의 과정에서 축적되어 온 삶의 경험이 최대의 학습자원으로 중시되고 그 활용이 강조된다. 평생교육 프로그램은 각 개인 학습자의 경험자원을 최대한 활용하는 경험 중심적 교육내용과 방법으로 구성되는 특성을 지닌다.

(8) 만족 지향성

학습동기가 경험에 기초한 흥미로부터 출발한다. 평생교육은 자발적이고 비의무적인 참여에 의한 자율적 학습이므로 무엇보다도 학습 자체가 즐거운 학습이 되어야 하며 학습자에게 학습을 통한 내적 만족과 즐거움을 줄 수 있어야 한다. 이러한 이유에서 평생교육 프로그램에는 적정의 레크리에이션적 요소가 가미되며 학습자들의 내적 만족감과 지적 욕구충족을 통한 희열이 중시된다.

4. 평생교육의 유사개념

오늘날 평생교육의 개념은 단순히 일생에 걸친 교육만을 의미하는 것은 아니며, 한 사회나 국가의 교육체제 전체의 발전방향이나 개혁의 원리를 함축하는 교육이념적 성격을 갖는다. 교육철학적 관점에서는 스스로의 자기형성(self-formation)을 이루어가는 과정이다. 이에 각 국가나 사회가 추구하는 가치에 따라 평생교육과 유사한 여러 개념이 혼란스럽게 사용되고 있지만 능동적인 학습을 통해 자신의 존재가치를 확인하고 문제해결 및 의사결정, 그리고 학습욕구를 충족해 가는 교육방식이 다름 아닌 평생교육의 목적이다.

우리나라의 「평생교육법」(1999년 8월 31일 공포)에서는 평생교육을 '학교교육을 제외한 모든 형태의 조직적인 교육활동'으로 정의함으로써 학교교육을 평생교육의 개념에서 제외시키고 있으며, 협의의 평생교육개념을 수용하고 있다. 평생교육 혹은 성인학습과 교육은 현대의 문화적·경제적·정치적·사회적 도전에 대응하는 데 결정적인 역할을 하고 있다. 따라서 평생교육과 유사한 개념으로 사회교육, 성인교육, 계속교육, 비형식교육, 생애교육, 평생학습, 지역사회교육, 순환교육 등으로 사용하고 있다.

1) 사회교육(social education)

사회교육이란 한 사회 내에서 이루어지는 모든 형태의 교육 중 학교교육을 제외한 모든 형태의 교육을 뜻하며, 일반적으로 학교 외 교육과 동의어로 사용되고 있다. 이러한 사회교육의 개념은 각 나라의 지역적 특성과 사회·문화적 발전수준에 따라 다르게 사용되고 있다. 이런 연유로 사회교육을 하나의 개념으로 정의하기는 매우 어렵다. 우리나라의 경우는 해방 이후 일제가 사용하던 사회교육이라는 용어를 평생교육이라는 용어와 혼용하여 사용하다가 1999년 「평생교육법」이 공포되면서 현재는 평생교육이 사회교육을 포함하는 광의의 용어로 사용되고 있다. 평생교육은 교육의 제도나 체계의 원리가 되는 거세 중점을 두는 이념 지향적 용어라고 한다면, 사회교육은 평생교육의 실현에 있어 중심적 역할을 하는 실천 지향적 용어라고 할 수 있다.

2) 성인교육(adult education)

성인교육은 학교 이외의 사회교육기관에서 이루어지는 성인학습자를 대상으로 하는 교육을 의미하며 미국을 중심으로 사용되고 있는 용어이다. 초창기 성인교육은 주로 인문교양교육(liberal education)을 지칭하는 것이었으며, 직업영역이나 전문가교육은 그 중심 논의에서 제외되었다. 그러나 현재 성인교육은 기초교육, 보충교육, 직업(기술전문)교육, 건강(복지)교육, 가족생활교육, 시민생활교육, 자기실현교육 등 다양한 영역에 걸쳐 이루어지고 있다.

3) 계속교육(Continuing education)

계속교육이란 일정한 단계의 학교교육의 마친 자가 직업이나 가정, 그리고 사회생활을 영위하다가 사회생활이나 직업생활과 학업을 병행하기 위해 다시 교육의 장(場)으로 돌아오는 것을 의미한다. 의무교육을 마친 연령층이 교육적 욕구를 충족시키기 위해 계속적으로 교육의 기회를 제공받는 것을 의미한다. 이러한 계속교육은 여가를 이용한 문화활동, 레크리에이션 활동 등 성인교육에 근거하고 있다.

4) 비형식교육(nonformal education)

비형식교육이란 쿰즈(Coombs)가 형식교육(formal education)과 비형식교육으로 분류한 교육형식 중의 하나이다. 비형식교육은 양태 또는 교육의 방식에 따른 구분으로서, 교육의 대상에 대한 규정은 내포되어 있지 않다. 비형식교육은 전일제 정규 학교교육으로 구분되는 형식교육과 우연적 학습 또는 부차적 학습으로 규정되는 무형식교육을 제외한 여타의 교육 양태를 의미하며, 이는 사회교육과 가장 유사한 개념이다. 주로 학교 외부에서 이루어지는 학원, 연수원, 강습소 등의 조직적인 교육 형태이다.

5) 생애교육(career education)

생애교육은 미국에서 시작하여 최근에 발달하기 시작한 교육의 한 개념이다. 생애교육이란 '개인이 생활의 일부로 혹은 생활수단으로서 일을 배우고 일에 종사하기 위하여 준비할 수 있는 경험의 총체' 또는 '개개인 모두가 일을 중심으로 한 사회의 가치관에 익숙해지고 이러한 가치관이 인격체제에 통합되어, 일이 개인에게 보람 있고 만족될 수 있도록 생활화하는 데 도움을 주는 학교와 지역사회 간의 노력의 총체'로 정의된다. 생애진로교육이 지향하는 교육목적은 모든 청소년들이 직업을 올바로 선택할 수 있도록 기초를 다지고, 직업상 필요한 기능을 원활히 획득할 수 있도록 하는 데 있다.

6) 평생학습(lifelong education)

최근에 평생교육과 평생학습(lifelong learning) 두 용어를 구별하여 쓰는 사람들이 많이 생기고 있다. 유네스코와 같은 국제기구는 이 두 개념을 혼용하기도 하지만, 평생교육이라는 말을 더 쓰는 것으로 보인다. 그럼에도 불구하고 오늘날 평생학습을 더 선호하는 사람들은 성인과 노인과 같은 사람들을 위로부터 위압적으로 지도하는 것은 합당치 않기 때문에 평생학습이 더 타당하다고 생각하기도 한다. 더욱이 자유로운 의사에 따라 배우고 싶은 것을 자신에게 적합한 방식으로 배운다는 학습자 중심의 사고에서 보면 평생학습과 평생교육은 구별되기도 한다.

7) 지역사회교육(community education)

지역사회교육은 지역사회 전체가 주민들의 교육적 요구를 충족시키기 위해 노력함으로써 주민들의 자아실현을 도우며, 지역사회문제를 적극적으로 해결하여 지역사회를 발전시키기 위한 사회교육활동을 말한다. 지역사회교육은 1960년대에 저개발국가에서 등장한 개념으로서 현재에도 제3세계의 저개발국가에서 많이 사용하는 용어이다. 이와 비슷하게 영국에서 시작된 지역사회학교(community school)운동이 있다. 학교가 지역사회 주민의 교육적 요구를 충족시켜 주기 위하여 학교의 물적·인적 자원을 지역사회 주민에게 제공하는 형태의 교육운동이다.

8) 순환교육(recurrent education)

순환교육은 학습자가 학교와 직업현장인 사회를 왕래하면서 이론과 실천의 조화를 꾀하는 것을 의미한다. 즉, 학교교육을 마친 성인들이 각자 직업생활에 종사하면서 수시로 적절한 시기를 선택하여 계속적인 재교육을 받도록 하는 방식이다. 이러한 교육에는 기업 내 교육 또는 사내 연수교육 등의 형태를 통해 실시되는 직업교육훈련뿐만 아니라, 직업인에게 일정기간 유급휴가를 주어 대학 등과 같은 정규교육기관이나 각종 연구기관 등에 파견하여 학습하게 하는 다양한 형식의 교육 프로그램도 포함된다(차갑부, 1999). 이러한 순환교육은 1973년 경제협력

개발기구(OECD)가 평생학습 구현을 위해 학교교육과 직업교육의 생애주기적 순환성을 강조하여 제안한 것으로서 유럽 국가들 사이에서 주로 사용되는 용어였으나, 최근 OECD는 평생학습(lifelong learning)이라는 개념으로 이를 대체하여 사용하고 있다.

▣ 기억하기

- 평생교육은 사회교육과 학교교육을 포괄하는 상위의 총체적 교육이념이며, 폴 랑그랑(P. Lengrand)이 1965년 12월 파리의 유네스코(UNESCO) 성인교육발전위원회에서 처음으로 평생교육의 개념을 '개인의 출생에서부터 죽을 때까지의 전 생애에 걸친 교육의 통합'으로 제시하였다.
- 평생교육의 이념적 속성으로 교육개념의 전체성과 통합성, 교육시기의 계속성과 항상성, 교육대상의 평등성과 전체성, 교육체제의 개방성과 다양성, 학습사회의 실현 및 교육접근 기회 보장, 개인의 자아실현과 사회적 삶의 질 향상, 생애단계별 창조적 학습자 육성 등이 있다.
- 평생교육의 필요성은 ① 인구학적 변화: 인간의 평균수명 증가, ② 지식과 정보, 과학기술의 폭발적인 증가, ③ 사회의 변화와 생활양식의 급격한 변화, ④ 지구촌화되는 글로벌 경제체제의 대두, ⑤ 학교교육의 한계성과 비인간화 교육의 반성 등이 있다.
- 우리나라 「평생교육법」 제2조에서는 평생교육을 학교의 정규과정을 제외한 학력보완교육, 기초문해해득교육, 직업능력향상교육, 인문교양교육, 문화예술교육, 시민참여교육 등을 포함하는 모든 형태의 조직적인 교육활동으로 정의하고 있다.
- 평생교육은 특징은 다음과 같다. ① 탈정형성이다, ② 자기주도적 자발성이다, ③ 상호학습성이다, ④ 다양성과 이질성을 포함한다, ④ 과정 중심적이다, ⑤ 참여와 공존성을 중시한다, ⑥ 경험 중심적이다, ⑦ 참여가 즐거운 학습이다.
- 평생교육과 유사한 개념으로 사회교육, 성인교육, 계속교육, 비형식교육, 생애교육, 평생학습, 지역사회교육, 순환교육 등으로 사용하고 있지만, 평생교육의 개념과는 분명히 구분된다.

CHAPTER 2

평생교육의 발달과정

개요

현대사회는 평생교육을 필요로 하는 사회로 열린 교육사회를 지향하고 있다. 21세기의 문명사적 특성은 고령화, 평생학습사회로 집약되고 있다. 지식기반 사회의 출현은 우리의 생활양식을 변혁시키고 새로운 패러다임의 교육환경을 요청하고 있다. 열린 교육사회는 누구나, 언제, 어디서나 학습이 가능한 사회로서 그리고 시기, 장소, 교육대상, 교육담당자, 교육내용, 교육방법의 다양성 등 사회자체가 학습의 터전이 되는 평생교육사회로 발전하고 있다.

평생교육의 역사는 영국과 미국에서 발전해 온 제도적 측면을 중심으로 하여 17세기부터 20세기 초까지의 발생기, 20세기 중반까지의 성장기, 그리고 20세기 중반 이후 현재까지의 성숙기로 발전하고 있다. 그리고 1970년대 이후부터는 경제협력개발기구(OECD)의 계속교육, 유네스코의 평생교육정책 도입 등으로 평생교육이 세계적으로 확산되어 오늘에 이르고 있다.

평생교육은 공교육을 넘어 인간 진보를 위해 미래사회로 확대되고 있다. 제도적 교육에서 확장된 욕구로서의 평생교육은 삶의 방식을 실현해 가는 포괄적인 교육개념이다. 그러므로 평생교육사회의 실현을 위한 유네스코 등 국제기구들의 제안에 대해 이해할 필요가 있다.

학습목표

1. 서구의 평생교육 발전과정을 이해한다.
2. 한국의 평생교육 발전과정을 이해한다.
3. 평생교육 발전 및 교육환경의 변화요인에 대해 살펴본다.

1. 서구의 평생교육 태동

모든 문화와 제도는 사회와 역사 발전의 산물이다. 우리는 늘 의문을 제기하고 역사적 증거와 사례를 통하여 현재의 의미를 탐구한다. 평생교육의 역사도 이와 다름 아니다. 서구의 평생교육이 태동하여 발전한 시기는 주로 산업혁명 이후다. 산업혁명에 따른 급격한 사회경제적 변화로 인해 산업을 지탱할 평생교육의 필요성이 제기되었다.

특히, 프랑스 혁명, 미국 독립전쟁을 거치며 민주주의가 성립되면서 시민사회의 중요성이 높아짐에 따라 건전한 시민사회 형성을 위한 교육의 필요성이 증가하였다. 이러한 사회경제적 변화에 따른 평생교육은 영국과 미국을 중심으로 활발하게 전개되었다. 따라서 서구의 평생교육 역사를 영국과 미국에서 발전해 온 제도적 측면을 중심으로 하여 시대 순으로 17세기부터 20세기 초까지의 발생기, 20세기 중반까지의 성장기, 그리고 20세기 중반 이후 현재까지의 성숙기로 나누어 살펴볼 수 있다(김선요, 1998).

1) 평생교육 발생기

영국에서 최초로 발생된 평생교육 형태는 1650년대 퀘이커 교도들이 영국 전역에 확산시킨 문해교육이다. 구체적으로 1669년에는 기독인지식진흥협회(Society for Promoting Christian Knowledge)가 운영한 '자유학교', 1780년대에는 '주일학교(Sunday School)', '성인학교(Adult School)' 등에서 성인 기초교육을 실시하였다.

종교인들이 주도하여 시작된 영국의 평생교육은 산업혁명을 거치면서 노동자들의 직업훈련교육으로 변화되었다. 당시 상류계급이 전달하는 선물로 여겨졌던 노동자교육은 점차 상류계급이 주는 것이 아니며, 신이 부여해 준 인간의 권리라고 인식되었고, 이러한 사회 분위기 속에서 1854년에는 노동자대학(Working Man's College)이 설립되어 큰 영향력을 행사하게 되었다.

영국의 대표적인 대학교인 옥스퍼드 대학교나 케임브리지 대학교는 13세기에 설립되었는데, 당시 그들의 교육은 주로 소수 엘리트를 대상으로 이루어졌으며 변화에 둔감한 편이었다. 이러한 분위기에서 케임브리지 대학교 등의 노력과 사회의 진보적 힘이 결합되어 일반인 대상의 대학확장강좌가 전국 대학으로 퍼지게 되었다(양병찬, 1997).

미국에서의 초창기 평생교육활동으로 준토(Junto), 리시움(Lyceum), 샤토쿠아(Chautauqua) 등이 있다. 준토는 1680년부터 시작된 일종의 토론 클럽으로서 자연철학, 정치, 도덕과 같은 문제를 정기적으로 모여 탐구하고 논의하는 것으로 시작되었다. 그 후 점차 시민 조직체로 성장하였으며, 1741년에는 독립적인 성인교육기관으로 성장하게 되었다.

리시움은 1861년부터 시작된 운동으로서 아리스토텔레스가 그의 제자들을 가르쳤던 신전 마당의 숲 이름에서 비롯된 것으로, 문화강좌의 성격을 띠는 활동이었다. 처음에는 지역단위 강연이나 토론활동으로 시작되었으며, 점차 전국적인 연합체로 발전하게 되었다.

또한, 샤토쿠아는 1866년부터 시작된 운동으로서 '교육과 오락을 겸한 여름학교'라는 의미를 갖는다. 원래는 샤토쿠아 호수에서 농민교육의 일환으로 시작되었으나, 후에는 여름성경학교의 형태로 발전하게 되었다. 1874년에는 샤토쿠아 호숫가에서 범종파적 여름캠프 프로그램이 이루어졌고, 1878년에는 전국적으로 조직된 '샤토쿠아 문학, 과학 서클'이 창립되었다(Houl, 1992).

2) 평생교육 성장기

20세기에 들어서면서 영국에서는 기존의 대학확장운동과 더불어 노동자 중심의 노동자고등교육진흥협회(Association for Promoting Higher Education of Workers)가 조직되었다. 이를 토대로 1905년에는 노동자교육협회(Worker's Education Association)가 창설되어 노동자교육을 확대하였는데, 이는 현재까지도 영국 평생교육에 큰 영향력을 발휘하고 있다.

대표적인 국가로 스웨덴을 살펴볼 수 있다.

> 스웨덴은 노동자들이 평생교육의 전통을 이끌어 냈다. 19세기 초 산업화와 함께 민주주의가 도입되자, 노동자들을 중심으로 새로운 교육에 대한 필요성이 나타났으며, 노동자들 스스로 학습동아리 조직을 만들어서 필요한 공부를 시작했고, 이것이 오늘날까지 이어져 스웨덴 평생교육시스템의 모태가 되었다. 노동자들을 중심으로 학습동아리를 이끌어 교육의 장을 열었고, 이 학습동아리에 의해서 스웨덴 최초의 도서관도 세워졌다.
>
> 19세기 노동자들이 조직한 학습동아리는 지금도 스웨덴 전역에서 수천 개 이상이 활발히 활동하고 있다. 5명 이상의 시민이 모이면 조직할 수 있고, 지방정부로부터 지원도 받을 수 있다. 학습동아리별로 필요에 따라 주제와 과정을 정한 시민들의 자발적인 교육모임이지만, 재취업을 위한 실용적인 교육은 지식의 최전선에서 의미 있는 교육도 하고 있다. 스웨덴 평생교육은 점차 다양해지고 있다.

1917년에는 성인교육위원회(Adult Education Committee)가 설립되고, 이 위원회가 제출한 보고서에 의해 모든 대학에 교외교육부(Extramural Department) 설치와 평생교육을 위한 교양교육 실시가 강조되었다(김도수, 1994). 그 후 1891년부터 미국의 각 대학들이 대학확장사업의 활성화를 모색하였으며, 대학확장연협회(University Extension Division)를 결성하게 되었다(박기언, 1989). 또한, 다양한 사설기관과 자원단체들이 이 기간에 설립되기 시작하였는데, 이는 앤드류 카네기(A. Carnegie)가 공공도서관 건립을 지원하면서 공공도서관 운동에 결정적인 계기를 마련해 준 것에 힘입은 것이었다. 기독교청년연맹(YMCA) 등의 자원단체도 전국적인 조직체계를 갖추게 되었다(김선요, 1998).

1926년 창립된 미국성인교육협회(American Association for Adult Education)는 전국적인 평생교육조직으로서 〈성인교육저널(Adult Education Journal)〉을 출판하여 많은 연구를 후원하였는데, 이를 계기로 미국의 평생교육 발전을 위한 체계적인 조직체제가 운영되었다.

3) 평생교육의 성숙기

평생교육은 제2차 세계대전 이후 본격적으로 성숙해지고 발전을 이루게 되었는데, 그 이전 시대에 비해 주제가 다양해지고 교육기관은 대폭적으로 확장되었다. 이때부터 평생교육은 정규교육과정을 마친 성인들이 평생 동안 계속적으로 학습이 이루어지는 학습과정으로 바뀌게 되었다. 이러한 사실을 가장 잘 나타내 주는 것이 개방대학체제다.

1971년에 설립된 영국의 개방대학(Open University)은 성인교육제도의 발달, 교육방송체제의 확립, 교육기회의 평등을 지지하는 정책을 배경으로 등장하였다(Perry 1976). 개방대학은 성인들을 대상으로 학력에 관계없이 누구나 이 과정에 참여하여 학위를 취득할 수 있도록 운영되었다. 멀리 떨어져서도 고등교육을 받을 수 있도록 텔레비전을 이용하였다. 개방대학의 프로그램들은 이른 아침이나 늦은 밤 BBC에서 방영되었다. 학생들은 방송 강의를 인쇄물, 서신 교환을 통한 과제, 개인 지도교수와 만남, 동료학생들과 여름 학기 강의 수강 등과 결합시켰다.

이러한 방식으로 더 높은 수준의 학위과정을 집에서, 때로는 직장에 다니면서 수강할 수 있게 되었다. 개방대학은 영국에서 가장 큰 대학이 되었고, 점차 인터넷으로 그 범위를 넓혀가고 있다. 이 과정에 참여하는 성인들은 학교에서 발송한 교과서와 방송 강좌 수강을 통하여 자율적으로 학습할 수 있으며, 대면학습방식은 교수 면접지도, 하계 강좌 참석 등으로 이루어져 있다.

1970년대에 이르러 미국의 대학에서는 성인들이 대학교에 출석하지 않고도 학위를 취득할 수 있게 하는 교외학위과정(External Degree Program)과 교외학급과정(Off-Campus Class)을 설치하여 운영하였다. 그리고 오늘날 국제기구의 평생교육에 대한 의지와 노력으로 EU, G8국가 등 평생학습정책들이 계발되고 있다.

결론적으로 폭넓은 교육과정들은 특정한 시간과 장소에서 이루어지는 정규 학교과정과는 달리 시간과 장소에 제약을 받지 않는 평생교육의 특성을 잘 나타내준다. 그 밖에도 많은 공공기관과 사설기관들이 다양한 평생교육 프로그램들을 개발하여 널리 보급함으로써 평생교육이 활발해지고 성숙해지는 시대를 맞게 되었다. 특히, 1970년대에는 경제협력개발기구(OECD)의 계속교육, 유네스코의 평생교육정책 도입 등으로 평생교육이 세계적으로 확산되면서 발전을 이루게 되었다.

2. 한국 평생교육의 발달과정

1) 제1기 사회교육법 이전 시대

제1기 사회교육법 이전 시대는 해방 후부터 1981년까지를 이른다. 해방 이후 한국사회에 있어서 한국인들이 당면하였던 주요 문제들은 남북의 분단과 그로 인한 정치적·사상적 갈등이었다. 즉, 6·25의 참상으로부터 국가를 재건하였던 개발의 시대(development decade)라 할 수 있다. 1948년 정부수립 이후 미국식 교육제도를 근간으로 하는 교육법이 1949년 제정·공포됨에 따라 민주국가의 실현을 위한 교육적 노력이 경주되었으며 교육 기회의 균등과 의무교육의 실시를 위한 제반조치가 강조되었다(권두승, 1991).

이 시기 사회교육의 특성은 1950년대 국가사회 발전에 대한 강조, 사회통합, 공민적 자질의 함양, 1960년대 향토학교 교육, 재건학교 교육, 성인교육, 지역사회운동, 1970년대 체제유지 지향 사회교육, 적응 지향적 사회교육 등으로 집약된다.

정부는 1954년 문맹퇴치 5개년 사업(1954~1958년)을 세우고, 1955년 전국 주요 도시에 성인학교를 개설하여 평생교육을 시작했다. 당시 공민학교, 고등공민학교, 기술학교, 고등기술학교 등은 학력, 성별, 연령에 관계없이 교양과 생업에 필요한 기능을 누구나 습득할 수 있는 교육기관이었다.

1961년 「국가재건국민운동에 관한 법률」에서는 교육사업에 대해 세부적으로 '문자해독교육, 문고보급운동, 생활개량을 위한 계몽사업, 국민정신교육 및 교육요원양성' 등으로 명시하며, 국가 차원의 평생교육을 시도하였다. 대한기독교청년회연맹(YMCA), 대한여자기독교청년회연합회(YWCA) 등 각종 민간단체에서도 사회교육을 실시하기 시작했다. 1960년대 시작된 '마을문고운동'도 평생교육의 일환으로 볼 수 있는데, 1961년 농촌운동가 엄대섭(1921~2009년)이 농민들에게 책을 읽히기 위해 사재 20만 원을 기금으로 마을단위의 소규모 독서시설 만들기 운동을 시작하였다. 1961년 첫 해에 26개였던 마을문고는 1971년에 2만 개를 넘어서고, 1974년에 3만 개를 돌파하여 도서관 설립의 밑바탕이 되었다.

1965년 국제연합교육과학문화기구(UNESCO) 자문기관인 성인교육추진국제위원회에서 평생교육의 필요성이 제기되었고, 1968년 유네스코집행위원회는 1970년을 '세계 교육의 해'로 선포하고 이를 위한 12개 과제 중 하나로 평생교육의 문제를 채택하였다.

1970년대는 산업화의 진전과 더불어 기술을 가르치는 직업훈련원이나 사설학원 등의 사회교육시설들이 들어섰고, 비진학 청소년들에게 교육의 기회를 제공하기 위해 방송통신고등학교, 한국방송대학교, 산업체부설학교 등이 설립되었다. 민간

사회단체에서는 장·단기 교양강좌를 개설하고 언론기관들도 각종 '문화센터'를 설립하여 다양한 교육 프로그램을 운영하기 시작하였다. 또한, 도서관, 박물관, 미술관 등도 단순한 전시와 도서 비치에서 벗어나 체계적인 교육활동을 하였으며, 1973년 유네스코한국위원회는 '평생교육 발전을 위한 전국 세미나'를 개최하였다.

2) 제2기 사회교육법 시대

제2기 사회교육법 시대는 「사회교육법」이 제정·공포된 1982년부터 평생교육법이 적용되기 전인 1999년까지로 한다. 평생교육에 박차를 가한 것은 「사회교육법」이 만들어진 1980년대 이후라고 볼 수 있다.

1980년 10월 개정된 헌법 제29조에 "국가는 평생교육을 진흥해야 한다"고 명시하였고, 1982년 12월에는 「사회교육법」(1999년 8월 「평생교육법」으로 개명)이 제정되었다. 이 시기에는 평생교육의 이념이 헌법에 명시되기 시작하였고, 「평생교육법」의 전신인 「사회교육법」이 제정되면서 「평생교육법」 기본체제가 구축되는 등 법체제가 정비되었으며 사회/평생교육이 양적으로 성장하였다.

1982년 근로청소년과 일반 성인의 평생교육을 위한 '개방대학(1998년 산업대학으로 명칭 변경)'을 설치하였고, 1984년에는 대학을 개방하여 성인들에게 평생교육의 기회를 주기 위해 덕성여자대학교, 이화여자대학교가 부속교육기관으로 평생교육원을 설립, 타 대학으로 점차 확대되었다. 이에 발맞추어 평생학습의 결과를 인정하는 독학학위제와 학점은행제 운영이 시작되었다. 사회교육의 특징은 적응 지향적 사회교육, 체제유지 지향 사회교육, 의식함양 지향 사회교육, 시민의식 형성교육, 복지사회 구현 등 사회적 발전과 밀접한 관련을 맺음과 동시에 개인 학습자의 요구에 부응하는 평생학습시대로 전이되는 과정이라 할 수 있다(곽삼근, 2002; 권두승, 1991).

3) 제3기 평생교육법 시대

제3기 평생교육법 시대는 「평생교육법」이 효력을 발휘한 2000년부터 오늘에 이르기까지로 분류하였다. 이 시기는 평생교육정책 사업이 다양하게 추진되면서 평생학습도시, 평생학습축제, 소외계층 지원, 대학 평생교육 활성화, 평생교육진흥원 설립, 「평생교육법」 전부 개정 등 평생학습체제가 공고화되었고 평생학습문화 확산을 위한 다양한 노력이 조정되었다.

2000년대 이후 평생교육 체제화가 진전되면서 다양한 구상들이 폭발하는 시기였다. 가장 대표적인 것이 평생학습도시 사업을 비롯하여 평생학습축제, 평생학습주간, 학습동아리 사업 등이 대표적인 사업이다. 평생학습축제는 2001년 천안에서 처음으로 기획 추진되어 전국에 확산되고 있다.

또한, 「평생교육법」에 의거하여 평생교육종합계획을 수립함으로써 국가 및 지역의 평생학습 마스터플랜을 세우는 것도 새롭게 정립된 시스템이라고 할 수 있다. 이와 함께 지역의 평생교육기관·단체의 협력 네트워크가 강조되는 다양한 사업을 추진하고 있다. 2000년 당시 한국교육개발원에 처음으로 지정되었던 평생학습센터의 최초 연수 주제 역시 '지역평생교육 네트워크 전략'이었던 것을 보아도 지역 자원의 종합적인 네트워크로서의 새로운 평생교육체제의 재구축이 필요하였던 것이다.

3. 평생교육의 발전 및 교육환경의 변화요인

최근 학습은 태어나면서부터 죽을 때까지 전생에 걸쳐 이루어져야 하며, 모든 생애주기가 똑같이 중요한 학습의 주기로 인정되어야 한다는 평생교육론이 제기되면서 열린 교육체제로 전환해야 하는 시대적 사명을 지니게 되었다. 이제 세계 모든 국가에서 효율성, 효과성이 떨어지는 학교교육의 대안으로 평생교육이 자리매김하고 있는 것이 일반적 추세이다. 이와 같은 변화의 흐름에 맞춰 평생교육과 관련한 그 사회의 실정에 알맞은 평생교육체제를 구비하는 것이 가장 효과적인 대처방안이며, 미래사회 변화에 따라 탄력성 있는 체제를 갖추어 나가는 것이 중요하다. 세계 각국은 평생학습의 세계로 규정하고 평생학습종합계획을 수립해 실천해 가고 있다.

1) 평생학습체제 구축에 미치는 외부환경 변화

21세기 뉴패러다임의 변화에 따라 누구나 배우지 않고 재학습하지 않으면 살아갈 수 없는 상황이며, 경제 및 사회적 변화에 적응하기 위해서라도 평생학습이 필요하다. 인터넷과 디지털 기술이 발전하면서 지식정보의 양은 엄청나고 유통속도도 가속화되고 있다. 그래서 평생교육에 대한 시대적 필요성은 사회 변화의 가속화, 평균수명의 연장과 인구증가, 과학지식 및 기술의 진보, 정보통신수단의 발달, 여가생활의 증가, 직업의 전문성 요구 등에 걸맞는 인재로 살아가야만 한다.

(1) 지구촌의 가치, 제도, 관습의 급속한 변화

현대사회의 급격한 변동에 따른 산업구조의 변화와 가치갈등, 인간소외, 기술의 변화와 혁신, 청소년문제 등은 학교교육만으로 대처하기 어렵다는 사실에서 평생교육의 중요성이 제기되고 있다. 교육은 근본적으로 전통적 문화유산을 계승, 발전시키는 기능과 사회발전에 적응하는 기능, 사회변동과 발전을 주도하는 핵심적 기능을 수행한다고 하지만 공교육만으로는 어렵다는 점이다.

더구나 경직되고 획일적인 폐쇄체제로서의 학교교육은 가속적인 현대사회 변동에 능동적으로 대응하는 데 한계가 있다. 변화하는 사회에 신속히 대처하고 적응하기 위해서는 탄력적이고 개방적인 현실적 교육이 요청된다. 이러한 점에서 대안적 교육체제로서의 평생교육은 누구에게나 필요한 것이다.

한편, 인구, 환경, 범죄, 핵전쟁과 같은 온 인류가 공통적으로 당면한 문제와 위협에 함께 대처하기 위해서는 그러한 문제의 원인과 해결방안에 대해 지구촌 시각에서 공동적으로 교육할 필요가 생겼다. 이에 따라 전체 인류가 공감할 수 있는 규범이나 공통적인 기준이 중요한 의미를 지니게 되었으며, 세계인이 하나의 가족이 되는 것, 세계인의 평화와 번영, 지구에 대한 책임의식, 세계시민의식 등의 개념이 중요한 개념으로 등장하게 되었다. 이러한 상황에서 각국은 기존 교육체제를 평생교육체제로 전환해야 하는 새로운 과제를 부여받고 있다.

(2) 하이테크시대의 평생교육

지식산업시대에 사회는 필연적으로 학습사회가 될 수밖에 없다. 정보통신 분야의 변화는 많은 사람들의 생활방식에 지대한 영향을 미치고 있다. 정보통신기술의 발달은 모든 사람들에게 비형식교육의 기회를 확대함으로써 교육환경을 변화시키고 있으며, 그 자체로 중요한 교육의 소재가 되고 있다.

정보기술의 발달은 학습자의 학습기회를 확장하고 학습효과를 증진시키지만 비용의 증가를 가져온다. 평생교육에서는 접근(access), 결과(outcomes), 비용(costs)의 세 가지를 어떻게 조화롭게 균형을 맞추어 최대의 효과를 거둘 수 있는가 하는 점도 또 다른 과제로 등장하고 있다. 하지만 지식정보화 사회에서는 새로운 지식과 정보를 획득해야만 그 사회에서 생존력을 확보할 수 있기 때문에 평생교육의 필요성이 더욱 증가하고 있다. 동시에 새로운 정보통신기술은 평생교육의 기회를 확대하고 평생교육사회를 구현하는 촉진제 역할을 하고 있다.

이러한 변화를 고려하여 새로운 정보기술습득과 활용을 위한 기초 지식을 제공하고, 급변하는 노동시장의 경쟁관계에서 살아남기 위해 필요한 기능적 문맹을 해소하기 위하여 종업원 현직교육 기회를 확대해야 한다(OECD, 1996).

(3) 생애주기에 따른 평생교육론 대두

생애주기의 변화와 여가시간의 증대에 따른 평생교육의 필요성이 증대되고 있다. 과거 사회에서는 생애주기가 일과 학습, 여가라는 세 국면으로 단절되어 수직적으로 이어졌다. 그러나 현대 산업사회에서는 이들 생애주기가 단절적으로 이루어지는 것이 아니라 순환적으로 이루어지고 있다. 즉, 일의 주기와 학습의 주기와 여가의 주기가 동시다발적으로 순환되며 평생에 걸쳐 혼재되는 새로운 양상을 보이고 있다. 이러한 새로운 양상의 생애주기로 인해 이제 학습의 시기는 더 이상 일생의 한 시기에 이루어지는 것이 아닌 평생학습으로 변화되고 있다. 학습의 시기가 평생으로 재분배되고 있는 것이다. 이러한 변화는 곧 필연적으로 평생교육을 요청하게 된다. 이와 함께 계속되는 산업화 과정에서 생산 수단의 자동화와 사회복지정책의 강화, 물질적 생활수준 향상 등에 힘입어 증대된 여가시간을 선용하려는 새로운 교육요구가 증대되면서 이 또한 평생교육의 필요를 촉발시키는 요인으로 작용하고 있다.

(4) 능력 중심의 전문가 독점사회로의 변화

오늘날 모든 직업인은 전문직, 기술직, 사무직 등 모든 직종에서 일정 기간에 학교교육을 통해 쌓은 지식과 기술만으로는 자기 직업에 관한 역할과 기능을 올바로 수행할 수 없게 되었다. 계속해서 새로운 지식을 습득하지 않으면 일의 세계에 머물러 생존하기 어렵게 되었다. 이러한 점에서 재교육, 계속교육, 기업 내 교육, 연수 등을 통한 평생교육이 필수적으로 요청되고 있다. 그러나 이보다 앞서 양질의 지식과 기술력을 확보하기 위해서는 각 개인이 가지고 있는 능력을 중시하는 사회풍토가 전제되어야 한다. 즉, 단순히 학력이나 학벌에 의해 각 개인의 능력을 평가하기보다는 현장 업무처리에서 보여 주는 창의력과 새로운 지식이나 기술의 활용력에 근거하여 개인의 능력을 평가하는 체제가 마련되어야 한다.

더구나 능력이 중시되는 사회로 이동될수록 평생교육의 필요성은 증대된다. 미래사회에서는 평생직장이 중요한 것이 아니라 평생 발휘할 수 있는 전문 분야가 중요하다. 이를 위해서는 다양한 학습경험을 통해서 획득된 지식과 기술, 사회적 행동, 책임감, 진취성 등의 복합체라는 점에서(UNESCO, 1996) 불확실한 지식에서 벗어나는 자기 학습이 필요하다. 뿐만 아니라 지식과 기술이 고도화되면 산업사회의 인력수요도 변하게 된다는 사실도 간과할 수 없다. 즉, 보다 많은 학습경험을 가지고 있고, 응용할 수 있는 지식과 기술을 갖추고 있으며, 여기에 창의력까지 겸비하고 있는 인재에 대한 요구가 많아지게 되었다. 그러므로 전문성을 가지고 있는 사람에게는 그 전문성을 계속 발전시킬 수 있는 기회의 제공이 필요하고, 전문성을 갖추고 있지 못한 사람에게는 자신의 전문 분야를 발견하고 그 전문성을 신장시킬 수 있는 기회의 제공이 필요하다. 따라서 미래직업환경의 변화에 대처하기 위해서는 일회적인 학습이 아니라 평생 동안 계속되는 학습이 필요하다.

2) 평생교육에 미치는 내적 요인

현대인은 자신의 분야에 대한 최신의 지식 정보를 얻고 이를 부단히 갱신하지 않고는 더 이상 그들의 일을 계속하거나 그 분야에서 생존하기 어려운 시대를 맞고 있다. 지식과 정보의 습득이 직업을 존속시키는 최상의 무기가 되고 있는 지식정보화 시대는 평생교육이 삶의 과정으로 이해되고 있다. 따라서 급격하게 변하는 사회 속에서 개인의 임파워(empower)에 초점을 맞춰 나가는 평생학습에 참여해야 한다. 단순히 정보의 축적이나 관점의 변화가 아니라 학습의 주체가 곧 자신임을 깨닫고 신념, 가치, 태도 등에서 자기 확신이 필요하다. 이러한 교육에 미치는 내적 요인으로는 교육장의 다양화, 자기성장과 자아실현을 위한 교육수요의 증가, 학교교육의 한계성을 넘은 교육소재의 다양화, 학습자 중심의 교육권과 학습권의 요구 등이 작용하고 있다.

(1) 교육장(教育場)의 다양화

교육의 장은 크게 세 가지, 즉 가정, 학교, 사회로 나누어 볼 수 있다. 이제까지 교육은 학교에서 전담해야 한다는 인식이 지배적이었기 때문에 이로 인해 학교가 짊어져야 할 부담이 클 수밖에 없었다. 그렇다고 가정에서나 사회에서 교육이 전혀 이루어지지 않은 것은 아니었다.

오히려 가정의 교육은 학교에 영향을 끼쳤고, 학교의 교육은 사회에 영향을 끼쳐왔다. 가정에서 부모에 의해 이루어지는 인성교육이나 도덕교육은 학교교육보다 훨씬 큰 영향을 미치며, TV나 신문 등을 통해 배우게 되는 사회교육은 실제 학교에서 가르치는 시민교육보다 훨씬 큰 영향을 미치고 있다. 결국 교육은 형식적 채널을 통해서뿐만 아니라 무형식적·비형식적 채널을 통해서 늘 평생에 걸쳐 이루어지는 것이다.

그러므로 가정, 학교, 사회는 각각 교육의 장으로서 존중되어야 하며 또 서로 연계될 때 각각이 가지는 교육력을 극대화할 수 있다. 사회는 여러 부문으로 나뉘어져 있다. 즉, 정치, 경제, 문화, 언론 등이 그것이다. 정치의 선진화를 위해서는 정치교육이 필요하고, 경제의 건전한 활성화를 위해서는 경제교육이 필요하며, 전통문화의 발전적 계승과 새로운 문화의 창출을 위해서는 문화교육이 필요하다. 여론의 수렴과 언론의 활성화를 위해서는 언론교육도 필요하다. 그리고 가정과 학교는 물론 사회의 모든 생활 장소가 학습의 장이 되어야 한다. 따라서 미래사회는 사회 전체가 교육의 장이 되어 교육력을 발휘하고, 모든 구성원이 학습에 참여할 수 있도록 평생학습사회를 요청하는 것이다.

(2) 자기성취와 자아실현을 위한 교육수요의 증가

인간이 주체적 존재로서 살아가기 위해서는 끊임없는 자기성장과 자아실현이 필요하다. 이러한 자아실현의 과정은 필연적으로 계속적인 자기개발과 성취를 위한 평생학습을 필요로 한다. 복잡다단한 사회 속에서 자율적 인격체로서 인간이 주체적으로 사고하고 행동하기 위해서는 계속적인 학습을 필요로 하게 되며, 이는 일정기간의 일회적인 학교교육만으로는 충족될 수 없기 때문이다.

최근에는 정규 학교교육의 연령 제한이 없으며, 어떤 연령층에 있든 일정한 자격요건만 갖추면 누구나 언제든지 학교교육에 참여할 수 있도록 기회를 확대하고 있다. 그리고 또 다른 현상은 교육 프로그램을 제공하는 기관이 다양하게 확대되고 있다는 것이다. 따라서 누구든지 원하면 이들 기관 중 어느 하나를 선택해서 교육에 참여할 수 있게 되었다.

이러한 변화는 증가하는 교육수요를 교육계가 수용함으로써 나타난 것이다. 교육수요의 증가는 그들이 가지고 있는 교육적 필요의 다양화를 수반한다. 그러므로 학습자들의 다양한 교육적 필요와 학습욕구를 충족시킬 수 있는 다양한 양질의 교육 프로그램을 제공하는 것이 교육기관의 책무가 되고 있다.

(3) 학교교육의 한계성을 넘는 교육 소재의 다양화

사회구성원 모두가 경험하는 내용이 모두 다 교육의 소재가 될 수 있다. 그러나 지금까지 교육의 소재는 학문적인 것에 한정되어 왔으며, 비록 비학문적 내용이 교육의 소재가 된다고 하더라도 그것은 학문보다 가치가 없는 것으로 간주되어 왔다.

학교교육의 한계성과 문제를 극복하기 위한 평생교육의 필요성이 대두된다. 현대인의 교육 욕구는 교육기관, 교육장소, 교육대상, 교육방법, 교육내용 등에 있어서 크게 다양화되고 있다. 인간은 일상적인 생활을 하면서 동시에 학습에 참여하고 있다. 각 개인은 일상적인 생활의 영역이 다를 뿐 동일하게 학습에 참여하고 있는 것이다.

또한, 학교를 떠나서 생활하는 성인이나 노인들이 하는 학습경험과 그 경험의 대상이 되는 교육의 소재 역시 도외시할 수 없다. 교육의 소재는 학습을 통해 앎의 영역을 확대하고 삶의 질적 전환을 이루는 데 기여하는 것이므로, 사회구성원 모두가 평생을 통해서 접하는 영역이 동등하게 교육의 소재가 된다. 이에 따라서 평생에 걸친 교육이 필요하게 되는 것이다. 따라서 다양한 삶의 영역이 동등한 가치를 지니는 교육의 소재로 평생교육제도를 존중할 필요가 있다.

(4) 학습자 중심의 교육권과 학습권 요구

사회구성원의 삶의 기본권으로서의 교육권과 학습권을 보장하고, 교육기회 불균등 현상을 해소하기 위해서는 대안적인 교육체제로서의 새로운 평생체제가 필요하다. 오늘날 세계 모든 나라들이 법률과 제도적인 면에서 교육의 기회균등을 보장하고 현실화시키기 위하여 상당한 노력을 경주하고 있지만, 그럼에도 불구하고 실제적인 면에서의 교육기회 불평등은 여전히 요원하다. 이러한 점에서도 이를 해결하기 위한 대안으로서의 평생교육이 절실히 요청된다.

그러나 현재는 물론 미래사회에서 삶을 영위해 나가는 주체는 학습자이고, 그의 학습력을 바탕으로 국가 전체의 경쟁력이 확보되므로 학습자 중심 교육은 새롭게 중시되지 않을 수 없다. 학습은 언제 어디서나, 학습자가 어떤 생활경험을 하고 있든지 그 경험을 한 단계씩 진전시킬 수 있는 학습기회를 제공하는 것은 모든 사회구성원의 의무이다.

기억하기

- 평생교육의 역사는 17~20세기 초까지의 발생기, 20세기 중반까지의 성장기, 그리고 20세기 중반 이후 현재까지의 성숙기로 구분할 수 있으며, 1970년대 이후부터는 경제협력개발기구(OECD)의 계속교육, 유네스코의 평생교육정책 도입 등으로 평생교육이 세계적으로 확산되고 있다.
- 한국의 평생교육 발달과정은 해방 후부터 1981년까지 제1기 사회교육법 이전 시대, 사회교육법이 제정·공포된 1982년부터 평생교육법이 적용되기 전인 1999년까지 제2기 사회교육법 시대, 평생교육법이 효력을 발휘한 2000년부터 오늘에 이르기까지 제3기 평생교육법 시대로 구분할 수 있다.
- 평생학습체제 구축에 미치는 외부환경 변화로는 ① 지구촌 가치, 제도, 관습의 급속한 변화, ② 하이테크시대의 평생교육, ③ 생애주기에 따른 평생교육론 대두, ④ 능력 중심의 전문가 독점사회로의 변화 등이 있다.
- 평생교육에 미치는 내적 요인은 ① 교육장(教育場)의 다양화, ② 자아성취와 자아실현을 위한 교육수요의 증가, ③ 학교교육의 한계성을 넘는 교육 소재의 다양화, ④ 학습자 중심의 교육권과 학습권 요구 등이 있다.

3

CHAPTER

현대사회와 평생교육

개요

17세기 산업혁명 이후 우리 사회는 눈부신 성장과 발전을 거듭해 오고 있다. 특히, 20세기에 등장한 컴퓨터의 발전과 보급을 통한 정보통신기술의 혁명은 산업혁명이 가지고 왔던 것보다 더 급속하게 우리 사회와 삶을 변화시키고 있다.

이러한 사회의 변화는 기존의 학교교육만으로는 생을 성공적으로 영위하거나 준비할 수 없게 됨으로써 교육환경에 커다란 영향을 미치고 있다. 즉, 요즘의 교육환경을 이해하기 위해서는 사회 변화의 흐름을 이해하는 것이 필요하다. 따라서 본 장에서는 현대사회의 특징을 이해하고 이에 따른 평생교육 프로그램의 특징을 살펴보고자 한다.

학습목표

1. 현대사회의 특징을 이해한다.
2. 현대사회 변화에 따른 평생교육 프로그램의 특징을 알 수 있다.

1. 현대사회의 특징

1) 지식정보사회

지식정보사회는 지식과 정보가 정치, 경제, 사회, 교육 등에 걸쳐 영향을 미치는 사회라고 할 수 있다. 백욱인(2013)은 지식정보사회를 지식과 정보산업이 경제의 주축을 담당하는 사회로, 선진 자본주의 나라에서 대량생산-대량소비의 포디즘적 축적체계를 완성한 뒤 지식과 정보가 산업화되고, 그것이 생산의 중심이 되는 사회로 보았다. 지식기반사회는 새로운 생산수단이나 부의 창출이 지식을 기반으로 하는 사회인데, 이때 지식은 결과에 초점을 맞춘 수행성, 실행성, 효율성을 갖춘 정보이다.

▣ 지식정보사회

지식식정보사회는 토플러의 '제3의 물결'에서 주창되었다. 1차 물결은 농업혁명인데, 인류가 농경을 시작해 먹을 것을 풍부하게 생산해 낸 사회로서, 2차 물결은 산업혁명을 통해 도래했고, 증기기관과 기계를 통한 대량 생산해 내는 사회로서, 3차 물결은 정보혁명으로 정보와 지식을 대량생산하고, 대량생산된 지식과 정보가 대량으로 유통, 전달, 소비되는 사회로서 제시되었다.

출처: 백욱인(2013). 정보자본주의. 서울: 커뮤니케이션북스.

▣ 포디즘사회와 맥도널드화

포디즘사회는 포드 자동차 조립 생산 라인을 빗댄 것으로, 수직적 위계를 통한 관료제적 통제, 생산의 표준화와 획일화, 규율화된 감시와 통제를 강조하는 사회를 말한다. 반면, 맥도날드화는 맥도날드 작업방식을 비유한 것으로 컴퓨터, 인터넷 등으로 일의 자동화와 표준화가 되면서 일하는 인간은 단지 기계나 컴퓨터 및 서버만을 가동하는 역할을 수행하여 노동의 탈숙련화를 촉진한다는 것을 의미한다.

※ 탈숙련화: 기술도입, 특히 자동화로 인해 노동자에게 소속되던 숙련이 기계로 이전되고 노동자는 단순한 보조 작업을 하게 된다는 것

출처: 이항우 외(2011). 정보사회의 이해. 서울: 미래인.

지식정보사회는 정보네트워크 기술이 중심되는 사회를 말한다. 즉, 텍스트, 이미지, 멀티미디어 데이터 등의 정보를 종합적으로 제공하는 IT기기와 서비스를 중심으로 발달하는 사회를 말한다(김성국, 2004). 카스텔(Castell, 2003)은 네트워크 사회를 주창하였다. 그는 정보사회의 핵심은 바로 네트워크의 확산이라고 하였다. 그에 의하면 네트워크는 상호 연관된 결절의 집합이고, 네트워크는 동일한 커뮤니케이션 프로토콜 혹은 코드를 공유하는 한, 새로운 결절을 통합하여 무한히 뻗어갈 수 있다. 이명진(2012)은 네트워크 사회를 각종 디지털 기술에 기반을 둔 네트워크에 기반하여 개방성, 다양성, 독립성, 탈중심성, 실시간 조정과 통합 등의 특징을 보이는 사회로 보았다. 최근 인터넷, 스마트폰, 소셜네트워크 등의 일상화로 개인들의 물리적·자연적 시·공간 활동을 넘어서 사이버 공간에서의 시·공간활동으로 그 영역이 확장되고 있다(김규태 등, 2013).

▣ 네트워크 사회

정보와 상품, 자본과 사람과 지식이 컴퓨터 네트워크를 통해 서로 연결되고 이동하는 사회이다. 정보와 지식이 인터넷망과 소셜네트워크서비스 등을 통해 전 지구적으로 흘러 다니는 사회이며, 수평적인 연결과 소통을 통해 통제와 감독의 규율을 벗어나 다양화와 자율성을 지향하는 사회이다.

출처: 백욱인(2013). 정보자본주의. 서울: 커뮤니케이션북스.

네트워크사회는 소셜네트워크(Social Network Service)를 통해 실현되고 있다. 소셜네트워크는 온라인상에서 사람과 사람, 지식과 지식을 연결, 정보를 공유하는 온라인 그룹을 말한다. 다시 말해, 온라인에서의 사회적 관계망으로 사회적 관계를 형성하고 유지하며, 정보를 교환하는 사이버 공동체로 연결되는 것이라 할 수 있다. 예를 들면, 블로그, 트위터, 페이스북 등을 들 수 있다. 소셜네트워크는 사람과 사람 간의 연결을 기초로 형성되며, 연결성은 하나의 집단으로 볼 수 있다.

네트워크에서 개인과 개인의 연결로 형성된 집단은 지식생산, 지식전달, 지식공유 같은 활동을 할 수 있다(윤호성, 이기동, 2011).

〈표 3-1〉 SNS의 열 가지 측면

구분	특징
1) 마케팅 도구	소셜미디어 마케팅. SNS를 통해 웹사이트 트래픽이나 소비자의 주의를 끌고자 하는 마케팅 방식, 과정, 전략
2) 컴퓨터 매개 커뮤니케이션	네크워크, 커뮤니케이션, 미디어 공유 등을 통한 소통과정
3) 사회관계망	개인, 조직 등 행위자 간 응집성, 유대감, 상호작용
4) 권력 행사의 장	권력 있는, 영향력 있는 파워 트위터러 등 SNS상 권력작용
5) 연산 가능한 사회현상	대규모 데이터를 컴퓨터로 연산함으로써 규칙성이나 패턴 탐색
6) 재매개	하나의 미디어가 다른 미디어의 인터페이스, 표현양식 등을 차용하고 모방하거나, 이를 다른 요소들로 개조하거나 개선하는 것(예: 구술방식의 전달이 텍스트 형태로의 전달로 전환되면서, SNS가 게시판이나 블로그 같은 인터넷 기반 전자적 글쓰기를 개조하여 활용; SNS가 대인망을 형성하거나 보도기능을 하는 기능을 수행하는 것)
7) 텍스트 확장과 환유	하이퍼텍스트를 통해 하이퍼링크 가능. 자신의 감정을 제시하고, 하이퍼링크한 사진, 동영상, 블로그 등과 연계 확장하는 것
8) 에크프라시스	여러 이미지, 사진, 동영상 등 시각적 표상물에 대한 언어적 설명
9) 비장소	전통적인 장소의 요건인 관계성, 역사성, 정체성을 갖지 못하는 곳으로 임시수용소, 인터체인지, 환승 등과 같음
10) 문화 소프트웨어	현대 문화에서 소프트웨어가 수행하는 역할을, 그리고 그것의 발전에 영향을 미치는 문화적·사회적·경제적 힘들을 규명

출처: 이재현(2013). SNS의 열 가지 얼굴. 서울: 커뮤니케이션북스.

또한 소셜네트워크를 통해 사람들은 서로 연결, 소통, 협력을 한다. 즉, 사이버 공간을 통해 사교, 지원, 정보, 소속감, 사회적 정체성을 제공하는 사람들 간에 동시적/비동시적으로 이루어지는 사회적 연결망을 형성하는 수단이 된다. 또한 소셜네트워크는 사이버 공동체를 형성하는 역할을 한다. 사이버 공동체의 특징을 오프라인 공동체와 비교하면 〈표 3-2〉와 같다(이항우 외, 2011).

〈표 3-2〉 오프라인 공동체와 사이버 공동체

구분	오프라인 공동체	사이버 공동체
공통점	• 성원들 간의 경험과 감정, 가치를 공유하는 집단 • 성원의 지속성과 의례 행위가 있고, 일정한 통제가 존재 • 특정한 관계 속에서 도움을 주고받음	
속성	• 지역성을 띠는 경우가 많음 • 운명적, 귀속적, 자연적	• 시공간의 한계를 벗어남 • 자발적·임의적 선택 가능
인간관계	• 직접적, 대면적, 전인격적	• 간접적, 비대면적, 익명성
규제	• 상대적으로 강한 규제	• 상대적으로 약한 규제
사회적 도움	• 이미 잘 알고 있는 지인들에게 특정 공동체의 성격과 관련이 있는 한정된 유형의 도움 제공	• 비교적 자유롭고 다양한 유형의 도움 제공 • 일반화(관례화)된 상호성에 따라 모르는 사람과 상호 도움 제공
성원 간 유대	• 대체로 강한 유대 • 사회적으로 유사한 사람들일 가능성이 높음	• 대체로 약한 유대 • 서로 상이한 성원들이 다양한 사회집단에 연결된 약한 유대를 통해 새로운 정보를 습득하는 데 용이

출처: 이항우 외(2011). 정보사회의 이해. 서울: 미래인.

정보통신사회로의 전환은 우리 시대의 인재상에도 변화를 주고 있다. 다니엘 핑크(2011)는 우리 사회가 농부의 사회에서 공장근로자의 사회와 지식근로자의 사회를 거쳐 하이콘셉트·하이터치 시대로 나아가고 있다고 하였다. 하이콘셉트는 패턴과 기회를 감지하고, 예술적 미와 감정의 아름다움을 창조해내며, 훌륭한 이야기를 창출해내고, 언뜻 관계가 없어 보이는 아이디어를 결합해 뭔가 새로운 것을 창조해내는 능력을 말한다. 하이터치란 다른 사람과 공감하고, 미묘한 인간관계를 잘 다루며, 자신과 다른 사람의 즐거움을 잘 유도해내고, 목적과 의미를 발견해 이를 추구하는 능력을 말한다. 또한 다니엘 핑크는 이러한 하이콘셉트와 하이터치가 조화롭게 갖춘 미래 인재 조건을 디자인, 스토리, 조화, 공감, 유희,

의미 등 여섯 가지로 제시하였다.

① 디자인(design) : 단순히 기능을 갖는 제품, 서비스, 경험, 라이프 스타일을 넘어서 시각적으로 아름답거나 좋은 감정을 선사할 수 있는 가치를 만들 수 있는 능력을 지녀야 한다.

② 스토리(story) : 정보와 데이터로 넘쳐나고 있는 시대에서 훌륭한 스토리를 만들어 사람들을 설득, 의사소통, 이해를 이끌 수 있는 능력을 갖추어야 한다.

③ 조화(symphony) : 현 시대가 요구하는 것은 전문적 지식에 의한 '분석'일 뿐만 아니라 큰 그림을 볼 수 있고 새로운 전체를 구성하기 위해 이질적인 조각들을 연계, 통합, 융합할 수 있는 능력을 필요로 한다.

④ 공감(empathy) : 복잡하고 가변적인 사회일수록 분석적 · 논리적 사고로는 부족하며, 다른 사람의 마음을 이해하고, 유대를 강화하며, 배려하는 마음을 지니는 능력이 요청된다.

◆ 하이콘셉트, 하이터치 시대

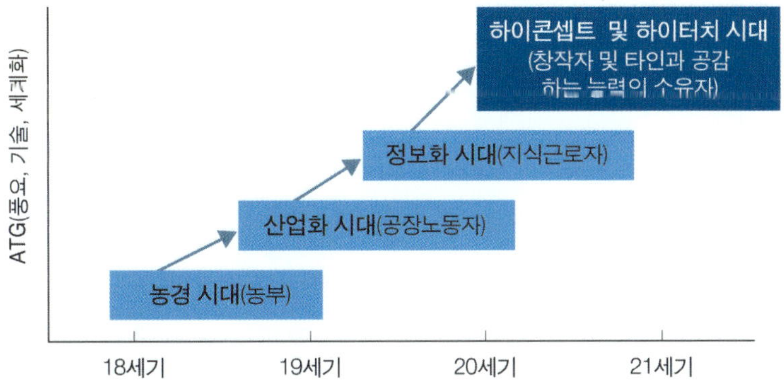

출처: 다니엘 핑크(2011). 새로운 미래가 온다. 서울: 한국경제신문.

[그림 3-1] 미래사회의 변화

⑤ 유희(play) : 웃음, 명랑한 마음, 게임, 유머 등을 통해 개인적 여유와 재미를 향유할 수 있는 능력을 갖추어야 한다.

⑥ 의미(meaning) : 풍요, 생존 경쟁을 강조하는 시대에는 물질적 풍요보다는 목적의식, 초월적인 가치, 그리고 정신적 만족감을 줄 수 있도록 의미를 부여하는 능력을 갖추어야 한다.

2) 제4차 산업혁명시대

클라우스 슈밥(2016)은 우리는 제4차 산업혁명시대에 살고 있다고 하였다. 제4차 산업혁명은 1차 산업혁명(철도 및 증기기관 발명), 2차 산업혁명(전기와 생산 조립 라인 등으로 대량생산), 3차 산업혁명(컴퓨터, 디지털 활용)을 넘어서 유비쿼터스 모바일 인터넷, 더 저렴하면서 작고 강력해진 센서, 인공지능과 기계학습 등을 활용하는 산업을 말한다. 또한 제4차 산업혁명은 모든 정보와 지식, 그리고 컴퓨터 지능의 데이터와 정보가 서로 연결되고 융합을 통해 새로운 산업과 가치를 추구하는 '초연결사회'라고 할 수 있다(하원규, 최남희, 2015). 디지털 기술을 통해 실물과 인간의 연결이 가능한 사회, 즉 상호연결된 기술과 다양한 플랫폼을 기반으로 한 사물(제품, 서비스, 장소 등)과 인간을 연결하는 사회라고 할 수 있다.

클라우스 슈밥이 이끄는 세계경제포럼에서는 2025년에 발생할 가능성이 있는 디지털 초연결사회를 구축하는 21가지 티핑포인트를 제시하였다(슈밥, 2016). 몇 가지 예를 들면 다음과 같다. 첫째, 2025년에는 인구의 90% 이상은 광고료로 운영되는 무한 용량의 무료 저장소를 보유한다. 둘째, 1조 개의 센서가 인터넷에 연결된다. 셋째, 인구의 80%가 인터넷상의 디지털 정체성을 갖게 된다. 넷째, 인구의 90%가 스마트폰을 사용한다. 다섯째, 인구의 90%가 언제 어디서나 인터넷 접속이 가능하다.

제1차 정보 폭발: 1990년대
인터넷과 브로드밴드의 발전으로 소비형 미디어 정보 유통량 증대

▼

제2차 정보 폭발: 2000년대
스마트 혁명과 SNS 보급으로 정보 접근과 활용 가능성의 급속한 증가

▼

제3차 정보 폭발: 2010년대(빅데이터 1단계)
스마트 기기와 사물인터넷, 빅데이터, CPS 등 정보 해석과 처리 증가

▼

제4차 정보 폭발: 2020년대(빅데이터 2단계)
- 만물인터넷, 인공지능, CPS 시스템 등으로 산업구조 재편
- 스마트 그리드, 스마트 교통 시스템 등 새로운 사회 인프라의 정착

출처: 하원규, 최남희(2015). 제4차 산업혁명. 서울: 콘텐츠하다.

[그림 3-2] 정보 대폭발의 4단계

3) 데이터기반사회

데이터기반사회는 데이터에 대한 지식과 분석기법을 바탕으로 기업 및 국가의 과학적 의사결정과 생산성을 증진하는 사회이다. 이것은 현대사회의 복잡성, 네트워크, 가상현실 속에서 다양한 데이터를 활용하여 메타 분석, 내용 및 언어 분석, 정서 분석, 추이 및 동향 분석, 예측 시나리오 작성 등을 통해 사람과 집단의 행동과 마음의 패턴 및 인과관계에 대한 통찰과 성찰을 하는 것을 강조한다. 데이터기반사회는 SNS, 인터넷, 공공기관 통계 등을 활용한 데이터마이닝과 분석 등을 강조한다. 즉, 자연현실과 가상현실 속에서 이루어지는 사람들의 사고와 마음 및 행동에 대한 패턴, 영향요인과 인과관계를 분석하여 그것을 경영, 교육, 금융, 공

공관리 등에 활용하는 것을 강조한다. 예를 들면, SNS, 인터넷, 스마트폰 등 가상공간에서 발생되는 데이터의 분석과 활용은 청소년들이 일상 속에서 갖는 우울한 감정, 스트레스, 고민, 자살생각, 비행을 저지르는 시간과 이유, 성문제와 폭력 시간과 장소 등에 대한 총체적·과학적·역학적 분석이 가능하고, 그것을 활용하여 교육실제의 개선을 가질 수 있다.

▣ 디지털 아카이브와 빅데이터

- 인터넷은 정보와 지식의 디지털 저장고(아카이브, archive)이다. 디지털로 이루어진 거대한 문서 저장고이자 콘텐츠 아카이브다. 인터넷에서는 실시간으로 정보가 생산되는 동시에 저장된다(p. 27). 디지털 문서 저장고는 하이퍼텍스트를 통한 연결과 얽힘을 만들어 놓으며, 하이퍼텍스트의 연결을 통해 시작도 끝도 없는 과정으로 얽히면서 수많은 정보와 지식의 저장고인 아카이브 집합체로 확대된다. 디지털 아카이브는 정보의 생산과 전달, 공유 속도를 극대화하고 지식에 대한 접근성을 향상시킨다. 그것은 지구화된 차원에서 실시간으로 내용물이 축적되는 동시에 사용되는 시공간 압축의 저장고다. 디지털로 전환된 사물의 반영물은 디지털 복제로 수많은 사람의 용도에 맞게 사용될 수 있다. 그러나 디지털 콘텐츠의 무한 복제 가능성은 희소성에 바탕을 둔 배타적 소유라는 지적재산권을 무너뜨림과 동시에 정보의 분배 방식의 커다란 변화를 가져왔다.
- 빅데이터는 실시간으로 내용물이 축적되는 동시에 사용되는 시공간 압축의 저장고이다. 그것은 인터넷 이용자들이 여러 가지 형태로 올린 말과 생각, 의견과 감정이 쌓이는 실시간 저장고이다. 이용자가 올려 놓은 디지털 콘텐츠는 그것이 저장되는 물리적 장소에 상관없이 네트워크 안에서 사이버스페이스라는 동일한 가상공간 안에 축적된다. 빅데이터는 이용자 대중의 데이터 생산과 관련된 클라우드 소싱(crowd sourcing)이 데이터의 대량 보관을 담당하는 클라우드 컴퓨팅(cloud computing)과 결합되면서 만들어진다. 빅데이터는 클라우드 소싱이나 P2P 협력 생산을 통해 만들어진 이용자 생산 콘텐츠가 클라우드 컴퓨팅을 통해 실시간으로 서비스 제공업체의 데이터 센터에 집적된 결과물이다.

출처: 백욱인(2013). 디지털 데이터·정보·지식. 서울: 커뮤니케이션북스.

4) 집단지성사회

집단지성은 정보기술을 활용하여 다양한 주체들이 서로의 경험, 정보, 지식을 공유하면서 새로운 지식을 생산해내는 것을 그 특징으로 한다(최항섭, 2009). 집단지성은 컴퓨터만 있으면 무엇이든 자유롭게 만들어 내고 다양한 주체 간의 협업과 참여가 일상화되는 세계이다. 레비(Levy, 2002)는 가상세계 내 집단지성을 어디에나 분포하며 지속적으로 가치부여와 실시간 정보를 조정할 수 있는 지성사회라고 한다. 예를 들면, 위키피디아나 지식IN 같은 집단창작활동이라고 할 수 있다.

레비(2002)는 사이버 공간에서의 집단지성의 대표적 특징을 다음과 같이 제시했다. 첫째, 지성의 편재성이다. 지성은 성별과 직업, 나이와 직업에 상관없이 누구나 가지고 있으며 시대를 초월하여 존재한다. 둘째, 지성은 그 유용성에 따라 소멸되는 것이 아니라 끊임없이 재활용되어 가치를 지속적으로 인정받는 것이다. 셋째, 시공간에 제약을 받지 않고 원하는 시간과 장소에서 지성을 활용할 수 있어야 한다. 넷째, 집단지성을 통한 지식생산은 공동체 구성원들의 참여와 협업을 통해 완성된다.

■ 집단지성의 유형과 예시

- 공유형(sharing): 특정 주제에 대한 자료나 정보를 공유하여 누구나 열람 활용할 수 있게 하는 게시판 같은 것임
- 기여형(contributing): 상호 질문을 주고받는 형식을 통해서 특정 문제에 대한 해결책을 찾는 토론방이나 지식iN 같은 것임. 이것은 각자의 의견이 독립적으로 존재할 뿐, 이에 대한 평가나 추천은 가능하지만 의견의 차이나 모순을 조율하지 않음
- 공동창조형: 위키피디아나 오픈소스 등과 같이 많은 사람이 참여하여 지속적으로 중립적이고 체계적인 지식을 축적해가는 과정을 말함. 이것은 내용을 보완하거나 수정하는 자율적인 상호 조율을 통해 새로운 지식의 창출이 가능함

- S/W 개발자들이 자신이 보유한 소스 코드를 서로 공개하고 협업을 통해 S/W를 공동 개발하는 것은 집단지성의 예임. 운영체제로는 Linux, 응용 프로그램으로는 웹 서버인 Apache, 오피스 도구인 Open office 등이 있음

출처: 이항우 외(2011). 정보사회의 이해. 서울: 미래인.

5) 후기산업사회

일반적으로 산업사회는 테일러리즘, 포디즘으로 불린다. 9-to-5 생활라이프, 예측 가능성, 대중화, 분업, 표준화, 저숙련화, 조립라인, 기계화, 소품종 대량생산, 경영 중심의 감독 및 통제, 노동집약산업, 노동의 안정성 등을 특징으로 하는 사회이다. 반면, 후기산업사회는 아이디어, 정보와 지식의 표현양식이 혁신과 경제 성장을 가져오는 사회라고 할 수 있다. 그래서 디지털경제, 지식경제, 정보사회, 포스트포디즘 등으로 불린다. 그 특징은 24/7 생활라이프, 불확실성, 개인화, 지식/정보산업, 재택근무, 자동화, 다품종 소량생산, 주문생산, 고숙련화, 자기관리팀(self-managing team), 성과관리, 노동의 유연화, 다국적기업 등에 해당된다(Gidden & Sutton, 2013).

다니엘 벨(Daniel Bell)은 후기산업사회의 특징을 다섯 가지로 제시했다(이영찬, 임영규, 정혜숙, 2010). 첫째, 상품생산에서 서비스 경제로 전환한다. 둘째, 직업분포에서 고급인력인 전문직 및 전문기술직 계층이 증가한다. 셋째, 각 사회의 주요 조직부문의 개발과 혁신과정에서 지식과 정보를 주로 의존한다. 넷째, 끊임없는 신기술 개발과 그에 대한 질관리 및 통제를 강조한다. 다섯째, 데이터 및 컴퓨터 기반 의사결정이 활성화된다.

엘빈 토플러도 '제3의 물결'에서 후기 산업사회의 특징을 제시했다(이영찬, 임영규, 정혜숙, 2010). 첫째, 규격화에서 탈규격화로 이행되어 소품종 대량생산에서 다품종 소량생산으로 전환된다. 둘째, 전문화에서 탈전문화로 나아간다. 특정 직

무의 전문성에서 다양한 직무에서의 직무수행 가능한 전문성을 요구한다. 셋째, 동시화에서 탈동시화로 진행된다. 동일한 정보와 보편화를 지향하는 데서 특성화와 차별화로 나아간다. 넷째, 집중화에서 탈집중화로 진행된다. 대기업 및 대중매체 중심에서 중소기업이나 지역(개인) 매체 중심으로 나아간다. 다섯째, 중앙집권화에서 분권화, 지역화로 나아간다.

후기산업사회는 첫째, 대량 노동 집약적 생산보다는 상품의 디자인, 개발, 기술, 마케팅, 판매 및 서비스를 강조한다. 둘째, 하이테크, 높은 교육수준과 훈련, 연구와 개발, 소프트웨어 등을 강조한다. 셋째, 특정 과업의 분업을 넘어서 집단생산과 팀워크가 보다 넓은 책임을 수행하는 다기능(multi-skilled) 노동을 강조한다. 넷째, 지식과 서비스 제공을 하는 일과 직무로 인하여 컴퓨터 및 인터넷 등으로 집단적으로 협업하거나 언제 어디서나 일과 직무를 수행할 수 있는 재택근무나 스마트워크를 강조한다. 다섯째, 빠른 경영 및 기술환경 변화에 적합한 인력을 상시적으로 채용하고 교체할 수 있도록 시간제, 계약직 등 고용 유연화를 강조한다. 여섯째, 숙련 포트폴리오(다수의 서로 다른 직업 숙련과 자격)를 보유하고 있고, 어떤 직무나 일에서도 필요한 핵심역량을 강조한다. 즉, 변화와 불확실성 속에서 그 패턴과 규칙성을 읽고 그것에 대한 신속한 지식 및 기술 습득과 적용, 협업, 자기주도성, 도전, 창조력 등 핵심역량을 강조한다. 그러나 고용 유연화는 근로자의 경력개발과 자기실현을 보장하는 측면도 있지만 고용불안정성과 그로 인한 이직 및 스트레스, 실업 및 빈곤 등을 초래할 수 있다.

6) 과학기술사회

과학기술사회는 과학기술을 통한 창조적 경제 실현과 개인 및 사회 행복 증진을 강조하는 사회를 말한다. 최근 학자들은 미래과학기술로 융합과학기술에 관심을 가지고 있다. 융합과학기술은 IT, BT, NT, ET, ST, CT 등 지식과 이론들이 상호

융·복합적으로 결합된 새로운 지식과 기술을 말한다(Roco & Bainbridge, 2003).

- IT(정보기술, Information · Technology) → 정보통신 분야
- BT(생명공학기술, Bio Technology) → 생명 공학 분야
- NT(나노기술, Nano Technology) → 초정밀 원자세계 분야
- ET(환경공학기술, Environmental Technology) → 환경공학 분야
- ST(우주항공기술, Space Technology) → 우주항공 분야
- CT(문화콘텐츠기술, Cultural Technology) → 문화관광 콘텐츠 분야

6T로 대표되는 융합과학기술은 다음과 같다.[1] 정보기술은 컴퓨터, 미디어, 영상기기 등과 같은 정보기기를 운영·관리하는데 필요한 소프트웨어 기술과, 이들 기술을 이용하여 정보를 수집·생산·가공·보존·전달·활용하는 모든 방법을 말한다. 생명공학기술은 생물이 가지고 있는 고유한 기능을 높이거나 개량하여 필요한 물질을 대량으로 생산해 내거나 유용한 물질을 만들어 내는 기술을 말한다. 나노기술은 나노미터 크기의 범주에서 조작·분석하고 이를 제어함으로써 새롭거나 개선된 물리적·화학적·생물학적 특성을 나타내는 소재·소자 또는 시스템을 만들어 내는 과학기술을 말한다. 환경공학기술은 환경에 영향을 미치는 인자를 환경학적으로 건전하고 지속 가능한 발전수준으로 제어하는 기술을 말한다. 우주항공기술은 위성체 분야, 발사체 분야, 위성 이용 및 우주 과학 분야로 구분되며 미래산업을 이끌고 갈 첨단기술의 집합체를 말한다. 문화기술은 디지털 문화콘텐츠를 창조·개발·제작·가공·유통하는 지적 노하우 및 물리적 기술을 말한다.

장성원 등(2013)은 미래 산업을 바꿀 세 가지 키워드와 7가지 혁신기술을 제시

1) 네이버 지식백과 인용

하였다. 먼저 세 가지 키워드는 사용자의 명령을 수행하는 데서 나아가 개인별 요구사항과 의도를 먼저 분석하여 최적의 서비스를 제시하는 능동형 맞춤, 통념상 절감하기 어렵다고 생각했던 분야에서 시간, 에너지, 원재료 등을 절감하는 스마트 세이빙, 시간, 공간, 사용층 등의 불균형 해소이다. 이러한 키워드를 기반으로 7대 혁신기술이 등장하고 미래 산업에 커다란 변화를 가져올 것으로 예상하였다. 그 7대 혁신기술은 웨어러블 컴퓨터, 3D 프린팅, 상황인식기술, 자동주행차, 초경량 소재, 유전자 치료제, 포스트 배터리 등이다.

① **웨어러블 컴퓨터** : 다양한 정보를 수집·분석하는 컴퓨터 기기를 신체나 의복에 착용하는 것으로, 최근 스마트폰과 연계한 제품이 증가하고 있다. 이것이 확산되면 헬스케어산업이 확대되고, 헤드셋 기기에 증강현실을 구현한 광고가 출현할 것이다.

② **3D 프린팅** : 3차원 설계도에 따라 한 층씩 소재를 쌓아올려 입체 형태의 제품을 만드는 기술로서 맞춤형 제조가 가능하다. 고분자화합물에 우주선 유지보수에 필요한 부품을 우주공간에서 직접 출력할 수 있게 되면서 나노, 우주항공 등의 기술혁신을 촉진할 것이다.

③ **상황인식기술** : 사용자의 행위, 생체신호, 과거 생활이력, 주변환경 등을 분석하여 상황에 맞게 적절한 기능을 자동 수행하는 소프트웨어기술로서 여행업, 소매유통업, 소매금융업 등에서 타깃 고객층을 세분화하여 구매할 상품을 추천할 수 있는 데 활용될 수 있다.

④ **자동주행차** : 스스로 위치와 상황을 감지해 속도와 조향을 제어하는 자동차로 안전하고 편안한 운전을 가능하게 한다.

⑤ **초경량소재** : 깃털보다 가벼우면서 전도성, 탄성, 에너지 흡수 등의 특성도 겸비한 소재로서 배터리 전극, 구조물, 충격흡수제 등에 적용할 수 있다. 우주항공에서 발사체 무게를 줄임으로써 발사비용과 비행시간을 절감할 수 있고,

자동차 무게의 70%에 달하는 외장·프레임 대체 시 연비 향상도 기대된다.

⑥ **유전자 치료제** : 손상된 유전자를 정상 유전자로 대체함으로써 발병 원인을 제거하는 근원 치료제이다.

⑦ **포스트 배터리** : 구부릴 수 있고 용량과 가격이 획기적으로 개선된 배터리로 안경, 시계, 신발, 의복 등에 IT를 접목한 다양한 디자인이 가능하고, 전기차 및 신재생에너지의 저변이 확대될 수 있다.

〈표 3-3〉 7대 혁신기술

분야	혁신기술	내용	예상 변화
전자통신	웨어러블 컴퓨터	신체나 의복에 착용하여 자유롭게 사용할 수 있게 한 컴퓨터 기기	• 섬유산업의 하이테크화 • 기기의존형 헬스케어 확대
	3D 프린팅	3차원 설계도에 따라 한 층씩 소재를 쌓아올려 입체 형태로 만드는 기술	• 개인 맞춤형 제조 확대 • 나노, 생명, 우주항공 분야 활용
소프트웨어/서비스	상황인식기술	사용자 상황(행위/생체신호/이력/환경)에 맞게 적절한 기능을 자동 수행	• 타깃마케팅 정교화, 세분화 • 사전에 예측 대응하는 패러다임 변화 가속화
자동차	자동주행차	운전자 조작 없이 차 스스로 위치와 상황을 감지해 속도, 조향 제어	• 효율적 도로 인프라 구축 • 사고 감소로 보험·병원 변화 렌털서비스 성행
소재	초경량소재	마이크로래티스 등 가벼우면서도 강한 소재	• 항공우주 분야에서 운송수단으로 응용 분야 확대 • 에너지 절감
바이오/의료	유전자 치료제	질병의 원인인 비정상 유전자를 정상 유전자로 대체하여 질병을 완치	• 의료비 지불기준의 변화 • 예방형 건강보험 출시 • 미용 항노화산업 부상
에너지	포스트 배터리	구부림, 고밀도, 저가격 전지	• 웨어러블 디바이스 성장 • 전기차, 전력저장시스템 저변 확대

출처: 장성원 외(2013). 미래산업을 바꿀 7대 파괴적 혁신기술. CEO Information, 894.

7) 세계화사회

세계화사회는 글로벌 사회, 지구촌 사회 등으로 불리기도 한다. 세계화 사회는 국가 간 교류와 협력을 통하여 정치, 경제, 문화 등에서 상호성이 증대되는 사회를 말한다. 세계화 사회는 경제적으로 교역·투자·통신 등이 확대되어 국가 간 상호의존이 증대하고 다국적 기업의 활동이 활성화된다(이영찬, 임영규, 정혜숙, 2010). 또한 뉴스, 영화, 텔레비전 프로그램, 대중음악, 전신 및 통신 프로그램 등 현대적 문화와 생활양식을 전 세계로 확산·공유되는 경향이 높다(Giddens & Sutton, 2013). 이와 동시에 세계 속에서 지역의 특수성과 우수성을 추구하는 글로컬화(glocalization)도 이루어지고 있다.

세계화로 인하여 다원화 사회도 주목받고 있다. 그것은 다양한 인종, 언어, 역사, 문화적 배경을 가진 사람들이 각자의 고유한 생활세계, 문화, 언어 및 가치를 존중받으면서 세계 또는 지역의 사람들이 함께 공존하는 사회를 말한다. 다원화 사회는 모자이크 사회(Mosaic Society) 또는 샐러드 볼(Salad Bowl) 사회라고도 불린다. 그러나 다원화 사회는 하나의 문화로 동화·융합을 강조하는 멜팅팟 사회(melting pot)와는 구분된다. 우리나라도 외국 근로자와 배우자 등의 영향으로 다문화사회로 접어들고 있고, 이에 따른 교육의 요구도 증가하고 있다(김규태 등, 2013).

8) 고령화사회

우리나라는 고령화 사회를 빠른 속도로 맞이하였다. 일반적으로 전체 인구에서 65세 이상 인구가 차지하는 비중에 따라 고령화사회(7%), 고령사회(14%), 초고령사회(20%)로 구분된다. 통계청 통계서비스(KOSIS)에 의하면 우리나라는 전체인구 대비 65세 이상 인구가 2015년 현재 13.1%에 달하고 있고, 2020년에는 15.7%,

2030년에는 24.3%로 추정하였다. 즉, 우리나라는 현재 고령사회에 진입을 하고 있고 15년 후에는 초고령사회가 된다는 것이다. 또한 인구고령화로 가구주의 연령이 65세 이상인 고령가구 수가 점차 증가하고 있다. 이는 2000년 173만 가구에서 2010년 298만 가구로 증가하였다. 또한 고령가구 중 노인 1인 가구의 비중은 2000년 31.4%에서 2010년 34.2%로 2.8%p 상승하였다(김정근, 2011).

고령화사회에 따라 노인을 대상으로 하는 실버산업도 계속 증가하고 있다. 노인복지를 제공하는 복지국가의 위기와 함께 민간 서비스산업으로서 실버산업은 필수불가결한 서비스를 제공한다. 각종 양로원 시설과 함께, 건강하고 물질적으로 여유가 있는 노인계층을 대상으로 관광, 교육, 소비, 스포츠산업이 등장하고 있다.

급격한 고령화는 노동시장에서 노동력 부족(shortage), 생산성 저하(shrinkage), 세대 간 일자리 경합(struggle) 등을 초래할 수 있다(이찬영 등, 2011). 고령화로 생산성에 참여할 수 있는 노동력이 부족해지면서 경제성장률은 지속적으로 하락한다. 노동력 구성에서 고령층이 증가하면 새로운 지식과 기술 습득 속도가 저하되어 노동생산성이 저하된다. 단기적으로는 고용구조가 중고령층 위주로 급격히 재편되면서 세대 간 일자리 경합문제가 발생한다.

9) 인문학융합사회

최근 인문학이 경영 및 교육에서 열풍이 불고 있다. 이를 박찬욱(2013)은 인문학융합현상이라고 하였다. 그에 따르면 인문학은 인간의 존엄, 삶의 성찰 등과 관계된 문학, 역사, 철학 등 분야이고, 융합은 서로 다른 기술이나 산업 분야 간에 효율과 성능 개선 등을 목적으로 결합됨으로써 존재하지 않았던 새로운 기능이나 서비스를 창출하는 현상이다. 그는 '인문학 융합'이란 인문학과 기술 간, 인문학과 생활환경 간 창의적인 결합과 복합화를 통하여 미래 사회·문화의 변화를 주도하는 활동으로 보았다. 그는 또한 인문학 융합을 두 가지 유형으로 구분하였다. 첫 번째 유형은 인문학+기술·산업'으로 이것은 인문학과 기술·산업영역 간의 융합으로, 문화콘텐츠나 문화기술 개발 등이 예가 될 수 있는데, 기술을 굳이 신기술(NT, BT, IT 등)로 국한하지 않은 것은 기존의 기술을 인문학적 시각에서 접근하는 것을 말한다. 두 번째 유형은 인문학+생활환경'으로 인문학과 사회영역 간의 융합을 의미하는데, 사회영역은 주로 우리 주변의 생활환경과 관련된 것이며, 인문학을 통한 사회문제해결을 예로 들 수 있다.

복잡성 및 불확실성과 위기 등으로 예측 불가능성이 높아진 경영환경에서 기업은 기술 및 가격 차별화만으로는 경쟁우위를 보일 수 없는 현실에 봉착하고 있다. 이러한 맥락과 시점에서 복잡성과 불확실성 속에서 사람들의 행태와 성향에 대한 본질적 통찰과 현상 간의 관계와 규칙성을 파악할 수 있는 안목을 통해 현재와 미래의 트랜드를 예측하는 데 인문학을 접목하고 응용하는 경향이 높아지고 있다. 한일영, 한창수, 신형원, 김진성(2011)은 인문학이 경영을 바꿀 수 있다고 주장했으며, 그 이유는 다음과 같다.

우선, 인문학은 조직의 창의성 제고에 기여할 수 있다. 이는 페이스북 창시자 마크 저커버그가 20세의 젊은 나이에 '지구상의 모든 사람을 연결'한다는 상상력으로 페이스북을 개발하는 배경이라고 했고, 이는 어린 시절부터 탐독한 고대 역사와 문학으로부터 나왔다고 언급한 것에서 엿볼 수 있다. 그래서 사내교육기관인 픽사 대학에서 인문학과정을 운영하여 CEO와 임직원의 인문학적 소양을 증진하거나, 구글이 인문학 전공자를 대거 충원한다거나, 종교학적 방법론을 활용하여 매장 직원의 자긍심을 고취한 아모레퍼시픽 등의 사례를 들 수 있다.

둘째, 인문학은 인간의 본성을 탐구하고 역사적인 안목을 중시하여 현재의 사람들의 사고와 행태를 통찰하고 미래 경영환경의 방향을 예측하는 데 활용될 수 있다. 예를 들면, 중세역사를 전공한 HP의 전 CEO 칼리 파오리나는 르네상스의 출현과 디지털 신기술의 등장을 동일한 관점으로 파악하고 선제적으로 대응하였다. 한편, IBM, 지멘스, 인텔 등은 인문학자를 포함한 전담조직을 구성하여 미래를 전망하고 이를 기업의 중장기 전략과 비전 수립에 활용하고 있다.

셋째, 인문학은 제품 개발 및 디자인 등을 창조하고 혁신할 수 있다. 이는 스티브 잡스가 애플의 혁신적인 제품을 기술과 인문학을 접목한 결과라고 언급한 것에 주목받은 것이다. 이는 인간의 본질적인 행태와 감성 등에 대한 인문학적 통찰과 이해를 제품 및 디자인에 반영하여 단순하고 편하고 재미있다는 등의 인간 본연의 욕구를 충족시켜야 한다는 점을 시사하는 것이다. 삼성전자도 디자인경영센터에 여러 인문학 관련 전공자를 채용하여 커뮤니케이션 매개 역할이나 창의적인 아이디어 생성과 융합 역할을 담당하게 한다.

10) 지속가능한 사회

근대성은 합리화, 과학기술의 고도화, 민주주의의 확장 등과 함께 인간의 삶에 문화적·경제적·정치적 풍요와 성숙을 가져다 줄 것으로 기대되었다. 그렇지만, 대중사회, 도시화, 빈곤, 산업화로 인하여 각종 산업재해, 자연재해, 환경문제, 실업과 질병 등의 위험들이 확산·심화되기 시작하였다. 이재열 등(2004)은 현대사회가 위험사회이므로 생태적·사회적 안전을 추구하는 지속가능성 추구는 필수불가결하다고 주장한다. 이들은 현대사회가 안고 있는 위험을 다음과 같이 분류하였다.

① **지구적 생태 위험** : 한 국가를 넘어 지구적으로 당면한 생태 위험으로 오존층 파괴, 산성비, 삼림 파괴, 생태계 균형의 파괴, 사막화, 지구 온난화, 엘니뇨현상, 생물 멸종 등에 해당된다.

② **자연적 재해 위험** : 다양한 형태의 자연적 재해로 태풍, 지진, 가뭄, 폭우 등을 말한다.

③ **기술적 재난 위험** : 기술적 결함으로 인한 대형 사고 위험으로 1986년의 체르노빌 원전 사고, 1993년 캐나다와 미국의 동부에서 벌어진 정전사태 등을 예로 들 수 있다.

④ **경제적 생계 위험** : 의식주의 기초적인 생계가 위협받는 상황을 말하며, 장기 경기침체와 경제 파국, 그리고 높은 실업률에 사회안전망까지 부실할 경우 경제적 생계 위험은 개인적 차원의 문제를 넘은 사회적 차원의 위험을 말한다.

⑤ **사회적 해체의 위험** : 구성원들 사이의 유기적 의존관계가 심각하게 해체되거나 구성원 간의 적대적 관계가 증폭되는 상황을 말하는 것으로 이혼과 자살, 폭력과 강력범죄 등이 이에 속한다.

이러한 위험과 함께 최근 정보 및 네트워크 시대에 따라 정보위험도 심각해지고 있다. 홍성태(2005)는 정보위험을 개인적 위험, 구조적 위험, 체계적 위험, 생태적 위험으로 나누어 제시하였다.

첫째, 개인적 위험은 프라이버시 침해와 정보기술 질환을 말한다. 정보화에 따라 가장 크게 늘어난 위험은 물론 프라이버시 침해이다.

둘째, 구조적 위험은 정보기술을 통한 감시와 통제능력의 발달로 이어져서 국가권력을 더욱 강화한다는 것이다. 즉, 총체적 감시의 보편화가 사실상 이루어진 빅브라더 편재현상을 초래할 수 있다는 것이다.

셋째, 체계적 위험은 마이크로소프트라는 기업이 거의 모든 개인용 컴퓨터의 운영체계를 지배하고 있다는 기술체계의 위험이나, 잘못된 정보가 흘러서 불필요한 비용을 초래하거나, 사회체계의 원활한 운영을 저해하는 사회체계의 위험을 말한다.

넷째, 생태적 위험은 정보통신기기의 생산, 이용, 폐기의 모든 과정에서 야기될 수 있는 생태계 오염이나 파괴 위험이다.

이러한 위험사회에서 지속가능한 기술(sustainable technology)도 대두되고 있다. 즉, 전기자동차, 태양력 및 풍력 발전 등 화학 원료를 사용하지 않으면서도 환경오염의 우려가 적은 기술이 각광받고 있다(박동오, 송위진, 2008). 또한 개인정보 보호와 보안시스템 제도와 시스템 구축, 스팸, 보이스피싱, 악성바이러스 등 차단기제 마련 등을 강조하고 있다.

2. 현대사회와 평생교육

평생교육은 현대사회의 특징과 변화 양상을 고려한 평생교육기관 및 프로그램 운영의 유연화, 효율화 및 적합성을 강구하는 활동이라고 할 수 있다. 특히, 현대사회의 맥락과 변화 양상에 따라 평생교육에 대한 요구에 따른 평생교육기관 프로그램의 변화가 요청된다. 그 특징을 제시하면 다음과 같다.

첫째, 현대사회가 지식정보사회와 네트워크사회로 진행됨에 따라 평생교육기관은 교실이나 강의실 위주 오프라인 교육 위주에서 지식정보 및 네트워크 사회에 따른 온라인 및 스마트 학습이 도입 운영되고 있다. 또한 사이버 학점은행제를 통해서 학사학위나 한국어교사자격증을 취득하거나 평생교육기관에서 자체 또는 위탁을 통해 제공되는 자기계발을 위한 사이버직무연수 등을 수강하는 것이 확산될 필요가 있다.

둘째, 세계화 및 다문화 사회에 접어들면서 평생교육은 어학교육, 한국어교사양성, 다문화 이해 및 지원을 위한 프로그램 등이 개발 운영되고 있다. 그 예를 들면, 각종 어학원에서의 외국어 학습, 학점은행제를 통한 한국어교사자격증 취득, 대학 또는 교육청 등에서의 다문화 평생교육 프로그램(예: 아주대학교의 다문화 가족을 위한 글로벌시티즌 아카데미, 서울 남부교육청의 레인보우 행복의 숲 프로그램) 등을 예로 들 수 있다.

셋째, 고령화 사회가 도래함에 따라 노인을 위한 평생교육기관 프로그램에 대한 관심이 증가하고 있다. 노인을 위한 평생교육은 노인복지관, 대학평생교육원, 평생학습관, 종교기관 등에서 여러 형태로 실시되고 있다. 그 내용은 교양, 취미, 사회 참여, 웰빙 및 웰다잉 등에 걸쳐 다양하다.

넷째, 인문학이 각광받고 있는 시대에서 평생교육도 도서관, 대학, 관공서, 기업 등 여러 공공 및 민간기관에서 다양한 인문학 강좌나 아카데미를 개설하여 운영하고 있다.

다섯째, 현대사회는 자연 및 재난, 환경오염 등 다양한 위험을 극복하고 지속가능한 사회를 지향하고 있다. 이를 위하여 유네스코는 지속가능발전을 위한 교육의 핵심적인 역할을 강조하기 위해 국제연합(UN)에 의해 '지속가능발전교육 10년(DESD, UN Decade of Education for Sustainable Development, 2005~2014)' 선도기관으로 지정 운영하고 있다. 지속가능발전교육은 지역사회와 세계가 직면하고 있는 빈곤, 물, 에너지, 기후 변화, 재해, 생물 다양성, 문화 다양성, 식량, 보건, 사회적 취약성 등 다부문적이고 다층적인 문제를 지속가능한 미래를 위해 해결하고자 실시하고 있다.

여섯째, 현대사회는 인터넷, SNS, 스마트폰 등에서 만들어지는 빅데이터를 경영, 교육, 금융, 공공관리 등에 적용하여 효과적이고 적시적인 문제 진단과 의사결정을 강조하고 있다. 이에 따라 평생교육도 데이터 처리와 분석을 담당하는 빅데이터 전문인력 양성이나 그것을 증명하는 자격증 취득 등을 강조하는 프로그램이 개발 운영 중에 있다. 예를 들면, 한국데이터베이스진흥원(http://www.dbguide.net/index.db),

경기도(http://www.dbguide.net/bigfi.db)에서 실시하는 빅데이터 전문인력 양성과정과 한국경제신문이 실시하는 경영빅데이터 분석사 자격증 시험과 그와 관련된 전문교육과정 등을 예로 들 수 있다.

▣ 기억하기

- 지식정보사회는 토플러의 '제3의 물결'에서 주창된 것으로 정보와 지식을 대량생산하고, 대량생산된 지식과 정보가 대량으로 유통, 전달, 소비되는 사회로서 제시되었다.
- 제4차 산업혁명은 모든 정보와 지식, 그리고 컴퓨터 지능의 데이터와 정보가 서로 연결되고 융합을 통해 새로운 산업과 가치를 추구하는 '초연결사회'라고 할 수 있다.
- 데이터기반사회는 데이터에 대한 지식과 분석기법을 바탕으로 기업 및 국가의 과학적 의사결정과 생산성을 증진하는 사회로 SNS, 인터넷, 공공기관 통계 등을 활용한 데이터마이닝과 분석 등을 강조한다.
- 집단지성은 정보기술을 활용하여 다양한 주체들이 서로의 경험, 정보, 지식을 공유하면서 새로운 지식을 생산해내는 것을 그 특징으로 한다.
- 후기 산업사회는 아이디어, 정보와 지식의 표현 양식이 혁신과 경제성장을 가져오는 사회라고 할 수 있으며 디지털경제, 지식경제, 정보사회, 포스트포디즘 등으로 불린다.
- 과학기술사회는 과학기술을 통한 창조적 경제 실현과 개인 및 사회 행복 증진을 강조하는 사회를 말한다.
- 세계화 사회는 글로벌 사회, 지구촌 사회 등으로 불리며 국가 간 교류와 협력을 통하여 정치, 경제, 문화 등에서 상호성이 증대되는 사회를 말한다.
- 전체 인구에서 65세 이상 인구가 차지하는 비중에 따라 고령화 사회(7%), 고령 사회(14%), 초고령 사회(20%)로 구분된다.
- 인문학 융합이란 인문학과 기술 간, 인문학과 생활환경 간 창의적인 결합과 복합화를 통하여 미래사회·문화의 변화를 주도하는 활동이다.
- 현대사회는 ① 지구적 생태 위험, ② 자연적 재해 위험, ③ 기술적 재난 위험, ④ 경제적 생계 위험, ⑤ 사회적 해체의 위험을 안고 있는 사회로 생태적 · 사회적 안정의 지속가능성을 추구해야 한다.

평생교육론

PART

2

평생교육행정 및 경영

CHAPTER 4

평생교육정책

개요

교육부는 평생교육정책의 청사진으로 "제4차 평생교육진흥 기본계획"을 수립하고 중·장기 정책목표 및 기본방향을 제시하였다. 이는 4차 산업혁명 등 기술혁신, 기대수명 증가에 따른 사회 변화와 직업세계의 변화에 대응하기 위한 것으로 평생교육을 국가발전과 복지의 주요 전략으로 설정하고 있다. 따라서 이 장에서는 평생교육정책의 이해를 돕기 위해 개념과 모형 및 정책결정과정을 살펴보고 현재 우리나라에서 시행하고 있는 주요 평생교육정책에 관해 알아보고자 한다.

학습목표

1. 평생교육정책의 개념과 모형에 대해 이해한다.
2. 평생교육정책결정의 과정에 대해 이해한다.
3. 평생교육정책에 대해 알 수 있다.

1. 평생교육정책의 이해

1) 평생교육정책의 개념과 모형

(1) 평생교육정책의 개념

평생교육정책을 이해하려면 우선 정책이 무엇인가를 알 필요가 있다. 정정길 외(2012)는 정책을 바람직한 사회상태를 이룩하려는 정책목표와 이를 달성하기 위해 필요한 정책수단에 대하여 권위 있는 정부기관이 공식적으로 결정하는 기본방침으로 정의하였다. 여기서 정책목표는 최선의 정책수단 선정기준, 정책집행에 대한 지침이며, 정책수단은 정책의 실질적 내용이다. 이러한 개념 속에 내재된 정책의 특성을 정리하면, 첫째, 목적 지향적 활동이다. 둘째, 정부에 의해 이루어지는 체계적인 활동이다. 셋째, 공공성을 지향한다. 넷째, 공익을 위하여 국민의 동의하에 국가의 정치권력을 동원하여 강제적으로 집행한다. 이러한 점에서 평생교육정책은 정치적 과정을 통해 형성된 하나의 의사결정으로서 평생교육에 중대한 영향을 미치는 정부의 통치행위이자 기본방침이라고 할 수 있다.

(2) 평생교육정책결정 모형

평생교육정책결정 모형은 정책목표달성을 여러 대안들 중 최선으로 여겨지는 대안을 선택하고 결정하는 접근 관점과 절차 및 방식을 제시한다. 그것은 학자들마다 여러 가지로 제시되고 있지만, 여기서는 합리적 모형, 만족화 모형, 점증 모형, 혼합관조 모형, 최적 모형, 쓰레기통 모형 등을 개괄적으로 소개할 것이다(김규태, 강유정, 강성복, 2014).

① **합리적 모형** : 이 모형은 의사결정이 합리적이어야 한다고 가정하는 고전적 모형이다. 정책목표달성을 극대화시키기 위한 최선의 대안을 추구함으로써 최적화 전략을 탐색하고자 하는 접근이다. 이 모형에서 제시한 정책결정과정은 문제 확인, 목적과 세부목표 설정, 모든 가능한 대안 마련, 각 대안의 결과 고려, 최선의 대안 선택, 정책결정, 집행 및 평가 등으로 본다.

② **만족화 모형** : 이 모형은 제한적 합리적 모형이라고도 한다. 즉, 인간의 비합리성, 한계성, 상황의 제약 등으로 최적의 대안을 선택할 수 없으므로 일단 만족할 수 있는 정도의 일정수준을 정해두고 대안을 탐색해 가면서 결정한다는 입장이다.

③ **점증 모형** : 이 모형은 각각 상황에 알맞게 정책결정을 하는 것이 중요하다고 보는 입장이다. 이것은 문제가 복잡하고 불확실하며 갈등이 많을 때 효과적이다. 또한 현재의 상황과 유사한 매우 제한된 몇 가지 대안에 대하여 의사결정자가 상당한 수준까지 동의를 하게 될 때까지 그 결과를 계속적으로 비교하면서 결정하는 입장이다.

④ **혼합관조 모형** : 이 모형은 합리적 모형과 점증 모형을 혼합한 절충 모형이다. 이것은 기본적인 방향설정과 같은 것은 합리적 모형에 의해, 기본방향이 설정된 후의 특정문제는 점증 모형에 의해 결정하는 것을 강조한다.

⑤ **최적 모형** : 이 모형은 정책결정이 합리적인 고려만으로 이루어지지 않고 초합리적인 것, 말하자면, 직관, 판단, 창의와 같은 잠재의식이 개입되어 결정된다는 입장이다. 여기서 '최적'이란 '모든 것이 고려되어 있다'는 뜻으로 어떤 주어진 목표에 도움이 되는 가장 적절한 상태를 뜻한다. 그래서 이 모형은 정책결정의 방법, 결정 후의 평가, 피드백 등에 의한 결정능력의 향상을 위하여 계속 노력하면 최적의 수준에 이를 수 있다고 본다.

⑥ **쓰레기통 모형** : 이 모형은 문제, 해결책, 참여자, 선택기회가 독립적으로 서

로 다른 시간에 통 안으로 흘러 들어와서 하나의 산물로 될 때 결정된다는 입장이다. 즉, 문제와 해결책이 섞여 있다가 우연히 하나의 해결책이 선택되어 결정이 이루어지는 것을 강조하는 입장이다.

2) 평생교육정책의 결정과정

평생교육정책의 결정과정은 일반적으로 정책의제설정, 정책결정, 정책실행, 정책평가 등으로 이루어진다(정정길 외, 2012). 첫째는 정책의제 설정단계이다. 이 단계는 정부가 사회문제를 공식적으로 해결하기 위해 정책문제로 전환하는 공식적 의사결정활동이다. 이때 정책 당사자 간의 쟁점과 해결책을 둘러싸고 치열한 정치적 갈등과 논쟁이 일어나며 정치적 참여가 많아진다.

둘째는 정책결정단계이다. 이 단계는 정책목표 달성을 위해서 여러 대안들 중 최선의 대안을 선택하고 결정한다. 이 단계는 어떠한 관점에서 보는가에 따라 합리적 모형, 만족화 모형, 점증적 모형, 쓰레기통 모형 등으로 구분된다.

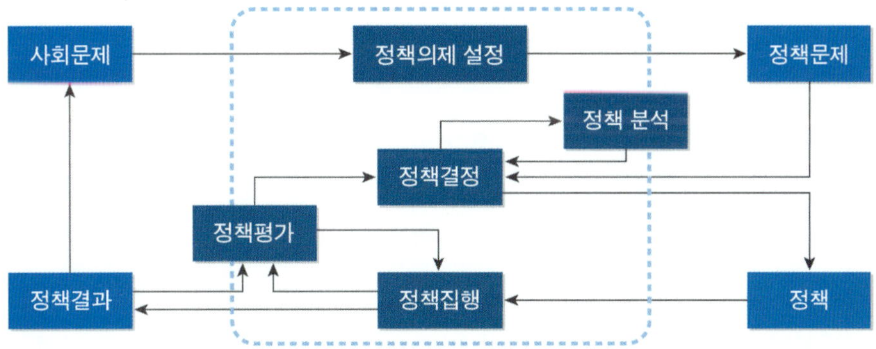

출처: 정정길 외(2012). 정책학원론. 서울: 대명출판사.

[그림 4-1] 평생교육정책과정

셋째는 정책집행단계이다. 이 단계는 정책수단을 실현하는 과정으로서 정책의도의 실현, 정책수단의 구체화 및 실질화, 정책내용의 수정 · 보완 등을 강조한다. 그리고 정책집행의 성공과 실패에 대한 판단은 정책수단의 명확성과 일관성, 정책내용의 적합성과 타당성, 능률성, 실현 가능성, 정책집행수단 및 자원의 확보, 대중 및 매스컴의 지지 등에 따라 달라진다. 또한 정책집행과정에서 정책당사자들은 정책을 순응하거나 불응하기도 한다.

넷째 단계는 정책평가이다. 정책평가는 총괄평가와 과정평가로 이루어진다. 총괄평가는 정책집행이 끝난 후 정책효과와 정책성패를 판단하고 그 결과를 피드백하는 것이다. 반면에 과정(형성)평가는 정책집행의 도중에 정책과정에서의 투입계획, 투입자원, 집행활동, 정책수단 등 정책과정 전반에 대한 검토 · 피드백을 하는 것이다.

2. 주요 평생교육정책[1]

1) 평생학습도시

평생학습도시는 개인의 자아실현, 사회적 통합증진, 경제적 경쟁력을 제고하여 궁극적으로 개인의 삶의 질 제고와 도시 전체의 경쟁력을 향상시킬 수 있도록 언제, 어디서, 누구나 원하는 학습을 즐길 수 있는 학습공동체 건설을 도모하는 총체적 도시 재구조화(restructuring) 운동이라 할 수 있다. 동시에 지역사회의 모든 교육자원을 기관 간 연계, 지역사회 간 연계, 국가 간 연계시킴으로써 네트워킹 학습공동체를 형성하려는 지역시민에 의한, 지역시민을 위한, 시민의 지역사회교육운동이라 할 수 있다.

1) 본 내용은 국가평생교육진흥원 홈페이지에 제시된 정책사업들을 발췌 요약한 것임

2) 평생교육 단과대학

평생교육 단과대학은 고등학교를 졸업하고 바로 취업을 하더라도, 원하는 시기에 언제든지 학업기회를 가질 수 있도록 성인전담 단과대학을 신설하여 교육하는 맞춤형 교육과정을 말한다.

학위과정	지역 및 학교의 특성에 맞는 성인 특화형 학과운영
학점과정	학점은행제 평가인정을 받은 과정운영, 전담교원 확보 및 전임교원 강의비율 확대
비학위 · 비학점과정	평생학습계좌제의 평가인정을 받은 과정 또는 자격과정운영, 전담교원 확보 및 전임교원 강의비율 확대

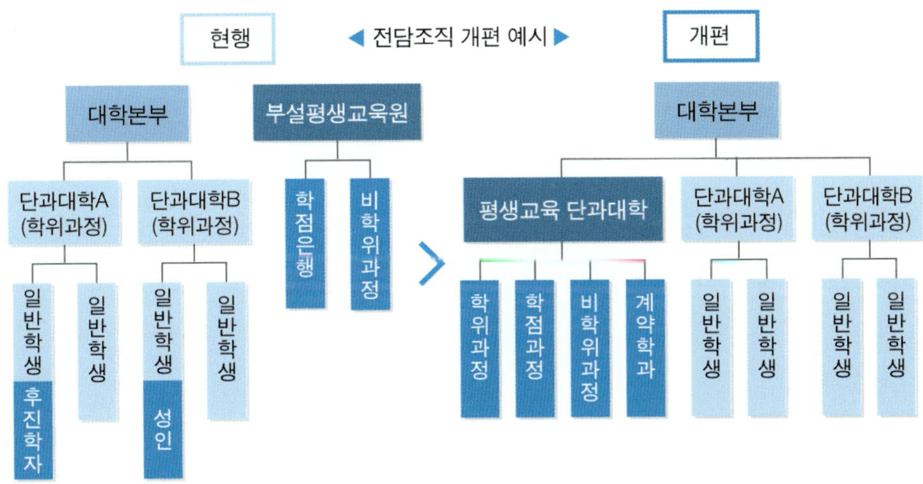

출처: 국가평생교육진흥원 홈페이지

[그림 4-2] 평생학습자 대상 전담조직 선별 또는 기존 조직 전환

3) 평생학습 중심 대학 지원

평생학습 중심 대학은 인생 100세 시대, 베이비붐세대의 창업 및 재취업, 노동시장 유연화 등 변화에 따라 대학이 지속적인 교육을 희망하는 평생학습자를 위해 맞춤형 평생교육을 제공하는 사업이다. 또한, 인생 100세 시대, 평생학습자들이 인생 재도약·재설계를 할 수 있도록 학령기 중심의 대학 학사시스템을 평생학습자 친화적으로 개편하여 다양한 후진학 지원체제를 확충하고 생애단계별 맞춤형 교육서비스를 제공하는 사업이다.

대학 스스로가 자율적으로 학교 여건, 지역사회 수요 등의 특성을 고려한 다양한 시도를 통해 대학의 평생학습운영 모델을 창출한다. 대학의 특성을 반영하여 평생학습자 친화적 교육체제 마련 및 지역의 산업수요를 반영한 평생학습자 맞춤형 학습과정운영을 지원한다.

- Ⅰ, Ⅲ유형(학위·비학위과정) : 평생학습자 친화적 대학체제 개편을 통해 다양한 후진학·후학습 기반 및 생애단계별 맞춤형 교육서비스, 평생경력개발경로 지원
- Ⅱ유형(전문·희소 분야 과정) : 전국에 흩어져 있는 소수·희소 계열(농업, 해양·수산 분야 등) 및 지역의 뿌리 산업(금형, 영접, 표면 처리 분야 등) 수요를 기반으로 대학의 특성화 분야와 연계하여 대학 간 컨소시엄 형태로 운영 활성화
- Ⅳ유형(재직자특별전형과정) : 재직자특별전형 시행 대학의 맞춤형 교육과정 개발 및 학업 보완 프로그램 운영 등 재직자를 위한 후진학 교육 여건 조성·지원

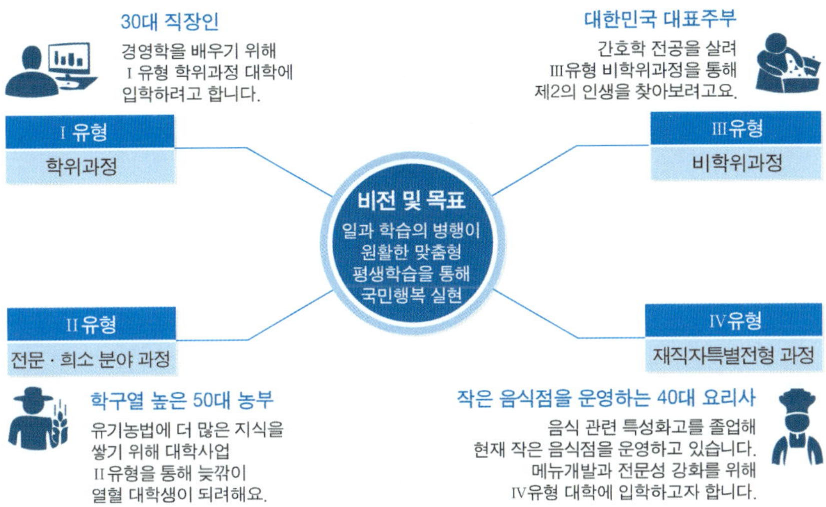

출처: 국가평생교육진흥원 홈페이지

[그림 4-3] 미래사회의 변화

4) 평생학습계좌제 운영

평생학습계좌제는 「평생교육법」 제23조에 따라 국민의 다양한 학습경험을 온라인 학습계좌에 누적 · 관리하고, 이를 학력 · 자격인정과 연계하거나 고용정보로 활용함으로써 학습이수결과에 대한 사회적 인정 및 활용 기반을 확대하기 위한 제도이다.

출처: 국가평생교육진흥원 홈페이지

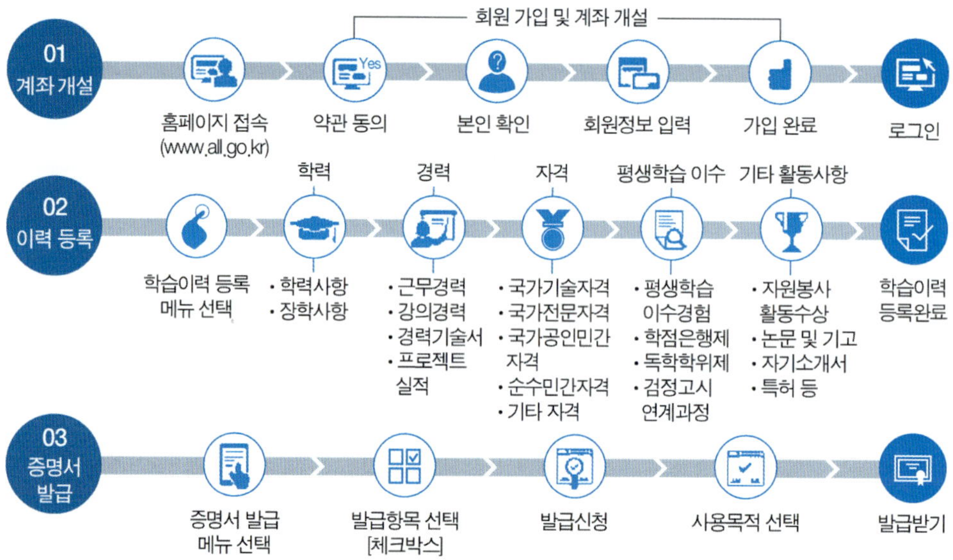

출처: 국가평생교육진흥원 홈페이지

[그림 4-4] 평생학습계좌제 이용방법

5) 학점은행제 운영

학점은행제는 「학점인정 등에 관한 법률」에 의거하여 학교에서 뿐만 아니라 학교 밖에서 이루어지는 다양한 형태의 학습 및 자격을 학점으로 인정받고, 학점이 누적되어 일정 기준을 충족하면 학위취득이 가능한 제도이다.

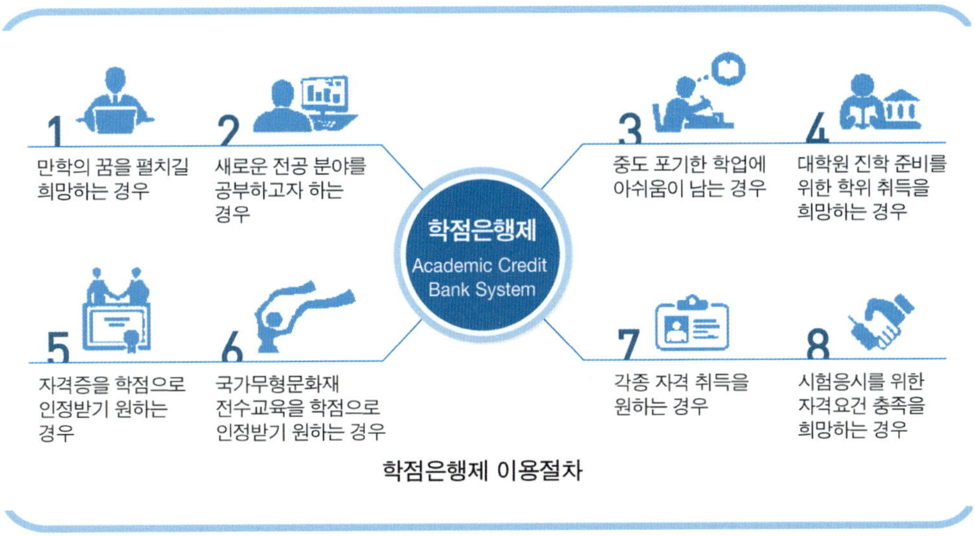

[그림 4-5] 학점은행제 이용절차

학습자 등록	학점인정 및 학위 취득을 위해 학점은행제 학습자로 등록
학점신청 및 인정	다양한 학점원에 대한 이수경험, 학습결과에 따라 학점신청 및 인정이 가능
학위수여	학사학위는 전공 및 교양학점을 포함하여 140학점 이상, 전문학사는 전공 및 교양학점을 포함하여 80학점 이상(3년제는 120학점 이상)의 학점을 인정받고 법적 요건을 충족할 경우 학위를 취득할 수 있음

출처: 국가평생교육진흥원 홈페이지

학점은행제 학점은 평가인정 학습과정 이수, 학점인정 대상학교 학습과목 이수, 시간제 등록 학습과목 이수, 자격 취득, 독학학위제 시험합격 및 시험면제과정 이수, 국가무형문화재 보유 및 전수교육 이수를 통해 취득할 수 있다.

평가인정 학습과정	대학 또는 전문대학 부설 평생교육원, 직업전문학교, 학원, 기타 평생교육시설 등에서 개설하는 교육부장관으로부터 평가 인정받은 학습과정
학점인정 대상학교 학습과목	4년제 대학 중퇴자 또는 전문대학 중퇴·졸업자, 학력인정 각종 학교 중퇴·졸업자가 이수한 해당 대학 학점
시간제등록 학습과목	대학(전문대학 및 사이버대학 포함)의 시간제 등록제도를 통해 각 대학 학칙에 의거하여 시행하는 과목 이수 학점
자격취득	국가평생교육진흥원장이 고시한 자격(국가기술자격, 국가전문자격, 국가공인 민간자격) 학점
독학학위제	독학학위제 과정별 시험 합격 및 시험, 면제과정 이수 학점
국가무형문화재	「무형문화재 보전 및 진흥에 관한 법률」에 의한 국가무형문화재 보유자와 그 전수자의 전수교육 이수 학점

출처: 국가평생교육진흥원 홈페이지

6) 독학학위제

독학학위제는 「독학에 의한 학위취득에 관한 법률」에 의거하여 국가에서 실시하는 학위취득시험에 합격한 독학자(獨學者)에게 학사학위를 수여함으로써 평생교육의 이념을 구현하고 개인의 자아실현과 국가사회의 발전에 이바지하는 것을 목적으로 하는 제도이다.

〈표 4-1〉 전공 분야(11개 전공)

독학학위제 전공 분야	국어국문학	영어영문학	심리학	경영학
	법학	행정학	가정학	유아교육학
	컴퓨터과학	정보통신학	간호학	(3, 4과정 응시 가능)

(3, 4과정 응시 가능) (4과정만 응시 가능)

※ 폐지전공: 중어중문학, 농학, 수학(기존 학적자만 응시 가능)

출처: 국가평생교육진흥원 홈페이지

[그림 4-6] 시험과정 및 응시자격

7) 한국형 온라인 공개강좌(K-MOOC)

K-MOOC은 남녀노소 누구에게나 열려 있는 고등교육 기반 공개강좌 운영서비스로서 우리 국민의 평생학습 기회 확대를 통해 다양한 학습 요구에 부응하는 것은 물론 고등교육의 혁신에 기여하고 있다.

▣ 온라인 공개강좌(MOOC)

① K-MOOC(Korea Massive Open On-line Course) : 한국형 온라인 공개강좌
② 개념 : 수강 인원의 제한 없이(Massive), 모든 사람이 수강 가능하며(Open), 웹 기반으로(Online) 미리 정의된 학습목표를 위해 구성된 강좌(Course)
③ 특징 : 교수-학생 간 질의·응답, 토론, 퀴즈, 과제 피드백 등의 학습관리, 학습커뮤니티 운영 등 교수-학습자 간, 학습자-학습자 간 양방향 학습 가능

▣ 한국형 온라인 공개강좌(K-MOOC) 추진 로드맵

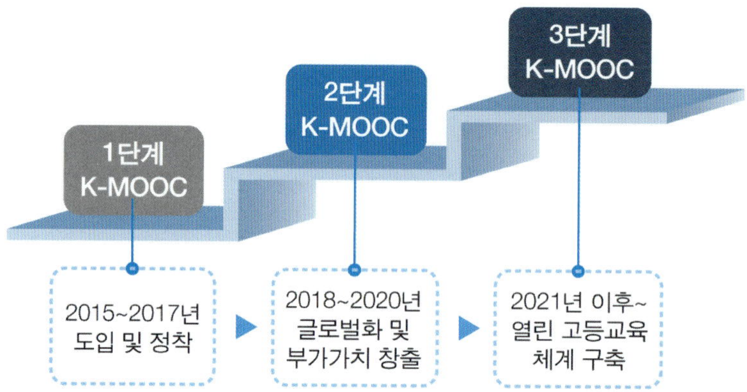

구분	2015년	2016년	2017년	2018년~
추진방향	브랜드 구축 인식 확산	서비스 표준 개발	서비스 활성화	글로벌화 (개방, 자율참여)
강좌 수	27개 강좌 (10개 대학)	100개 강좌	300개 강좌	500개 강좌
콘텐츠 개발	콘텐츠 다양화	콘텐츠 명품화	콘텐츠 표준화	콘텐츠 국제화

출처: 국가평생교육진흥원 홈페이지

8) 성인문해교육 지원

성인문해교육 지원사업은 「평생교육법」 제39조에 따라 비문해·저학력 성인대상 성인문해교육 프로그램 지원, 초·중학 학력인정제도 구축 등을 통해 국민행복 실현을 위한 교육기회를 제공하고 있다.

출처: 국가평생교육진흥원 홈페이지

[그림 4-7] 성인문해교육의 지원 현황

▣ 문해교육 프로그램을 통한 초·중학 학력인정제도 구축

- 「평생교육법」 제40조에 따라 성인학습자가 문해교육 프로그램 이수를 통해 의무교육에 해당하는 초등학교와 중학교 학력을 인정받을 수 있는 제도 구축 및 지원
  ※ (2016년도 지원 현황) 학력인정 누적 이수자 총 6,329명
- 성인문해교과서·워크북·교사용 지도서(38종) 개발 및 성인문해교과서 무상 보급
- 문해학습자의 기초생활능력 함양을 위한 생활문해 보조교과서(금융문해교육, 교통안전문해) 등 개발

▣ 성인문해능력 조사

- 효율적이고 합리적인 정책 추진을 위한 문해교육 잠재수요자 조사

〈20114년 성인문해능력 조사결과〉

- 만 18세 이상 성인 중 일상생활에 필요한 읽고, 쓰고, 셈하기가 불가능한 수준 1에 해당자는 약 264만 명으로 전체 성인 인구의 6.4%에 해당

9) 다문화교육 활성화 지원

다문화교육 활성화 지원사업은 「교육기본법」 제4조, 「다문화가족지원법」 제10조, 「초·중등교육법 시행령」 제19조에 따라 다문화학생 중심의 맞춤형 교육 지원과 다문화 사회에 대한 인식을 제고하기 위한 사업을 말한다.

2016년	2017년	내용
124 개교	160 학급	**다문화 예비학교** · 중도입국학생 등 한국어·한국문화 집중교육이 필요한 학생을 위해 지정 운영
180 개교	200 개교	**다문화 중점학교** · 일반학생의 다문화 이해교육 및 다문화 수용도를 높이기 위해 지정 운영
39 개교	24 개교	**다문화 연구학교** · 다문화학생의 기초학력 제고 등 맞춤형 교육 지원체제 구축을 위해 지정 운영
60 개원 (2016년(12개 지역))	90 개원 (2017년(17개 지역))	**다문화 유치원** · 다문화 유아에게 동등한 출발점 보장 및 실질적인 교육기회 평등을 제공하기 위해 지정 운영

통계 수집·분석 및 다문화교육 인식 제고를 위한 홍보
- 다문화교육 정책 수립 및 지원을 위한 다문화교육 통계 수집·분석과 성과 평가
- 다문화 인식제고를 위한 다문화교육 우수사례 공모전, 다문화교육 포럼 등 개최

교육자료 개발 및 교원 연수를 지원
- 다문화학생의 교육을 담당하고 있는 교사의 전문성 및 역량강화를 위해 직무연수 실시
- 다문화교육 정책학교의 현장교육에 필요한 안내자료, 교육 프로그램 및 자료 개발·보급

출처: 국가평생교육진흥원 홈페이지

[그림 4-8] 다문화교육 정책학교 운영 지원

기억하기

- 평생교육정책의 특성은 첫째, 목적 지향적 활동이다. 둘째, 정부에 의해 이루어지는 체계적인 활동이다. 셋째, 공공성을 지향한다. 넷째, 공익을 위하여 국민의 동의하에 국가의 정치권력을 동원하여 강제적으로 집행한다.
- 평생교육정책 결정 모형은 정책목표달성을 여러 대안들 중 최선으로 여겨지는 대안을 선택하고 결정하는 접근 관점과 절차 및 방식을 제시하는 것으로 합리적 모형, 만족화 모형, 점증 모형, 혼합관조 모형, 최적 모형, 쓰레기통 모형 등이 있다.
- 평생교육정책의 결정과정은 일반적으로 정책의제설정, 정책결정, 정책집행, 정책평가 등으로 이루어진다.
- 주요 평생교육정책으로는 평생학습도시, 평생교육 단과대학, 평생학습 중심대학 지원, 평생학습계좌제, 학점은행제, 독학학위제, K-MOOC, 성인문해교육, 다문화교육 활성화 등의 정책이 있다.

5

CHAPTER

평생교육제도

개요

평생교육기관 경영을 이해하고 이를 효율적으로 운영하기 위해서는 먼저 평생교육과 관련된 법령의 위계에 따른 구조를 이해할 필요가 있다. 평생교육과 관련된 법령으로는 대표적으로 모든 법의 기본을 이루는 「헌법」과 교육과 관련하여 모법의 기능을 가진 「교육기본법」, 평생교육에 관하여 모법의 기능을 가진 「평생교육법」, 「평생교육법 시행령」, 「평생교육법 시행규칙」 등이 있다. 이 외에도 평생교육과 관련된 교육 관련 조항을 담고 있는 관련 법들이 주무부처인 교육부 외에도 노동고용부, 산업통상자원부, 보건복지부 등 여러 부처에 분산되어 시행되고 있다.

본 장에서는 관련된 많은 법령 가운데 평생교육의 근간을 이루는 주요 법적 제도에 대해 제한적으로 살펴보고자 한다.

학습목표

1. 평생교육에 관한 주요 법적 제도에 대해 이해한다.
2. 평생교육사의 개념에 대해 이해한다.
3. 평생교육사의 자격요건에 대해 알 수 있다.

1. 평생교육제도

1) 헌법

「헌법」은 국가의 근본적인 조직과 작용을 규정하는 기본법으로서 국민이 되는 요건과 기본적인 권리, 국가의 통치조직 및 작용 등 국가의 기본적인 것들을 규정하고 있는 위계상 우리나라의 최상위 법으로 법의 법이라고 불리고 있다. 이러한 「헌법」에는 교육과 관련하여서도 국가가 교육에 대해 담당해야 할 의무와 국민이 교육에 대해 누려야 할 권리에 대해 명백히 하고 있는데, 평생교육과 관련하여 「헌법」에 명시된 것은 헌법이 1948년 7월 17일에 제정된 이후 8차에 걸쳐 개정된 1980년 10월 27일에 이르러서야 이루어진 것이다.

제5공화국의 기초가 되었던 이 당시의 「헌법」에는 그동안 국민의 기본권의 하나였던 교육권에 더하여 평생교육권리가 추가된 것으로 당시의 「헌법」 제29조제5항에 "국가는 평생교육을 진흥하여야 한다."라고 명시하고, 이어서 제6항에서는 "학교교육 및 평생교육을 포함한 교육제도와 그 운영, 교육재정 및 교원의 지위에 관한 기본적인 사항은 법률로 정한다."라고 명시하여 학교교육 및 평생교육을 포함한 교육제도 법률주의를 규정하고 있다.

제6공화국에 이르러 1981년 10월 29일에 개정된 헌법에서는 평생교육 관련 조항이 제31조로 이동되어 평생교육에 대한 국가의 의무와 국민의 권리가 그대로 계승되었다. 현행 「헌법」 제31조에서는 국민의 권리이자 국가의 의무로서 교육에 관해 직접적으로 명시하고 있는데, 내용으로는 교육에 대해 국민이 마땅히 받을 의무로서 그리고 부모와 국가가 일정한 수준의 교육에 대해 마땅히 교육할 책무로 규정하고 있다. 또한 평생교육진흥을 국가의 의무로 규정하여 국민의 학습권을 평생 동안 보장해야 함을 명시함으로써 평생교육에 대한 국가의 책임규정을 두고 있다. 따라서 국가는 헌법정신에 맞는 평생교육 관련 법적 제도를 체계적으로 마련하고 종합적인 지원체제를 조직하여 국민 평생교육을 진흥시켜야 할 당면 과제를 지니고 있는 것이다.

<헌법 제31조>

① 모든 국민은 능력에 따라 균등하게 교육을 받을 권리를 가진다.
② 모든 국민은 그 보호하는 자녀에게 적어도 초등교육과 법률이 정하는 교육을 받게 할 의무를 진다.
③ 의무교육은 무상으로 한다.
④ 교육의 자주성·전문성·정치적 중립성 및 대학의 자율성은 법률이 정하는 바에 의하여 보장된다.
⑤ 국가는 평생교육을 진흥하여야 한다.
⑥ 학교교육 및 평생교육을 포함한 교육제도와 그 운영, 교육재정 및 교원의 지위에 관한 기본적인 사항은 법률로 정한다.

2) 교육기본법

「교육기본법」은 「헌법」에서 규정하고 있는 모든 국민의 교육받을 권리를 보장하고 이를 수행하기 위해서 학교교육 및 평생교육을 포함한 교육제도와 그 운영에 관한 기본적인 방향을 설정하고 국가를 포함한 모든 교육당사자의 권리와 의무를 규정하고 있는 교육에 관한 기본법이다. 「교육기본법」은 「헌법」에서 명시하고 있는 기본정신과 이념을 바탕으로 법률주의의 원칙에 근거하여 국민교육의 기본사항과 국가가 실시하는 모든 교육에 관한 법령의 근본을 밝히는 법률로서 우리나라 교육의 기본적인 틀을 규정하고 있다.

현행 「교육기본법」은 1997년 12월 13일에 제정된 것으로 당시 문민정부의 대통령 직속기관으로 1994년 설치된 교육개혁위원회가 다가오는 21세기에 대비하기 위해 우리 교육체제의 새로운 틀을 마련하고자 하는 개혁작업의 일환으로 1995년

5월 31일 교육개혁방안에서 「교육기본법」의 제정과 관련된 초안이 이루어진 것이다. 이어 1996년 2월에 이르러 교육개혁위원회는 기존의 「교육법」을 「교육기본법」, 「초 · 중등교육법」, 「고등교육법」으로 분리하여 제정하고, 「사회교육법」의 체제를 대폭 개편하는 내용을 골자로 하는 신교육체제 수립을 위한 교육 관계법령 체제 개편안을 제시하였다.

당시 「교육법」은 1949년 12월 31일 제정 · 공포된 이후 38회에 걸친 개정으로 체계와 내용의 일관성이 부족하고 현재의 교육여건에 부응하지 못하는 등의 문제점이 있으며, 그동안 지속적으로 추진해 온 교육개혁을 법제적으로 뒷받침하는 차원에서 교육법을 「교육기본법」, 「초 · 중등교육법」, 「고등교육법」 등 3개 법률로 구분하여 새롭게 제정하는 일환으로 제안된 것으로서, 「교육기본법」은 자유민주주의 교육체제를 지향하는 헌법정신을 구현하여 학교교육과 사회교육을 포괄하는 교육에 관한 기본적인 사항을 규정하여 모든 교육 관계법의 기본법으로 제정하고자 하는 것이었다.

이러한 노력의 결과로 1997년 12월에 「교육기본법」, 「초 · 중등교육법」 그리고 「고등교육법」이 제정 · 공포되었으며, 「평생교육법」은 2년이 지난 1999년 8월에 사회교육법을 전면 개정하여 제정 · 공포하였다.

현행 교육에 관한 법규의 구조는 [그림 5-1]과 같이 「교육기본법」을 상위법으로 하고 그 아래 「초 · 중등교육법」, 「고등교육법」, 「평생교육법」을 두는 3법체제를 이루고 있다. 이러한 구조는 법적으로는 학교교육과 학교 외 평생교육을 대등한 위치에 둔다는 것을 의미한다. [그림 5-1]에서 보는 바와 같이, 교육 및 평생교육에 관한 사항은 헌법을 토대로 모두 「교육기본법」을 비롯한 교육관계 법령에 규정되어 있다.

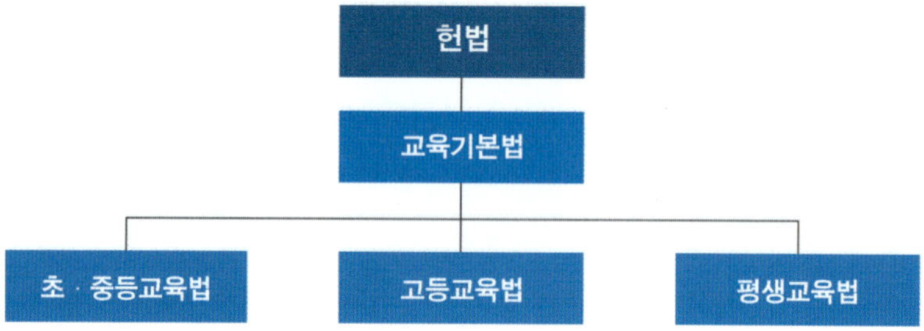

출처: 국가평생교육진흥원 홈페이지

[그림 5-1] 교육에 관한 법규의 구조

특히, 「교육법」에서 「교육기본법」으로의 변경 주요 내용에 첫째, 모든 국민은 평생에 걸쳐 학습하고 능력과 적성에 따라 교육을 받을 권리가 있음을 정한다(법 제3조). 둘째, 학교운영의 자율성은 존중되며, 교직원 · 학생 · 학부모 및 지역주민 등은 법령이 정하는 바에 의하여 학교운영에 참여할 수 있도록 한다(법 제5조제2항). 셋째, 평생교육을 위한 모든 형태의 사회교육은 장려되며, 사회교육의 이수는 법령이 정하는 바에 의하여 그에 상응하는 학교교육의 이수로 인정될 수 있도록 한다(법 제10조). 넷째, 부모 등 보호자는 자녀 또는 아동을 교육할 권리와 책임이 있으며, 자녀 또는 아동의 교육에 관하여 학교에 의견을 제시할 수 있도록 한다(법 제13조). 다섯째, 학교 및 사회교육시설을 설립 · 경영하는 자는 교육을 위한 시설 및 교원 등을 확보하도록 하며, 학교의 장은 법령이 정하는 바에 의하여 학습자를 선정 · 교육할 수 있도록 한다(법 제16조). 여섯째, 국가는 국민의 학습성과 등이 공정하게 평가되어 통용될 수 있도록 학력평가 및 능력인증제도를 수립 · 실시하도록 한다(법 제26조제1항). 「교육기본법」에서의 평생교육에 관한 규정은 학습권, 학교의 평생교육의무, 사회교육 실시, 사회교육시설의 설립 및 경영 등을 다루고 있어 평생교육의 중요성이 어느 때보다 강조된 것임을 알 수 있다.

다시 말해서 현행 「교육기본법」은 기존의 「교육법」이 학교교육 위주로 규정되어 있었던 것에 반해 사회교육에 관한 규정을 보완하여 그동안의 사회교육이 학교교육의 하위 개념에서 벗어나 평생교육의 정신 아래 학교교육과 사회교육이 상호 보완적 관계를 가지게 함으로써 교육에 관한 실체적인 기본법이 되도록 하였다.

특히, 「교육기본법」 제3조(학습권)에서 명시한 모든 국민의 평생학습과 교육받을 권리에 대한 규정과 제9조(학교교육), 제10조(사회교육) 등은 「헌법」 제31조의 국민의 교육에 대한 권리와 평생교육진흥의 의무에 대해 보다 구체화한 것이다.

<교육기본법 제3조, 제4조, 제9조, 제10조>

제3조(학습권)
모든 국민은 평생에 걸쳐 학습하고, 능력과 적성에 따라 교육받을 권리를 가진다.

제4조(교육의 기회균등)
① 모든 국민은 성별, 종교, 신념, 인종, 사회적 신분, 경제적 지위 또는 신체적 조건 등을 이유로 교육에서 차별을 받지 아니한다.
② 국가와 지방자치단체는 학습자가 평등하게 교육을 받을 수 있도록 지역 간의 교원 수급 등 교육 여건 격차를 최소화하는 시책을 마련하여 시행하여야 한다.

제9조(학교교육)
② 학교는 공공성을 가지며, 학생의 교육 외에 학술 및 문화적 전통의 유지 · 발전과 주민의 평생교육을 위하여 노력하여야 한다.

제10조(사회교육)
① 국민의 평생교육을 위한 모든 형태의 사회교육은 장려되어야 한다.
② 사회교육의 이수(履修)는 법령으로 정하는 바에 따라 그에 상응하는 학교교육의 이수로 인정될 수 있다.
③ 사회교육시설의 종류와 설립 · 경영 등 사회교육에 관한 기본적인 사항은 따로 법률로 정한다.

3) 평생교육법

(1) 평생교육법의 변천 및 제정 배경

「평생교육법」은 「헌법」과 「교육기본법」에서 규정하고 있는 국가의 평생교육진흥의 의무를 다하고 그 이념을 구현하기 위한 기본 사항을 규정하고 있는 평생교육에 관한 기본법이라고 할 수 있다. 「평생교육법」은 1982년 12월 31일 제정 · 공포된 「사회교육법」을 평생교육의 진흥을 국가의 의무로 규정하고 있는 「헌법」 및 「교육기본법」의 규정에 따라 1999년 8월 31일 「평생교육법」으로 그 제명을 변경하고 법 내용을 전부 개정하였으며 2000년 3월에 공포 · 시행하게 되었다.

1999년 제정 · 공포된 「평생교육법」은 「교육기본법」 아래 「초 · 중등교육법」, 「고등교육법」과 함께 3법 정립체제를 이루고 있다. 기존의 「교육법」은 주로 학교교육만을 관장하였으므로, 교육모법으로서의 기능에는 한계가 있었고, 「사회교육법」은 학교 중심 교육법의 하위법과 같은 위상에 머물렀으며, 법의 적용범위가 극도로 한정되는 등의 문제점을 안고 있었다.

이 당시 「평생교육법」의 구성에 대해 살펴보면 이전의 「사회교육법」이 모두 6장 30조로 구성되어 있었던 것에 비해 「평생교육법」은 5장 32조로 구성되어 있었다. 그 구성내용을 간략히 요약하면 제1장 총칙, 제2장 국가 및 지방자치단체의 임무, 제3장 평생교육사, 제4장 평생교육시설, 제5장 보칙으로 이루어져 있었다. 하지만 1999년 전문 개정 이후 시간이 경과하고 사회와 환경의 급속한 변화에 따라 「평생교육법」에서 다루고 있는 범위와 체계가 제한적이어서 지식기반사회, 창조사회, 고령사회의 시대적 상황을 충분히 대비할 수 없는 한계가 지적됨에 따라 2007년 12월 14일 또 한 차례 전면 개정되어 2008년 2월 15일 시행하는 등 지금의 「평생교육법」에 이르기까지 일부개정 또는 전부개정이 수차례 이루어져 왔다. 그 동안의 「평생교육법」의 주요 개정 변천과정 및 내용을 살펴보면 〈표 5-1〉과 같다.

〈표 5-1〉 평생교육법 주요 개정 변천과정

법률 제13228호 일부개정 2015. 03. 27
법률 제12339호 일부개정 2014. 01. 28
법률 제12130호 일부개정 2013. 12. 30
법률 제11770호 일부개정 2013. 05. 22
법률 제11690호(정부조직법) 일부개정 2013. 03. 23
법률 제10915호 일부개정 2011. 07. 25
법률 제9641호 일부개정 2009. 05. 08
법률 제8852호(정부조직법) 일부개정 2008. 02. 29
법률 제8676호 전면개정 2007. 12. 14
법률 제8640호 일부개정 2007. 10. 17
법률 제6400호(정부조직법) 일부개정 2001. 01. 29
법률 제6003호 전문개정 1999. 8. 31
법률 제5454호 일부개정 1997. 12. 13
법률 제4964호 일부개정 1995. 8. 4
법률 제4268호 일부개정 1990. 12. 27
법률 제3648호 제정 1982. 12. 31

법률 개정일	주요 내용	관련 법령 조항
2015. 03. 27.	학력인정평생교육시설의 지원과 공공성과 투명성을 제고하기 위하여 지도·감독	제31조, 제42조, 제45조
2014. 01. 28.	“문자해득교육”을 “문해교육”으로 약칭과 그 정의	제2조제3호
	시장·군수·구청장 평생학습센터를 설치·운영	제21조의2 신설
	국가 및 지방자치단체의 문해교육 프로그램 우선 지원	제39조제3항
2013. 12. 30.	평생교육진흥원의 명칭을 국가평생교육진흥원으로 변경	제19조제1항
	평생교육기관 학습과정 평가인정 취소 시 법률적 근거	제23조제5항
	사내 대학 형태의 평생교육시설의 입학대상을 확대	제32조제2항
	학력미인정 원격대학 형태의 평생교육시설 신고 관련	제33조제2항
	평생교육시설 변경인가·변경등록·변경신고 절차	제38조의2 제42조제5호
2013. 05. 22.	평생교육사 자격증 교부·재교부 업무	제44조
2011. 07. 25.	원격교육방식 학교교과학습 학원 관련	제33조제2항

2009. 05. 08.	평생학습 프로그램에 대한 평가인정 외 사후관리 방안	제23조
	평생교육사 자격제도 개선	제24조
	사내대학 설립조건 완화 및 입학대상 확대	제32조

(2) 평생교육법의 구성체계 및 주요내용

가장 최근에 개정 · 공포된 「평생교육법」은 평생교육의 진흥을 위하여 지방자치단체가 학교 형태의 평생교육시설에 「초 · 중등교육법」상 학교에 준하여 지원하도록 함과 동시에 이에 따른 소외계층 교육의 공공성과 투명성을 제고하기 위하여 지도 · 감독 등을 강화할 수 있는 규정을 마련하려는 것을 목적으로 2015년 3월 27일 개정 · 공포되어 2016년 3월 26일 시행을 앞두고 있다. 현행의 「평생교육법」은 2014년 1월 28일 개정 · 공포된 것으로 이전 「평생교육법」과 비교했을 때 국가 및 지방자치단체의 임무와 역할을 현행 「평생교육법」에서 규정하면서 관련 조항이 확대된 결과로 전체 8장 46조와 부칙으로 구성되어 있다. 그 구체적인 구성체계 및 주요 내용은 〈표 5-2〉와 같다.

〈표 5-2〉 평생교육법의 구성체계 및 주요 내용

구성	주요 내용
제1장 총칙	• 평생교육법의 목적, 평생교육 관련 개념의 정의 • 다른 법률과의 관계 • 평생교육의 이념 • 국가 및 지방자치단체의 임무, 교육과정 등 • 공공시설의 이용규정, 학습휴가 및 학습비 지원
제2장 평생교육진흥 기본계획 등	• 평생교육진흥 기본계획의 수립, 평생교육진흥위원회 설치(장관, 5년마다) • 연도별 평생교육진흥시행계획의 수립 · 시행(시 · 도지사) • 시 · 도 평생교육협의회 • 시 · 군 · 자치기구 평생교육협의회, 평생학습도시 • 경비보조 및 지원, 지도 및 지원, 평생교육 통계조사

제3장 국가평생교육진흥원 등	• 국가평생교육진흥원, 시·도 평생교육진흥원의 운영 • 시·군·구 평생학습관 등의 설치·운영 등 • 읍·면·동 평생학습센터의 운영 • 정보화 관련 평생교육의 진흥, 학습계좌
제4장 평생교육사	• 평생교육사 자격 및 업무, 양성기관, 배치 및 채용, 경비보조
제5장 평생교육기관	• 설치자, 학교의 평생교육 • 학교부설, 학교 형태, 사내 대학 형태, 원격대학 형태, 사업장 부설, 시민사회단체 부설, 언론기관 부설, 지식·인력개발 관련 평생교육시설 • 평생교육시설의 변경인가·변경등록 등
제6장 문해교육	• 문해교육의 실시 등, 문해교육 프로그램의 교육과정 등
제7장 평생학습 결과의 관리·인정	• 학점·학력 등의 인정
제8장 보칙	• 행정처분, 지도·감독, 청문, 권한의 위임, 유사 명칭의 사용 금지, 과태료

현행 「평생교육법」은 〈표 5-2〉와 같이 8장 46개조로 편성되어 있다. 이는 구 「평생교육법」이 5장 32개로 되어 있었던 데 비하여, 국가 및 지방자치단체의 임무와 역할을 새롭게 규정하게 되면서 관련 조항이 확대된 결과이다.

2015년 3월 27일 개정된 「평생교육법」의 주요 내용을 간단하게 제시하면 다음과 같다.

첫째, 「평생교육법」의 법적 근거를 마련하고 평생교육의 개념을 명확히 하였다. 이를 위해 「평생교육법」의 법적 체계를 「헌법」 제31조제1항 및 제5항, 「교육기본법」 제3조 및 제10조에 근거하여 학습자의 학습권과 평생학습의 원리에 맞추어 평생교육의 진흥에 대한 국가 및 지방자치단체의 책임을 강조하고, 평생교육제도와 그 운영에 관한 기본적인 사항을 명시하는 등 학습자 중심의 새로운 법적 체계를 마련하였다. 또한 평생교육의 개념을 「평생교육법」 제2조제1항에서 "학교의 정규교육과정을 제외한 학력보완교육, 성인 문자해득교육, 직업능력 향상교육, 인문교양교육, 문화예술교육, 시민참여교육 등을 포함하는 모든 형태의 조직적인 교육활동"으로 정의하였다.

둘째, 평생교육진흥 기본계획의 수립과 이를 심의하기 위한 평생교육진흥위원회의 설치이다. 교육부장관은 5년마다 평생교육진흥 기본계획을 수립하고, 시·도지사는 기본계획에 따라 연도별 평생교육진흥시행계획을 시·도교육감과 협의하여 수립·시행하여야 한다. 그리고 교육부장관과 시·도지사는 기본계획을 수립하거나, 시행계획을 수립하기 위하여 관계 행정기관이나 그 밖의 기관 또는 단체의 장에게 관련 자료를 요청할 수 있다.

이를 위해 국가는 교육부장관 소속으로 위원장을 포함한 20인 이내의 위원으로 구성된 평생교육진흥위원회를 설치하여 평생교육진흥 기본계획에 관한 사항, 평생교육진흥정책의 평가 및 제도개선에 관한 사항, 평생교육 지원업무의 협력과 조정에 관한 사항 등을 심의하게 한다. 또한 시·도지사는 시·도지사 소속으로 의장과 부의장을 포함하여 20인 이내의 위원회로 구성된 시·도 평생교육협의회를 두며, 시·군·자치구의 경우는 의장 1인과 부의장 1인을 포함하여 12인 이내의 위원으로 구성된 시·군·자치구평생교육협의회를 설치하도록 하였다.

셋째, 평생학습도시 지정 및 지원과 평생교육진흥사업을 위한 경비보조 및 지원에 관한 것이다. 국가는 지역사회의 평생교육 활성화를 위하여 시·군 및 자치구를 대상으로 평생학습도시를 지정 및 지원할 수 있도록 하였다. 뿐만 아니라 평생학습도시 간의 연계·협력 및 정보교류의 증진을 위하여 전국평생학습도시협의회를 설치할 수 있도록 하였다.

그 외에도 국가 및 지방자치단체는 평생교육기관의 설치·운영, 평생교육사의 양성 및 배치, 평생교육 프로그램의 개발, 그 밖의 국민의 평생교육 참여를 촉진하기 위하여 수행하는 사업 등의 평생교육진흥사업을 실시하거나 지원하고 평생교육기관의 요청이 있을 경우 지도나 종사자 연수 등을 실시할 수 있게 하였다.

넷째, 평생교육진흥과 관련된 업무를 지원하기 위한 3대 전담지원기구의 설립 및 운영이다. 국가는 평생교육진흥과 관련된 업무를 지원하기 위하여 국가평생교육진흥원을 설립하여 평생교육진흥을 위한 지원 및 조사업무, 평생교육진흥 기본계획 수립 지원, 평생교육 프로그램 개발 지원, 평생교육종사자의 양성 · 연수, 평생교육종합정보시스템 구축 · 운영, 평생학습결과에 따른 학점 또는 학력인정, 학습계좌의 통합관리 · 운영 등 평생교육 관련 주요 업무를 수행하도록 하였다.

또한 시 · 도지사는 해당지역의 평생교육기회 및 정보를 제공하고, 평생교육상담, 평생교육 프로그램 운영, 평생교육기관 간 연계체제 구축 등의 업무를 수행하도록 하기 위해 시 · 도 평생교육진흥원을 설치 또는 지정 · 운영할 수 있도록 하였다. 시 · 도교육감은 관할 구역 안의 주민을 대상으로 평생교육 프로그램 운영과 평생교육 기회를 제공하기 위하여 평생학습관을 설치 또는 지정 · 운영하도록 명시하였으며, 시장 · 군수 · 자치구의 구청장은 평생학습관의 설치 또는 재정적 지원 등 해당 지방자치단체의 평생교육진흥을 위한 사업을 실시할 수 있도록 하였다.

다섯째, 학습계좌제의 도입이다. 교육부장관은 국민의 평생교육을 촉진하고, 인적자원의 개발 · 관리를 위하여 학습계좌를 도입 · 운영할 수 있도록 노력하여야 한다고 명시하였다. 학습계좌는 국민의 개인적 학습경험을 종합적으로 집중관리하는 제도를 말한다.

여섯째, 평생교육사의 양성과 배치 및 채용 그리고 채용에 따른 경비보조에 관한 것이다. 교육부장관은 평생교육 전문 인력을 양성하기 위하여 대학 등의 기관에서 교육부령으로 정하는 평생교육 관련 교과목을 일정 학점 이상 이수하고 학위를 취득한 자 등에 대해서 평생교육사의 자격을 부여하도록 하였으며, 평생교육기관에 평생교육사를 배치 또는 채용하여 평생교육의 기획 · 진행 · 분석 · 평가 및 교수업무를 수행하게 하였다. 또한 국가 및 지방자치단체는 평생교육 프로그램 운영 및 평생교육사 채용에 사용되는 경비 등을 보조할 수 있도록 하였다.

일곱째, 평생교육시설 설치자의 요건 강화와 평생교육시설의 확대이다. 평생교육기관의 설치자는 다양한 평생교육 프로그램을 실시하여 지역사회 주민을 위한 평생교육에 기여하도록 명시함과 동시에 평생교육시설 설치자의 요건을 보다 엄격하게 강화하였다. 또한 지역사회 평생교육을 활성화하기 위해 다양한 평생교육시설을 법제화하였다. 이는 학교의 평생교육, 학교부설, 학교 형태, 사내 대학 형태, 원격대학 형태, 사업장 부설, 시민사회단체 부설, 언론기관 부설, 지역·인력개발 관련 평생교육시설 등이다. 특히, 2015년 3월 27일 개정 「평생교육법」에서는 학교 형태의 평생교육시설에 대해 지방자치단체가 해당 지방자치단체의 예산의 범위 내에서 「초·중등교육법」 제2조의 학교에 준하여 필요한 보조금을 교부하거나 그 밖의 지원을 할 수 있도록 함과 동시에 재산관리, 회계 및 교원들의 신규채용에 관한 사항은 각각 「사립학교법」을 준용하고, 장학지도 및 학생의 학교생활기록부 관리는 「초·중등교육법」을 준용하는 등 지원과 관리·감독을 보다 강화하는 규정을 담고 있다.

여덟째, 문해교육과 평생학습결과의 관리 및 인정에 관한 사항이다. 현행 「평생교육법」에서는 문해교육의 실시 등에 대해서 국가 및 지방자치단체는 성인의 사회생활에 필요한 문자해득능력 등 기초능력을 높이기 위하여 노력하여야 한다고 명시하고, 교육감은 초·중학교에 성인 문해교육 프로그램을 설치·운영하거나 지방자치단체·법인 등이 운영하는 문해교육 프로그램을 지정할 수 있도록 하고, 국가 및 지방자치단체는 문해교육 프로그램에 대하여 우선적으로 재정적 지원을 할 수 있도록 하였다.

또한 평생교육과정을 이수한 자에 대해 「학점인정 등에 관한 법률」로 정하는 바에 따라 학점 또는 학력을 인정받을 수 있게 하는 등 평생학습결과의 관리 및 인정방안을 명시하였다.

아홉째, 평생교육기관에 대한 행정처분, 지도·감독, 청문, 권한의 위임 및 위탁, 유사명칭의 사용금지, 벌칙, 과태료 등에 대해 명시하고 있다.

4) 평생교육법 시행령

「평생교육법 시행령」은 「평생교육법」에서 위임된 사항과 그 시행에 필요한 사항을 규정하기 위해 제정된 것으로 현재의 법명과는 달리 「사회교육법 시행령」이라는 법명으로 1983년 9월 10일에 처음으로 제정·시행되었다. 당시 「사회교육법 시행령」의 제정의 사유로는 1982년 12월 31일 「사회교육법」이 제정됨에 따라 동법에서 위임된 사항과 그 시행에 관하여 필요한 사항을 정리하려는 것이었다. 그 이후 「사회교육법 시행령」은 「사회교육법」이 개정될 때마다 수차례 개정되어 오늘에 이르고 있는데, 현행 「평생교육법 시행령」에 이르기까지의 변천과정을 요약하면 〈표 5-3〉과 같다.

〈표 5-3〉 평생교육법 시행령 주요 개정 변천과정

대통령령 제25902호 일부개정 2014. 12. 30
대통령령 제25409호 일부개정 2014. 6. 30
대통령령 제24845호 일부개정 2013. 11. 20
대통령령 제22749호 일부개정 2011. 3. 29
대통령령 제22530호 일부개정 2010. 12. 20
대통령령 제21677호 일부개정 2009. 8. 11
대통령령 제20799호 일부개정 2008. 6. 5
대통령령 제20607호 전부개정 2008. 2. 14
대통령령 제18245호 일부개정 2004. 1. 29
대통령령 제17603호 일부개정 2002. 5. 13
대통령령 제16750호 전부개정 2000. 3. 13 평생교육법 시행령(법명 변경)
대통령령 제12633호 일부개정 1989. 2. 28
대통령령 제11230호 제정 1983. 9. 10 사회교육법 시행령

「사회교육법 시행령」은 1989년 2월 28일에 이르러 학교형태사회교육시설에 대해 중·고등학교에 상응하는 학력을 인정하도록 하고 사회교육시설의 전문요원의 자격기준을 강화함으로써 사회교육을 내실 있게 발전시키는 것을 목적으로 일부 개정 시행하였다.

2000년 3월 13일에는 드디어 「사회교육법」이 「평생교육법」으로 전부 개정됨에 따라 「사회교육법 시행령」도 「평생교육법 시행령」으로 그 법명이 변경되었다. 이 당시 시행령의 개정 이유로는 1999년 8월 31일 「사회교육법」이 「평생교육법」으로 전부 개정됨에 따라 대학 또는 전문대학과 동등한 학력과 학위가 인정되는 원격대학 및 사내 대학 형태의 평생교육시설 등이 신설됨에 따라 평생교육시설의 시설·설비기준 및 인가절차 등 동법에서 위임된 사항을 정하고, 기타 현행제도의 운영상 나타난 일부 미비점을 개선·보완하려는 것이었다.

2002년 5월 13일 일부 개정·시행된 「평생교육법 시행령」에서는 직장인의 평생교육을 활성화시키기 위하여 원격대학 형태의 평생교육시설의 설치기준을 일부 완화하며, 그 밖에 현행제도의 운영과정에서 나타난 일부 미비점을 개선·보완하려는 것이 주요 개정의 이유였다.

2004년 1월 29일 일부 개정·시행된 「평생교육법 시행령」에서는 주요 개정 이유 및 주요 내용으로 종전에는 학교 형태의 평생교육시설에 중학교과정과 고등학교과정에 대한 학력인정시설의 지정기준만 두었으나, 초등교육을 받지 못하고 취학연령을 초과한 자에게 국민생활에 필요한 기초적인 교육을 받을 수 있도록 하기 위하여 초등학교과정에 대한 학력인정시설의 지정기준을 추가적으로 마련하려는 것이었다.

2008년 2월 14일에 전부 개정되고 동년 2월 15일에 시행된 「평생교육법 시행령」은 평생교육진흥위원회의 설치, 평생교육진흥원의 설립 및 전국평생학습도시협의회 구성 등을 통하여 평생교육진흥체제를 마련하는 내용이 그 개정의 이유였다.

또한 개정 주요 내용으로는 평생교육진흥 기본계획 수립절차 마련, 평생교육진흥위원회 구성 및 운영, 평생교육진흥원에 대한 출연금의 지급 및 관리, 평생교육사의 등급조정 및 직무범위, 전문대학 학력인정 평생교육시설 인가기준·절차 등, 문자해득교육 프로그램 설치·운영 등이다.

2008년 6월 5일 일부 개정된 「평생교육법 시행령」은 고등교육기관으로서의 원격대학과 평생교육기관으로서의 원격대학 형태의 평생교육시설을 명확히 구분하고, 원격대학 형태의 평생교육시설의 재산관리 및 회계에 관해서는 사립학교와 같은 기준을 적용하는 내용으로 「평생교육법」이 개정됨에 따라 현행의 '원격대학'이라는 용어를 '원격대학 형태의 평생교육시설'로 정비하고, 법률에서 위임한 사항과 그 시행에 필요한 사항을 정리하고자 하였다.

2009년 8월 11일 일부 개정된 「평생교육법 시행령」은 학습계좌에서 관리할 학습과정에 대하여 교육부장관의 평가인정의 절차, 평가인정을 받은 사항을 위반할 경우 시정명령의 절차, 사내 대학 설치 사업장의 범위 등 법률에서 위임된 사항을 정하고, 그 밖에 현행제도의 운영상 나타난 일부 미비점을 개선·보완하고자 하였다.

2010년 12월 20일 일부 개정된 시행령에서는 개인의 학습경험을 종합적으로 집중 관리함으로써 각종 학력이나 자격 인정의 근거로 활용하기 위하여 도입된 학습계좌제도의 원활한 운영을 위하여 학습계좌에 수록되는 학습과정의 수준을 평가하여 인정하는 평가인정의 기준과 절차를 정비하는 한편, 현행 제도의 운영상 나타난 일부 미비점을 개선·보완하고자 하였다.

2011년 3월 29일 일부 개정된 시행령에서는 사업장 부설 평생교육시설을 설치·신고할 수 있는 사업장의 규모를 100명 이상으로 완화하여 중소기업이 지역사회의 평생교육에 참여할 수 있는 여건을 개선하고, 과태료 부과의 합리성을 높이기 위하여 법령 위반횟수 및 해태기간에 따라 과태료 부과금액을 차등화하고 위반행위의 정도, 동기 및 그 결과 등을 고려하여 과태료 부과금액을 감경할 수 있는 사유를 구체적으로 정하려는 것이었다.

2013년 11월 20일 일부 개정된 시행령에서는 평생교육사 자격증의 교부권한이 정규학교의 경우에는 대학기관의 장에게, 학점은행기관의 경우에는 교육부장관에게로 이원화되어 있던 것을 교육부장관으로 일원화하는 등의 내용으로 「평생교육법」이 개정됨에 따라, 평생교육사 자격증 교부와 관련된 규정을 정비하고 평생교육사 자격증의 교부와 평생교육사 양성기관의 지정신청 접수 등 교육부장관이 수행하던 업무를 평생교육진흥원에 위탁하려는 것이었다.

2014년 6월 30일 일부 개정된 시행령에서는 평생교육시설이 변경인가를 받거나 변경등록·변경신고를 하여야 하는 대상 등 법률에서 위임된 사항을 정하는 한편, 부설 평생교육시설을 설치할 수 있는 시민사회단체나 언론기관의 요건을 강화하는 등 현행 제도의 운영상 나타난 일부 미비점을 개선·보완하려는 것이었다.

2014년 12월 30일 일부 개정된 시행령에서는 사내대학의 학칙 개정 시 교육부장관에게 보고하도록 하는 의무 규정을 삭제하여 학칙 개정 보고 의무가 폐지된 사립대학과의 형평성 및 사내대학의 자율성을 제고하는 한편, 사내대학의 학생이 교육과정과 관련된 산업체 근무경력을 가진 경우 그 근무경력을 졸업에 필요한 학점 중 5분의 1 범위에서 해당 사내대학의 학점으로 인정할 수 있는 근거를 마련하려는 것이었다.

「평생교육법 시행령」의 주요 내용은 제1장 총칙, 제2장 평생교육진흥계획 등, 제3장 평생교육진흥원 등, 제4장 평생교육사, 제5장 평생교육기관, 제6장 문자해득교육, 부칙 등이며, 구체적인 내용은 다음과 같다.

첫째, 총칙은 목적과 공공시설의 이용에 관하여 규정하고 있다. 둘째, 평생교육진흥계획은 기본계획 및 연도별 시행계획의 수립·시행, 진흥위원회의 심의사항, 진흥위원회의 구성·운영, 진흥위원회의 간사 및 수당 등, 전국평생학습도시협의회 등의 내용을 규정하고 있다. 셋째, 평생교육진흥원 등에 관한 내용은 출연금의 요구 및 지급, 출연금의 관리, 결산서의 제출, 잉여금의 처리, 시·도 평생교육진흥원의 운영, 전문인력정보은행제의 운영, 학습계좌제의 운영 등이다. 넷째, 평생교육사에 관한 내용은 평생교육사의 자격요건, 평생교육사의 등급, 직무범위, 이수과정, 연수, 평생교육사의 자격증 교부절차 등, 평생교육사 양성기관의 지정, 평생교육사의 배치대상기관 및 배치기준 등을 규정하고 있다. 다섯째, 평생교육기관에 대한 내용은 학습비의 반환, 학교 부설평생교육시설에 관한 사항, 학교 형태 평생교육시설에 관한 사항, 학력인정시설에 관한 사항, 전문대학 학력인정 평생교육시설에 관한 사항, 사내대학에 관산 사항, 원격교육 형태의 평생교육시설에 관한 사항, 원격대학 형태의 평생교육시설에 관한 사항, 사업장 부설 평생교육시설의 설치신고, 시민사회단체 부설 평생교육시설의 설치신고, 언론기관 부설 평생교육시설의 설치신고, 지식·인력개발사업 관련 평생교육시설의 설치신고 등이다.

여섯째, 문자해득교육에 관련한 내용은 문자해득교육 프로그램의 설치·운영 및 지정, 문자해득교육의 지원, 문자해득교육 프로그램 이수자의 학력인정절차, 문자해득교육 프로그램 이수자의 학력인정기준, 문자해득교육심의위원회 구성 등의 내용을 규정하고 있다.

5) 평생교육법 시행규칙

「평생교육법 시행규칙」은 「평생교육법」과 「평생교육법 시행령」에서 위임된 사항과 그 시행에 필요한 사항을 규정함을 목적으로 2000년 3월 31일 처음으로 제정·시행 되었다. 이후 7차례의 일부 및 전부개정을 통해 현행의 「평생교육법 시행규칙」에 이르고 있다. 현행의 「평생교육법 시행규칙」의 구체적인 내용을 살펴보면 목적, 평생교육실무조정위원회, 전문인력정보은행제의 운영, 학습계좌 관련 사항, 평생교육 관련 과목, 평생교육사 자격증의 수여 등, 평생교육사 자격증의 재발급, 평생교육사 양성기관 지정의 신청, 학교부설 평생교육시설의 설치보고, 학교 형태 평생교육시설의 시설·설비기준, 학교 형태의 평생교육시설의 등록신청, 학교 형태의 평생교육시설의 변경등록 신청 등, 학력인정시설의 지정 신청 등, 전문대학 학력인정 평생교육시설 설치계획서, 전문대학 학력인정 평생교육시설의 변경인가 신청 등, 사내대학 설치인가 신청 관련 사항, 계열별 학생 정원의 환산방법 등, 겸임교원의 산정기준, 원격평생교육시설의 신고 관련 사항, 원격대학 형태의 평생교육시설의 설치인가 신청서류, 원격대학 형태의 평생교육시설의 수업료 등의 징수 및 반환 등, 원격대학 형태의 평생교육시설의 재무·회계, 언론기관 부설 평생교육시설 등의 변경신고, 문자해득교육 프로그램의 지정·교원의 배치·이수자의 학력인정 절차, 문해교육 관련 학습과정 이수자의 인정절차, 직인의 관리, 규제의 재검토 등을 포함하고 있다. 현행 「평생교육법 시행규칙」에 이르기까지의 변천과정을 요약하면 〈표 5-4〉와 같다.

〈표 5-4〉 평생교육법 시행규칙 주요 개정 변천과정

교육부령 제42호 일부개정 2014. 7. 28
교육부령 제13호 일부개정 2013. 11. 22
교육과학기술부령 제91호 일부개정 2011. 1. 27
교육과학기술부령 제67호 일부개정 2010. 8. 19
교육과학기술부령 제15호 일부개정 2008. 9. 29
교육인적자원부령 제927호 전부개정 2008. 2. 18
교육인적자원부령 제805호 일부개정 2002. 5. 23
교육부령 제765호 제정 2000. 3. 31

2. 평생교육사

1) 평생교육사의 개념

평생교육사에 대한 개념은 일반적으로 「평생교육법」 제24조에 의거하고 있으며 구체적인 내용은 〈표 5-5〉와 같다. 즉, 평생교육사란 교육부장관이 평생교육의 기획 · 진행 · 분석 · 평가 및 교수업무의 전문적 수행을 위하여 일정 자격을 갖춘 사람에게 부여하는 국가 자격증을 취득한 자로 평생교육기관의 운영 및 교육 프로그램에 참여하는 다양한 종류의 전문가를 지칭한다(평생교육법 제24조, 시행 2009. 8. 9).

평생교육사와 유사한 개념으로 평생교육자, 사회교육자, 사회교육전문요원, 사회교육교사, 사회교육담당자, 사회교육지도자, 사회교육강사, 사회교육기획자, 성인교육자 등은 평생교육이 활성화되기 이전부터 사용하고 있다. 성인교육자는 일반적으로 성인의 학습활동을 도와주는 사람이다. 일반적으로 서양에서는 성인교육자(adult educator)라고 흔히 지칭하지만, 오늘날 우리나라에서는 통틀어 평생교육사라고 지칭하며 알려지고 있다. 그 이유는 2000년 「평생교육법」이 공표된 이후, 평생교육사에 대한 정의가 명확해졌고, 그 역할과 실천성이 구체화됨으로써 평생교육사라는 명칭으로 합의되어 활용되고 있다(안홍선, 권혁훈, 2011).

〈표 5-5〉 평생교육법 제24조

① 교육부장관은 평생교육 전문인력을 양성하기 위하여 다음 각 호의 어느 하나에 해당하는 자에게 평생교육사의 자격을 부여한다. 〈개정 2008. 2. 29., 2009. 5. 8., 2013. 3. 23.〉

1. 「고등교육법」 제2조에 따른 학교(이하 "대학"이라 한다) 또는 이와 동등 이상의 학력이 있다고 인정되는 기관에서 교육부령으로 정하는 평생교육 관련 교과목을 일정 학점 이상 이수하고 학위를 취득한 자

2. 「학점인정 등에 관한 법률」 제3조제1항에 따라 평가인정을 받은 학습과정을 운영하는 교육훈련기관(이하 "학점은행기관"이라 한다)에서 교육부령으로 정하는 평생교육 관련 교과목을 일정 학점 이상 이수하고 학위를 취득한 자
3. 대학을 졸업한 자 또는 이와 동등 이상의 학력이 있다고 인정되는 자로서 대학 또는 이와 동등 이상의 학력이 있다고 인정되는 기관, 제25조에 따른 평생교육사 양성기관, 학점은행기관에서 교육부령으로 정하는 평생교육 관련 교과목을 일정 학점 이상 이수한 자
4. 그 밖에 대통령령으로 정하는 자격요건을 갖춘 자

② 평생교육사는 평생교육의 기획·진행·분석·평가 및 교수업무를 수행한다.

③ 다음 각 호의 어느 하나에 해당하는 자는 평생교육사가 될 수 없다. 〈개정 2016. 5. 29.〉

1. 제24조의2에 따라 자격이 취소된 후 그 자격이 취소된 날부터 3년이 지나지 아니한 사람(제28조제2항제1호에 해당하여 자격이 취소된 경우는 제외한다)
2. 제28조제2항제1호부터 제5호까지의 어느 하나에 해당하는 사람

④ 평생교육사의 등급, 직무범위, 이수과정, 연수 및 자격증의 교부절차 등에 필요한 사항은 대통령령으로 정한다.

⑤ 교육부장관은 제1항에 따른 평생교육사의 자격증을 교부 또는 재교부받으려는 자에게 교육부령으로 정하는 바에 따라 수수료를 받을 수 있다. 〈신설 2009. 5. 8., 2013. 3. 23.〉

출처: 평생교육법

2) 평생교육사의 자격요건

평생교육사는 전문직으로 국가 자격증을 필요로 한다. 「평생교육법 시행령」 제16조에 따라 평생교육사의 등급은 1, 2, 3급으로 세분화되어 있으며, 전문성 향상과 인적자원을 효율적으로 활용하기 위한 차원에서 평생교육사 1급 자격은 평생교육진흥원의 승급과정을 통해서만 취득 가능하다. 평생교육사의 자격요건이 강화되면서 1급 자격증은 2급 자격증을 취득한 후, 평생교육 관련 업무에 5년 이상 근무한 경력자로 평생교육진흥원이 운영하는 1급 승급과정을 이수한 자로 일원화하고 있다.

평생교육사는 고등교육기관, 학점은행기관, 대학학위를 이수한 자로서 학점인정기관, 평생교육 양성기관에서 일정 학점을 이수하여야 한다. 2010년부터는 사이

버교육기관에서도 평생교육사 과목을 개설할 수 있도록 하였다. 학부과정에서 30학점(과목당 3학점, 10과목) 이상을 이수한 경우, 2급 평생교육사 자격증을 취득할 수 있고, 3급의 경우는 관련 학점 21학점 이상 이수하면 된다. 대학의 석·박사과정에서는 필수 이수 과목 15학점(과목당 3학점) 이상을 이수한 경우, 2급 평생교육사 자격증을 취득할 수 있다. 평생교육사의 등급별 자격요건은 〈표 5-6〉과 같다.

〈표 5-6〉 평생교육사의 등급별 자격요건(개정 2017. 5. 29)

등급	자격기준
1급	평생교육사 2급 자격증을 취득한 후, 교육부장관이 정하는 평생교육과 관련된 업무(이하 "관련 업무"라 한다)에 5년 이상 종사한 경력이 있는 자로서 진흥원이 운영하는 평생교육사 1급 승급과정을 이수한 자
2급	1. 「고등교육법」 제29조 및 제30조에 따른 대학원에서 교육부령으로 정하는 평생교육과 관련된 과목(이하 "관련 과목"이라 한다) 중 필수과목을 15학점 이상 이수하고 석사 또는 박사학위를 취득한 자. 다만, 「고등교육법」 제2조에 따른 학교(이하 "대학"이라 한다)에서 필수과목을 이수한 경우에는 선택과목으로 필수과목 학점을 대체할 수 있다. 2. 대학 또는 이와 같은 수준 이상의 학력을 인정할 수 있는 기관, 「학점인정 등에 관한 법률」에 따라 평가인정을 받은 학습과정을 운영하는 교육훈련기관(이하 "학점은행기관"이라 한다)에서 관련 과목을 30학점 이상 이수하고 학위를 취득한 자 3. 대학을 졸업한 자 또는 이와 같은 수준 이상의 학력이 있다고 인정되는 자로서 다음 각 목의 어느 하나에 해당하는 기관에서 관련 과목을 30학점 이상 이수한 자 가. 대학 또는 이와 같은 수준 이상의 학력을 인정할 수 있는 기관 나. 법 제25조제1항에 따른 평생교육사 양성기관(이하 "지정양성기관"이라 한다) 다. 학점은행기관 4. 평생교육사 3급 자격증을 보유하고 관련 업무에 3년 이상 종사한 경력이 있는 자로서 진흥원이나 지정양성기관이 운영하는 평생교육사 2급 승급과정을 이수한 자
3급	1. 대학 또는 이와 같은 수준 이상의 학력을 인정할 수 있는 기관, 학점은행기관에서 관련 과목을 21학점 이상 이수하고 학위를 취득한 자 2. 대학을 졸업한 자 또는 이와 같은 수준 이상의 학력이 있다고 인정되는 자로서 다음 각 목의 어느 하나에 해당하는 기관에서 관련 과목을 21학점 이상 이수한 자

가. 대학 또는 이와 같은 수준 이상의 학력을 인정할 수 있는 기관
나. 지정양성기관
다. 학점은행기관
3. 관련 업무에 2년 이상 종사한 경력이 있는 자로서 진흥원이나 지정양성기관이 운영하는 평생교육사 3급 양성과정을 이수한 자
4. 관련 업무에 1년 이상 종사한 경력이 있는 공무원 및 「초·중등교육법」 제2조제1호부터 제5호까지의 학교 또는 학력인정 평생교육시설의 교원으로서 진흥원이나 지정양성기관이 운영하는 평생교육사 3급 양성과정을 이수한 자

현대사회의 변화에 따라 평생교육현장에서도 다양한 요구가 등장하면서 현장에 적합한 전문가 양성이 필요해졌다. 이에 따라 개정된 「평생교육법」에서는 효율적인 전문가 양성을 위해 평생교육영역을 실천영역과 방법영역의 두 영역으로 구분하고 기존 10과목이었던 선택과목을 21과목으로 확대하였다. 또한 대체과목 인정 대신, 다양한 선택영역과 교과목을 확대함으로써 대학의 관련 전공영역에 집중하여 해당영역의 현장 전문성을 강화할 수 있는 여건을 강구하고 있다.

평생교육 관련 과목은 「평생교육법 시행규칙」 제5조제1항에 근거하여 〈표 5-7〉과 같이, 평생교육실습을 포함한 5과목이고 선택과목은 평생교육 실천영역의 8과목과 평생교육방법영역의 13과목을 포함한 총 21과목으로 구성되어 있다. 이 중 선택과목은 5과목을 수강하여야 한다.

과목당 학점은 3학점으로 하고, 성적은 각 과목을 100점 만점으로 하여 평균 80점 이상이여야 하며, 평생교육 실습과목은 「평생교육법」 제2조에 따른 평생교육기관, 「평생교육법 시행령」 제69조제2항에 따라 문자해득교육 프로그램으로 지정받은 기관, 「평생교육법」 제19조부터 제21조까지의 규정에 해당하는 평생교육기관에서의 4주간 현장실습을 포함한 수업과정을 이수하여야 한다.

〈표 5-7〉 평생교육 관련 과목(제5조제1항 관련) 〈개정 2016. 8. 10〉

과정	구분	과목명
양성 과정	필수	평생교육론, 평생교육방법론, 평생교육경영론, 평생교육 프로그램 개발론
		평생교육실습(4주간)
	선택	아동교육론, 청소년교육론, 여성교육론, 노인교육론, 시민교육론, 문자해득교육론, 특수교육론, 성인학습 및 상담(1과목 이상 선택하여야 함)
		교육사회학, 교육공학, 교육복지론, 지역사회교육론, 문화예술교육론, 인적자원개발론, 직업·진로설계, 원격(이러닝, 사이버)교육론, 기업교육론, 환경교육론, 교수설계, 교육조사방법론, 상담심리학(1과목 이상 선택하여야 함)

비고

1. 양성과정의 과목명칭이 동일하지 아니하더라도 교과의 내용이 동일하다는 국가평생교육진흥원장의 승인을 받은 경우 동일과목으로 본다.
2. 필수과목은 평생교육실습을 포함하여 15학점 이상을 이수하여야 한다.
3. 과목당 학점은 3학점으로 하고, 성적은 각 과목을 100점 만점으로 하여 평균 80점 이상이어야 한다.
4. 평생교육실습과목은 법 제19조부터 제21조까지에 해당하는 평생교육기관 또는 법 제39조제2항에 따라 문해교육 프로그램으로 지정받은 기관에서의 4주 이상(총 수업일수 20일 이상, 총 수업시간 160시간 이상)의 현장실습을 포함한 수업과정으로 구성한다.

출처: 평생교육법 시행규칙

[그림 5-2] 평생교육사의 직무

평생교육사 이수과목

- 필수과목: 평생교육론, 평생교육방법론, 평생교육경영론, 평생교육 프로그램 개발론, 평생교육실습

- 선택과목
  - 실천영역(1과목 이상 선택): 아동교육론, 청소년교육론, 여성교육론, 노인교육론, 시민교육론, 특수교육론, 성인학습 및 상담
  - 방법영역(1과목 이상 선택): 교육사회학, 교육공학, 교육복지론, 지역사회교육론, 인적자원개발론, 원격교육론, 기업교육론, 교수설계, 교육조사방법론, 상담심리학 등

- 실습: 문자해득 프로그램 지정기관, 국가 지방자치단체에서 운영하는 평생교육시설, 평생교육진흥원, 평생학습관, 학원 중 평생교육을 실시하는 학원, 「평생교육법」에 따라 인가 등록 신고된 평생교육시설 등

기억하기

- 「헌법」 제31조에서 국민의 권리이자 국가의 의무로서 교육에 관해 직접적으로 명시하고 있으며, 또한 평생교육진흥을 국가의 의무로 규정하여 국민의 학습권을 평생 동안 보장해야 함을 국가의 책임규정을 두고 있다.
- 「교육기본법」 제3조(학습권)에서 명시한 모든 국민의 평생학습과 교육받을 권리에 대한 규정과 제9조(학교교육), 제10조(사회교육) 등은 「헌법」 제31조의 국민의 교육에 대한 권리와 평생교육진흥의 의무에 대해 보다 구체화한 것이다.
- 평생교육사란 「평생교육법」 제24조에 의거하여 교육부장관이 평생교육의 기획·진행·분석·평가 및 교수업무의 전문적 수행을 위하여 일정 자격을 갖춘 사람에게 부여하는 국가 자격증을 취득한 전문가를 지칭한다.

CHAPTER 6

평생교육행정 및 조직

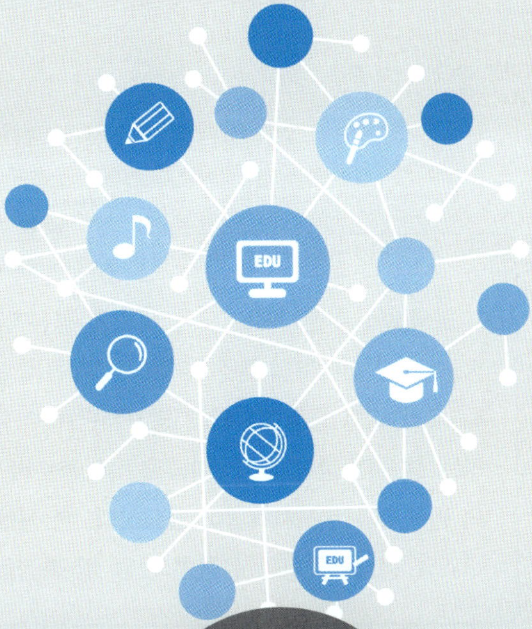

개요

평생교육 추진체계는 모든 국민의 평생학습을 촉진하고 유도하기 위한 것으로 공공 및 민간부분의 행정적·재정적 지원을 통해 학습활동을 보다 원만하게 지원해 주기 위한 중앙정부와 지방자치단체의 구조를 의미한다. 모든 국민이 학습을 하는 데 불편함이 없고, 학습요구를 충분히 충족시키기 위해서는 국가 차원에서의 평생교육 추진시스템이 필요하다. 본 장에서는 우리나라의 평생교육 추진체계 구조와 평생교육기관 유형별 운영 및 특징을 살펴보고자 한다.

학습목표

1. 평생교육 추진체계에 대해 알 수 있다.
2. 평생교육기관의 정의와 성격 및 유형에 대해 알 수 있다.
3. 평생교육기관 유형별 운영 특징과 사례에 대해 알 수 있다.

1. 평생교육 추진체제

우리나라 평생교육 추진체제는 행정조직, 전담기구, 심의 및 협의기구로 구성되어 있다. 행정조직은 평생교육정책을 지원하는 조직으로서 중앙수준의 교육부와 광역단체수준의 시·도 자치단체와 시·도 교육청, 지역수준의 기초자치단체와 지역교육지원청으로 체계화되어 있다. 그리고 평생교육정책을 실행하는 전담기구로는 2015년 개정된 「평생교육법」에 따르면, 중앙수준의 국가평생교육진흥원과 시·도수준의 시·도 평생교육진흥원, 시·군·구 지역에 설치·운영되는 평생학습관과 읍·면·동에 설치·운영되고 있는 평생학습센터 등으로 체계화되어 있다. 또한 심의 및 협의 기구로는 중앙수준의 평생교육진흥위원회와 시·도 평생교육협의회, 시·군·구 평생교육협의회로 체계화되어 있다.

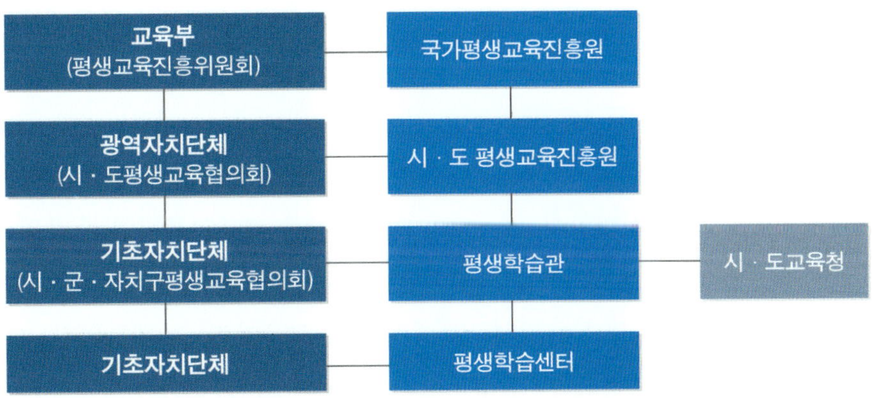

출처: 국가평생교육진흥원 홈페이지

[그림 6-1] 한국의 평생교육 추진체제

1) 평생교육 전담기구

현재 우리나라에서 평생교육을 체계적으로 제공하고 지원하기 위한 전담기구로는 국가평생교육진흥원, 시 · 도 평생교육진흥원, 그리고 평생학습관, 평생학습센터 등이 있다. 이들 전담기구들은 평생교육에 관한 연구, 평생교육 종사자에 대한 연수, 평생교육에 관한 정보의 수집 · 제공기능을 수행하는 것을 기본적인 임무로 하고 있다. 각각의 평생교육 전담기구에 대해 보다 상세하게 살펴보면 다음과 같다.

(1) 국가평생교육진흥원

국가평생교육진흥원은 「헌법」 제31조제5항과 「교육기본법」 제3조 및 「평생교육법」 제19조제1항에 그 설립 근거를 두고 있다. 또한 국가평생교육진흥원의 설립목적은 「평생교육법」 제19조에 따른 평생교육진흥과 관련된 업무를 효율적으로 수행함으로써 국민의 평생교육 활성화에 기여함을 목적으로 하고 있다.

국가평생교육진흥원은 2007년 11월 22일 「평생교육법」 전부개정안이 국회에서 의결되고 동년 12월 14일 개정 공포되어 2008년 2월 15일부터 시행됨에 따라 그 법에 의거하여 2008년 1월 2일 설립하고 같은 해 2월 15일에 개원되었다. 국가평생교육진흥원은 학력보완교육, 성인기초문자해득교육, 직업능력향상교육, 인문교양교육, 문화예술교육, 시민참여교육 등의 6대 영역과 평생교육정책 수립을 위한 연구 및 조사, 평생교육정책의 기본계획 수립, 평생교육 프로그램 개발 · 지원, 평생교육사 등 평생교육종사자의 양성 및 연수, 평생교육기관 간 네트워킹, 시 · 도 평생교육진흥원 지원, 평생교육종합정보시스템 구축, 학점은행제 · 독학학위제 운영, 평생학습계좌제의 운영 등 9대 기능을 수행하고 있다.

또한 국가평생교육진흥원은 2014년 기준으로 15개의 시 · 도 평생교육진흥원과 129개의 평생학습도시, 198개의 행복학습센터로 구성된 지역평생교육 추진체제를 구축 · 지원하고, 45개 평생학습 중심 대학을 육성하며, 평생교육사 양성 및 역량강화, 학점은행제 및 독학학위제, 평생학습계좌제 운영 지원, 평생학습포털 및 K-MOOC 구축, 성인문해교육 지원, 학부모 자녀교육 역량 강화, 다문화가정 평생교육 지원 등의 업무를 수행하고 있다.

2012년 4월 20일에 '평생교육진흥원'을 '국가평생교육진흥원'으로 명칭을 변경하였으며, 현재 1처, 4본부, 1센터, 1감사실, 16실로 체제를 재정비하였다. 국가평생교육 전담기구인 국가평생교육진흥원의 조직과 기능은 [그림 6-2]와 같다.

출처: 국가평생교육진흥원 홈페이지

[그림 6-2] 국가평생교육진흥원 조직 및 기능

(2) 시 · 도 평생교육진흥원

시 · 도 평생교육진흥원의 운영과 관련하여서는 시 · 도지사가 대통령령으로 정하는 바에 따라 시 · 도 평생교육진흥원을 설치 또는 지정 · 운영할 수 있다고 「평생교육법」 제20조에 명시되어 있다. 시 · 도 평생교육진흥원은 시 · 도 평생교육의 중추기관으로 2011년부터 시 · 도의 평생교육 실천역량강화사업이라는 이름으로 광역단위에 시 · 도 평생교육진흥원 설립 또는 지정을 시작하여 2015년 현재 15개 시 · 도가 평생교육진흥원을 운영 중에 있다. 이들 시 · 도 평생교육진흥원의 역할은 평생교육에 대한 주민 요구조사 및 정책연구, 지역 평생교육정책 개발, 평생학습정보망 운영, 평생학습도시를 비롯한 지역 교육기관 간 연계 · 협력, 그 밖의 평생교육진흥을 위하여 시 · 도지사가 필요하다고 인정하는 사항 등의 기능을 수행하고 있다. 이러한 「평생교육법」 규정에 따라 각 시 · 도 지방자치단체는 조례를 제정하여 시 · 도 평생교육진흥원을 설치 또는 운영하고 평생교육 관련 진흥사업을 추진하고 있다. 전국 시 · 도 평생교육진흥원 설립 또는 위탁지정 현황을 연도별로 분류하면 〈표 6-1〉과 같다.

〈표 6-1〉 전국 시 · 도 평생교육진흥원 현황

설립연도	2011년	2012년	2013년	2014년	2015년	계
시 · 도명	대전, 경기	부산, 울산, 충북, 충남, 제주	인천, 경북 광주	대구, 전남, 강원, 서울	경남	15

(3) 평생학습관

평생학습관은 「평생교육법」 제21조에 그 설립의 근거를 두고 있으며, 말 그대로 연구 및 연수기능보다는 지역 주민을 대상으로 평생교육 프로그램 운영과 평생교육 기회를 제공하는 학습관 기능을 수행하고 있다. 이를 위해서 「평생교육법」

에서는 시장·군수·자치구의 구청장은 평생학습관의 설치 또는 재정적 지원 등 해당 지방자치단체의 평생교육을 진흥하기 위하여 필요한 사업을 할 수 있도록 규정하고 있으며, 이를 위해서는 조례를 제정하여 실시하도록 규정하고 있다. 평생학습관은 지역별로 기존의 도서관이나 학생문화원을 평생학습관으로 지정하여 명칭을 변경하거나, 기존의 명칭을 그대로 사용하면서 지역 평생학습관으로 지정되어 평생학습관으로서의 기능을 수행하는 곳도 있다. 뿐만 아니라 최근에는 지방자치단체에 따라서는 평생학습관을 새롭게 설치하여 운영하고자 하는 움직임도 증대되고 있는 실정이다. 평생학습관은 2014년 교육통계분석자료집에 따르면 경기도 63개, 서울 56개 등 전체 393개의 기관이 운영 중에 있다. 「평생교육법」에서 규정하고 있는 평생학습관의 역할은 평생교육 프로그램의 개발·운영, 평생교육 상담, 평생교육 종사자에 대한 교육·훈련, 평생교육 관련 정보의 수집·제공, 읍·면·동 평생학습센터에 대한 운영 지원 및 관리, 그 밖에 평생교육진흥을 위하여 필요하다고 인정되는 사업 등이다.

(4) 평생학습센터

시장·군수·자치구의 구청장은 읍·면·동별로 주민을 대상으로 하여 평생교육 프로그램을 운영하고 상담을 제공하는 평생학습센터를 설치하거나 지정하여 운영할 수 있도록 되어 있다. 이를 위해 지방자치단체장은 평생학습센터의 설치 또는 지정 및 운영에 관한 사항을 해당 지방자치단체의 조례로 정하도록 되어 있다. 이는 2014년 「평생교육법」 개정 당시 신설된 사항으로 평생교육센터의 운영·지원 사업은 국민 누구나 집 근처에서 원하는 평생교육을 받을 수 있도록 하기 위해 읍·면·동 단위에 설치되어 있는 주민센터, 복지회관, 도서관, 아파트 복지시설 등 공공 유휴시설을 활용하여 평생학습 프로그램을 운영할 수 있도록 지원하는 사업이다. 평생학습센터는 1개 시·군·구당 거점센터 1개, 행복학습센터

(읍 · 면 · 동) 3개가 설치 · 운영되고, 거점센터 및 행복학습센터에는 평생교육사, 행복학습매니저 등을 배치하여 주민의 학습수요를 파악하고 필요한 학습정보를 제공하거나 학습상담을 지원한다. 2014년 현재 60개 시 · 군 · 구에 298개의 평생학습센터를 운영하고 있다.

2. 평생교육행정기관

1) 평생교육기관의 정의와 성격

평생교육기관은 평생교육을 목적으로 설립된 법인 또는 단체로서 평생교육의 프로그램이나 사업을 수행하는 법인이나 단체를 말한다. 「평생교육법」(법률 제14160호, 2016. 5. 29 일부개정) 제2조제2항에는 평생교육기관의 정의를 다음과 같이 제시하고 있다. 평생교육기관은 「평생교육법」에 따라 인가 · 등록 · 신고된 시설 · 법인 또는 단체나 학교교과교습학원을 제외한 평생직업교육을 실시하는 학원을 제외한 평생직업교육을 실시하는 학원이 포함된다.

> "평생교육기관"이란 다음에 해당하는 시설 · 법인 또는 단체를 말한다.
> 가. 이 법에 따라 인가 · 등록 · 신고된 시설 · 법인 또는 단체
> 나. 「학원의 설립 · 운영 및 과외교습에 관한 법률」에 따른 학원 중 학교교과교습학원을 제외한 평생직업교육을 실시하는 학원
> 다. 그 밖에 다른 법령에 따라 평생교육을 주된 목적으로 하는 시설 · 법인 또는 단체

평생교육기관은 학생들을 대상으로 하는 학교교육기관과는 그 성격에서 차이를 가지며, 그 특징은 평생교육의 특징과도 유사하다(최은수, 배석영, 2008)

첫째, 학교교육기관은 적령기 학생들에 국한되지만, 평생교육은 모든 연령층에 개방되어 있다.

둘째, 학교교육기관은 법이 정한 교육과정과 교과서에 따라 그 편성운영의 제약이 많지만, 평생교육기관의 교육과정과 내용, 방법, 시간 등은 비교적 자유롭게 편성운영된다.

셋째, 학교교육기관은 배우는 내용이 실생활과 밀접하게 연관되어 있지 않은 이론과 원리를 강조하지만, 평생교육은 학습자의 일과 생활과 밀접하게 관련이 있는 내용을 중심으로 다룬다.

넷째, 학교교육기관은 이수기간이 고정되고, 비교적 장기간 학습해야 하지만, 평생교육은 적시성과 유연성이 강해 학습자의 필요에 따라 그 기간을 유연하게 조정할 수 있다.

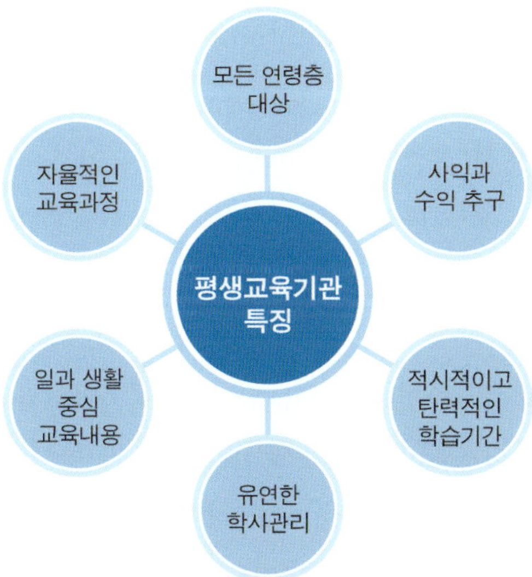

출처: 국가평생교육진흥원 홈페이지

[그림 6-3] 평생교육기관의 특징

다섯째, 학교교육기관은 학사관리나 학습과정 및 수업료 등이 법과 행정지침에 따라 결정되지만, 평생교육기관은 학습자가 프로그램의 등록이나 탈퇴 등을 결정할 수 있고, 학사관리의 탄력적 운영이 가능하며, 학습내용과 방법의 선정 및 수강료 책정 등도 비교적 자유롭다.

여섯째, 학교교육기관은 공공성과 공익성을 실현하는 경향이 높지만, 평생교육기관은 사익과 영리성을 추구하는 경향이 높다. 물론 국가 및 지방자치단체에 의해 운영되는 평생교육은 공공성과 공익성을 추구하지만, 많은 평생교육기관이 법인과 단체에 의해 운영되고 있다는 점에서는 사익과 수익을 강조한다고 볼 수 있다.

2) 평생교육기관의 유형

평생교육기관은 평생교육을 목적으로 설립된 법인 또는 기타 단체라고 할 수 있다. 여기서 법인에는 공익법인, 비영리법인, 특수법인 등이, 단체에는 정부단체와 각종 시민·민간단체(NGO: Non-Government Organization) 등이 포함된다(권인탁, 임영희, 2011). 또한 다른 법령에 의한 평생교육기관은 「학원의 설립운영 및 과외교습에 관한 법률」에 의한 학원, 「도서관 및 독서진흥법」에 의한 도서관, 「박물관 및 미술관 진흥법」에 의한 박물관, 미술관, 「근로자 직업 훈련 촉진법」에 의한 직업훈련원 등이 있다.

평생교육기관은 「평생교육법」에 따라 인가·등록·신고를 한 법인이나 단체를 말한다. 인가(認可)는 허가라고도 하는데, 평생교육의 목적을 수행할 수 있는 법인이나 단체를 국가가 일정한 요건을 갖춘 자에게만 그 활동과 운영을 하도록 허용하는 것을 말한다. 등록(登錄)은 법인이나 단체가 일정한 조건을 갖추어서 법으로 정한 활동을 하는 존재를 법정의 공적 장부에 기재하는 공증행위를 말한다. 즉, 평생교육기관이 되려면 관련 행정기관에 비치된 평생교육기관 목록이나 문서에 기재되어 있어야 한다는 것을 말한다. 신고(申告)는 국민이 법령에 따라 행정청에 일정한 사실을 진술·보고하는 행위를 뜻한다.

「평생교육법」에 따라 평생교육기관은 다음과 같이 구분된다.

① 학교의 평생교육(제29조): 각급학교
② 학교 부설 평생교육시설(제30조): 대학 부설 평생교육원
③ 학교 형태의 평생교육시설(제31조): 학력인정 중고등학교, 방송통신대학교
④ 사내 대학 형태의 평생교육시설(제32조): 삼성전자 공과대학
⑤ 원격대학 형태의 평생교육시설(제33조): 원격대학
⑥ 사업장 부설 평생교육시설(제35조): 산업체 연수원, 백화점 문화센터
⑦ 시민사회단체 부설 평생교육시설(제36조): YMCA, 흥사단, 참여연대, 소비자 연맹
⑧ 언론기관 부설 평생교육시설(제37조): MBC 문화센터
⑨ 지식/인력개발 관련 평생교육시설(제38조): 한국능률협회, 한국생산성본부

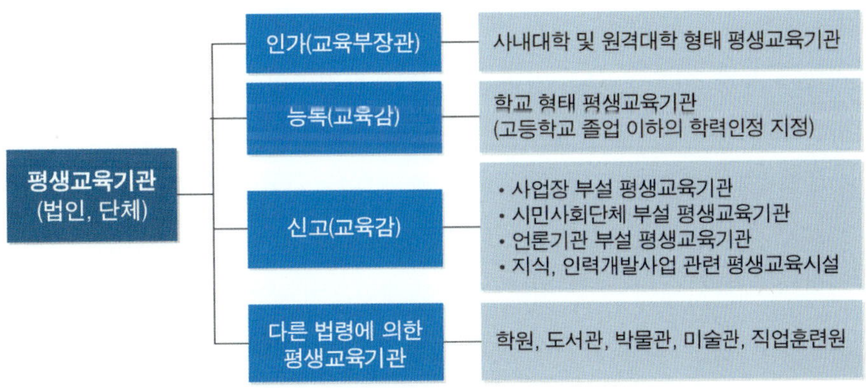

출처: 국가평생교육진흥원 홈페이지

[그림 6-4] 평생교육기관 분류

오혁진(2003)은 평생교육기관을 설립주체에 따라 공공기관, 영리형 민간기관, 비영리형 민간기관으로 분류하였다. 공공기관은 정부와 지방자치단체에서 직접 운영하는 평생교육기관을 말한다. 예를 들어, 정부출연 연수원, 주민자치센터, 각종 평생학습관 등이 포함된다. 영리형 민간기관은 영리를 목적으로 설립된 기업형 평생교육기관을 말한다. 각종 사설학원, 백화점, 언론기관, 문화센터, 기업형 연수시설 등을 들 수 있다. 비영리형 민간기관은 최근 시민사회의 성숙과 더불어 급증하고 있는 각종 비영리적 성격의 평생교육기관을 말한다. 예를 들어, 가나안 농군학교, 한국지역사회교육협의회, 흥사단 등이 운영하는 평생교육기관을 비롯하여 각종 사회단체의 공익적인 교육 프로그램 등이 있다.

김창엽(2012)은 평생교육기관을 경영 유형에 따라 독립경영, 위탁경영, 하위조직경영으로 분류하였다. 우선, 독립경영은 평생교육기관이 외부의 지휘와 통제 없이 독자적으로 프로그램 및 사업기획과 의사결정 등의 경영을 하는 경우로 시·군·구 평생교육센터, 각종 사립학원, 민간 인력개발원 등을 포함한다. 둘째, 위탁경영은 평생교육기관이 정부나 사회단체 및 기업 등으로부터 시설 또는 재정의 위탁을 받아서 실시하는 경영을 의미한다. 위탁경영은 평생교육기관 경영자와 위탁의뢰기관의 목적과 이해관계가 일치될 때 실시되며, 경영활동이 위탁의뢰기관과의 협의를 통해 이루어진다. 기관 전체를 위탁경영하는 경우도 있고, 일부 프로그램의 경영을 위탁할 수도 있다. 일반적으로 경영실적과 사업결과의 보고, 예산집행에 대한 감사활동 등이 수반된다. 셋째, 하위조직경영은 평생교육기관이 모기관의 하위부서로서 교육사업을 실시하는 조직경영을 가리킨다. 하위조직의 경영은 모조직의 예산지원에 크게 의존한다. 평생교육기관의 자체의 자립경영을 추구하기보다는 모기관의 모적을 구현하기 위한 사업의 일환으로 운영되는 경우가 많다. 여기에는 정부소속 각종 평생교육기관, 대학부설 평생교육기관, 기업 부설 문화센터, 시민단체 부설 교육센터 등이 포함된다.

이상에서 살펴본 설립주체와 경영 유형을 연결하여 평생교육기관의 유형을 제시하면 다음과 같다. 공공기관은 독립경영, 위탁경영의 형태로, 영리형 민간기관은 독립경영이나 하위조직경영의 형태로, 비영리형 민간기관은 하위조직경영 형태로 이루어지는 평생교육기관으로 운영될 가능성이 높다고 할 것이다.

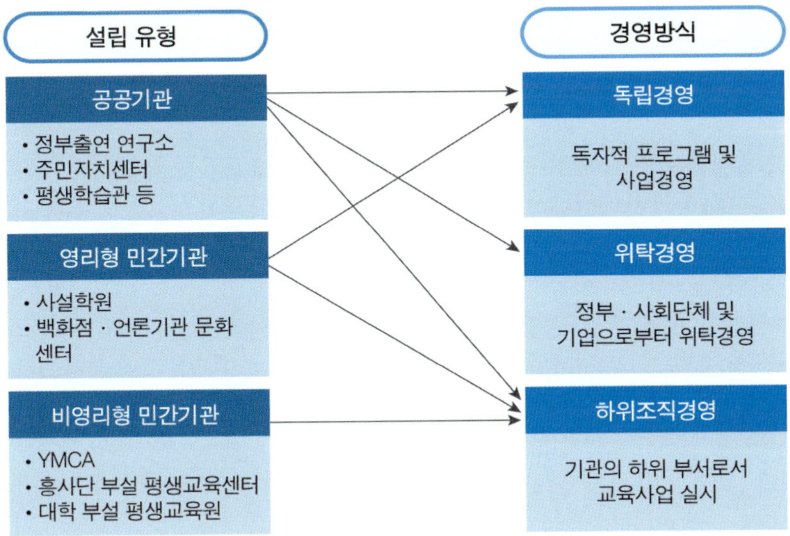

출처: 국가평생교육진흥원 홈페이지

[그림 6-5] 설립 유형 및 경영방식별 평생교육기관 유형

3. 평생교육기관 유형별 운영특징과 사례

여기서는 앞에서 살펴본 「평생교육법」에 따른 8대 평생교육기관 유형에 대한 법령 근거와 특징을 살펴보고자 한다(권인탁, 임영희, 2011; 평생교육법 제29~38조).

1) 각급학교

「평생교육법」 제29조에 따르면 각급학교는 평생교육을 실시할 수 있다. 「초·중등교육법」 및 「고등교육법」에 따른 각급학교의 장은 평생교육을 실시함에 있어서 평생교육의 이념에 따라 교육과정과 방법을 수요자 관점으로 개발·시행하도록 하며, 학교를 중심으로 공동체 및 지역문화 개발에 노력하여야 한다. 각급학교의 장은 해당 학교의 교육여건을 고려하여 학생·학부모와 지역 주민의 요구에 부합하는 평생교육을 직접 실시하거나 지방자치단체 또는 민간에 위탁하여 실시할 수 있다. 다만, 영리를 목적으로 하는 법인 및 단체는 제외한다. 제2항에 따른 학교의 평생교육을 실시하기 위하여 각급학교의 교실·도서관·체육관, 그 밖의 시설을 활용하여야 한다. 제2항 및 제3항에 따라 학교의 장이 학교를 개방할 경우 개방시간 동안의 해당시설의 관리·운영에 필요한 사항은 해당 지방자치단체의 조례로 정한다.

2) 학교 부설 평생교육기관

학교 부설 평생교육기관은 학교의 인적·물적 자원을 지역사회에 개방하고 다양한 평생교육을 실시함으로써 각급학교의 평생교육을 촉진하고 열린교육사회의 구현에 기여하기 위한 시설을 말한다.「평생교육법」 제30조에 따르면 각급학교의 장은 학생·학부모와 지역 주민을 대상으로 교양의 증진 또는 직업교육을 위한 평생교육시설을 설치·운영할 수 있다. 평생교육시설을 설치하는 경우 각급학교의 장은 관할청에 보고하여야 한다. 대학의 장은 대학생 또는 대학생 외의 자를 대상으로 자격취득을 위한 직업교육과정 등 다양한 평생교육과정을 운영할 수 있다. 각급학교의 시설은 다양한 평생교육을 실시하기에 편리한 형태의 구조와 설비를 갖추어야 한다.

3) 학교 형태의 평생교육기관

학교 형태의 평생교육기관은 교육과정 및 시설·설비 등이 중학교 또는 고등학교와 유사한 시설이다. 경제적 이유 등 개인 사정으로 중·고등학교 또는 대학에 진학하지 못한 근로청소년, 성인 등을 대상으로 하는 평생교육시설로, 중학교, 고등학교, 전문대학의 졸업자와 동등한 학력 및 학위가 인정된다.「평생교육법」 제31조는 학교 형태의 평생교육시설을 규정하고 있다. 우선, 학교형태의 평생교육시설을 설치·운영하고자 하는 자는 대통령령으로 정하는 시설·설비를 갖추어 교육감에게 등록하여야 한다. 교육감은 제1항에 따른 학교 형태의 평생교육시설 중 일정 기준 이상의 요건을 갖춘 평생교육시설에 대하여는 이를 고등학교 졸업 이하의 학력이 인정되는 시설로 지정할 수 있다. 그리고 학교교육을 담당하는 교원을 둘 수 있으며, 교원의 복무·국내연수와 재교육에 관하여는 국·공립학교의 교원에 관한 규정을 준용한다. 또한「초·중등교육법」 제54조제4항에 따라 전공과를 설치·운영하는 고등기술학교는 교육부장관의 인가를 받아 전문대학졸업자와 동등한 학력·학위가 인정되는 평생교육시설로 전환·운영할 수 있다.

〈표 6-2〉 평생교육기관의 분류

<table>
<tr><th>구분</th><th>대분류</th><th>중분류</th><th>소분류</th></tr>
<tr><td rowspan="4">1</td><td rowspan="4">학교평생
교육기관</td><td>초·중등 부설 평생교육기관</td><td></td></tr>
<tr><td>대학 부설 평생교육기관</td><td></td></tr>
<tr><td>학력인정 평생교육기관</td><td></td></tr>
<tr><td>학력미인정 평생교육기관</td><td></td></tr>
<tr><td rowspan="4">2</td><td rowspan="4">직업훈련기관</td><td>공공직업훈련기관</td><td></td></tr>
<tr><td>인정직업훈련기관</td><td></td></tr>
<tr><td rowspan="2">사업 내 직업훈련기관</td><td>직업훈련원</td></tr>
<tr><td>사내 대학</td></tr>
<tr><td rowspan="3">3</td><td rowspan="3">학원</td><td>기술계 학원</td><td></td></tr>
<tr><td>어학계 학원</td><td></td></tr>
<tr><td>문리계 학원</td><td></td></tr>
<tr><td rowspan="4">4</td><td rowspan="4">원격
평생교육시설</td><td rowspan="3">일반원격교육기관</td><td>초·중등</td></tr>
<tr><td>대학</td></tr>
<tr><td>대학원</td></tr>
<tr><td>사이버대학</td><td></td></tr>
<tr><td rowspan="6">5</td><td rowspan="6">연수기관</td><td rowspan="3">공무원연수기관</td><td>일반행정연수기관</td></tr>
<tr><td>교육공무원연수기관</td></tr>
<tr><td>특수직무연수기관</td></tr>
<tr><td rowspan="3">일반연수기관</td><td>공공연수기관</td></tr>
<tr><td>종합연수기관</td></tr>
<tr><td>특수직무연수기관</td></tr>
<tr><td rowspan="2">6</td><td rowspan="2">청소년평생교육
기관 및 단체</td><td>청소년 평생교육기관</td><td></td></tr>
<tr><td>청소년단체</td><td></td></tr>
<tr><td rowspan="2">7</td><td rowspan="2">여성평생교육
기관 및 단체</td><td>여성평생교육기관</td><td></td></tr>
<tr><td>여성단체</td><td></td></tr>
</table>

8	노인평생교육 기관 및 단체	노인평생교육기관	
		노인단체	
9	사회복지기관 및 시설	사회복지기관	
		장애인복지기관	
		시 · 군 · 구민회관	
10	문화시설 중심 평생교육기관	도서관	
		박물관	
		문화원	
		기타	
11	시민사회단체 부설 평생교육시설	시민단체 및 기관(NGO 포함)	
		사회단체 및 기관	
12	언론사 부설 평생교육시설	신문사	
		방송국	
13	연구 · 상담기관	연구기관	
		상담기관	

출처: 권인탁, 임영희(2011). 평생교육 경영론. 서울: 학지사.

4) 사내 대학 형태의 평생교육기관

사내 대학 형태의 평생교육기관은 시간적 · 경제적 여유가 없어 대학에 가지 못한 근로자를 위해 학교법인을 설립하지 않고 일정 기간 동안 사내교육을 이수하면 학력 · 학위가 인정되는 평생교육 차원의 고등교육기관이다. 교육경비를 고용주가 부담하여 근로자의 면학 욕구를 수용할 수 있고 기업 입장에서는 전문 직무교육과 특화교육 효과를 거둘 수 있다. 대표적인 사내 대학의 예로는 삼성전자의 사내 대학, 제일기획의 디자인대학 등이 있다. 「평생교육법」 제32조는 사내 대학 형태의 평생교육시설을 규정하고 있다. 대통령령으로 정하는 규모 이상의 사업장(공동으로 참여하는 사업장도 포함한다)의 경영자는 해당 사업장에 고용된 종업원, 해당 사업장에서 일하는 다른 업체의 종업원, 해당 사업장과 하도급 관계에 있는 업체 또는 부품·재료 공급 등을 통하여 해당 사업장과 협력관계에 있는 업체의 종업원을 대상으로 교육부장관의 인가를 받아 전문대학 또는 대학졸업자와 동등한 학력·학위가 인정되는 평생교육시설을 설치·운영할 수 있다.

5) 원격대학 형태의 평생교육기관

원격 형태의 평생교육기관은 정보통신매체를 이용하여 특정 또는 불특정 다수인에게 원격교육을 실시하거나 다양한 정보를 제공하는 시설이다. 원격대학 형태의 평생교육시설은 정보통신기술, 멀티미디어 기술 및 관련 소프트웨어 기술 등을 이용하여 형성된 사이버 공간을 주 학습장으로 하여 시간과 공간의 제약 없이 주로 비대면 교육을 통하여 전문대 또는 대학 졸업자와 동등한 학력을 인정하고 학위를 주는 평생교육 차원의 고등교육기관을 말한다. 「평생교육법」 제33조는 원격대학 형태의 평생교육기관을 규정하고 있다. 전문대학 또는 대학졸업자와 동등한 학력·학위가 인정되는 원격대학형태의 평생교육시설을 설치하고자 하는 경우에는 대통령령으로 정하는 바에 따라 교육부장관의 인가를 받아야 한다.

6) 사업장 부설 평생교육기관

사업장 부설 평생교육시설은 사업체, 백화점 문화센터 등 일정 규모(종사자 200명) 이상의 사업장에서 당해 사업장의 고객을 대상으로 하는 평생교육시설이다. 이는 「평생교육법」 제35조에 규정되어 있으며, 사업장 부설 평생교육시설을 설치하고자 하는 자는 대통령령으로 정하는 바에 따라 교육감에게 신고하여야 한다.

7) 시민사회단체 부설 평생교육기관

시민사회단체 부설 평생교육기관은 법인인 시민사회단체, 법령에 의하여 주무관청에 등록된 시민사회단체, 회원 수가 300명 이상인 시민사회단체가 소속 회원 외에 일반 시민을 대상으로 평생교육기관을 부설하는 경우이다. 이는 「평생교육법」 제36조에 규정되어 있다. 이 규정에 의하면, 시민사회단체는 전문인력(평생교육 프로그램 운영을 전담하는 인력을 말한다)을 5명 이상 확보하고 있는 법인인 시민사회단체, 법령에 따라 주무관청에 등록된 시민사회단체, 회원이 300명 이상인 시민사회단체를 말한다. 이들 시민사회단체는 상호 유기적인 협조체제를 구축하고 공공시설 및 민간시설 등 유휴시설을 활용하여 해당 시민사회단체의 목적에 부합하는 평생교육과정을 운영할 수 있으며, 시민사회단체 부설 평생교육시설을 설치하고자 하는 자는 대통령령으로 정하는 바에 따라 교육감에게 신고하여야 한다.

8) 언론기관 부설 평생교육시설

언론기관 부설 평생교육시설은 신문·방송 등 언론기관을 경영하는 자는 해당 언론매체를 통하여 다양한 평생교육 프로그램을 방영하는 등 국민의 평생교육진흥에 기여하며, 일반 국민을 대상으로 교양의 증진과 능력 향상을 위한 평생교육시설을 설치·운영할 수 있는 경우를 말한다. 언론기관 부설 평생교육시설을 설치할 수 있는 법인으로 일간신문·주간신문·인터넷신문 및 월간잡지를 발행하는 자, 방송을 하는 법인, 뉴스통신사업을 경영하는 법인 등으로 규정하고 있다(「평생교육법 시행령」 제66조). 또한 「평생교육법」 제37조에 따라 언론기관 부설 평생교육시설을 설치하고자 하는 자는 대통령령으로 정하는 바에 따라 교육감에게 신고하여야 한다.

9) 지식 · 인력개발 관련 평생교육시설

지식·인력개발 관련 평생교육시설은 지식정보의 제공사업, 교육·훈련 및 연구용역 사업, 교육위탁사업, 교육훈련기관의 경영 진단 및 평가사업, 교육자문 및 상담사업, 교수-학습 프로그램 개발 및 공급사업을 경영하는 곳으로, 자본금 또는 자산이 3억 원 이상이고 전문인력을 5명 이상 확보하고 있는 법인을 말한다(「평생교육법 시행령」 제67조). 「평생교육법」 제38조에 따르면 지식·인력개발사업과 관련하여 평생교육시설을 설치하고자 하는 자는 대통령령으로 정하는 바에 따라 교육감에게 신고하여야 한다. 이를 폐쇄하고자 하는 경우에는 그 사실을 교육감에게 통보하여야 한다.

10) 다른 법령에 의한 평생교육기관

다른 법령에 의한 평생교육기관은 우선, 학원의 설립운영 및 과외교습에 관한 법률에 의거한 학원을 들 수 있다. 학원은 사인이 대통령령이 정하는 수 이상의 학습자에게 30일 이상의 교습과정에 따라 지식·기술·예능을 교습하거나, 30일 이상 학습 장소로 제공되는 시설을 말한다. 둘째, 「근로자직업훈련촉진법」에 의거한 직업훈련원을 들 수 있다. 이것은 근로자의 직업능력 개발을 위한 훈련 등을 통하여 근로자가 직업능력을 최대한 개발·발휘함으로써 근로자의 고용 증진 및 지위 향상과 기업의 생산성 향상을 도모하고 경제·사회발전에 이바지함을 목적으로 하는 직업능력 개발 훈련시설을 말한다. 셋째, 「도서관 및 독서진흥법」에 의거한 도서관을 들 수 있다. 도서관은 도서관 자료를 수집·정리·분석·보존·축적하여 공중 또는 특정인의 이용에 제공함으로써 정보 이용·조사·연구·학습·교양 등 문화발전 및 평생교육에 이바지하는 시설을 말한다. 이 밖에도 「박물관 및 미술관진흥법」에 의거한 박물관과 미술관, 「지방문화원진흥법」에 의한 지방문화원 등을 들 수 있다.

4. 평생교육조직

평생교육조직은 관료제적 성격과 전문가 조직의 성격을 동시에 지닌 이중구조를 지닌 조직이라고 할 수 있다. 우선, 평생교육조직이 관료제적 성격은 다음과 같다. 웨버(Weber)는 관료제가 효율성과 능률, 합리화를 극대화하기 위한 것으로 보고, 관료제가 대규모 조직을 능률적으로 움직일 수 있는 조직 모형으로 보았다. 그는 관료제의 특성을 ① 권위의 위계 구조, ② 규칙과 규정, ③ 사적인 감정 배제, ④ 분업화 및 전문화, ⑤ 경력 지향성으로 제시하였다. 관료제의 순기능과 역기능은 〈표 6-3〉과 같다. 이와 같이 평생교육조직은 평생교육과 관련된 교육과 훈련을 통해 평생교육사 자격증을 소지한 담당자가 평생교육업무를 담당하고 있고, 권위의 위계(책임자와 담당자 등)가 설정되어 있으며, 관련 직무가 분담되어 있고, 정해진 규정과 규칙에 따라 운영된다는 점에서 관료제적 성격을 띠고 있다고 할 수 있다.

〈표 6-3〉 관료제의 순기능과 역기능

관료제의 특징	순기능	역기능
권위의 위계 구조	일사불란한 조직 운영	의사소통의 저해
규칙과 규정	지속성과 통일성, 질서와 안정	경직성 및 주객 전도
사적 감정 배제	합리성	사기 저하
분업화 및 전문화	전문성과 효율성	권태감과 고립감
경력 지향성	유인체계의 확립	조직 내 경쟁, 연공서열과 업적주의 간의 갈등

출처: Hoy & Miskel.(2013). *Educational administration: Theory, research and practice*(9th ed.). New York: McGraw-Hill.

또한, 평생교육조직은 관료제적 측면과 함께, 전문가 조직으로서의 특성도 지니고 있다. 왜냐하면 평생교육조직은 평생교육을 운영하는 조직이며, 평생교육이라는 전문적 활동을 수행하기 위해 양성된 평생교육사가 프로그램을 운영하는 조직이기 때문이다. 다시 말해, 평생교육조직은 평생교육사의 전문성을 바탕으로 평생교육 참여자에 대한 교육활동이 이루어지는 조직이기 때문에 전문가조직이라고 할 수 있다(김규태, 2012). 전문가조직 측면을 지닌 평생교육조직의 특징은, 우선 평생교육 담당자는 평생교육에 대한 교수 실천에 대한 지식, 내용지식, 교육과정 실행지식 등에 정통(精通)한다. 둘째, 평생교육 프로그램을 운영함에 있어서 전문적 지식과 지식에 따라 교육내용과 방법 및 평가방법을 결정할 수 있는 자유재량권을 행사할 수 있다. 셋째, 평생교육조직은 평생교육 관련 협의회에 소속되어 있으며, 이들 조직의 통제와 조언을 받는다.

▣ 기억하기

- 평생교육을 체계적으로 제공하고 지원하기 위한 전담기구로는 국가평생교육진흥원, 시·도 평생교육진흥원, 그리고 평생학습관, 평생학습센터 등이 있다.
- 「평생교육법」에 따른 평생교육기관은 ① 학교의 평생교육(제29조), ② 학교부설 평생교육시설(제30조), ③ 학교 형태의 평생교육시설(제31조): 학력인정 중·고등학교, 방송통신대학교, ④ 사내 대학 형태의 평생교육시설(제32조), ⑤ 원격대학 형태의 평생교육시설(제33조), ⑥ 사업장 부설 평생교육시설(제35조), ⑦ 시민사회단체 부설 평생교육시설(제36조), ⑧ 언론기관 부설 평생교육시설(제37조), ⑨ 지식/인력개발 관련 평생교육시설(제38조)로 구분된다.
- 평생교육조직은 효율성과 능률, 합리화를 극대화하기 위한 관료제적 성격과 평생교육사의 전문성을 바탕으로 평생교육 참여자에 대한 교육활동이 이루어지는 전문가조직의 성격을 동시에 지닌 이중구조를 지닌 조직이다.

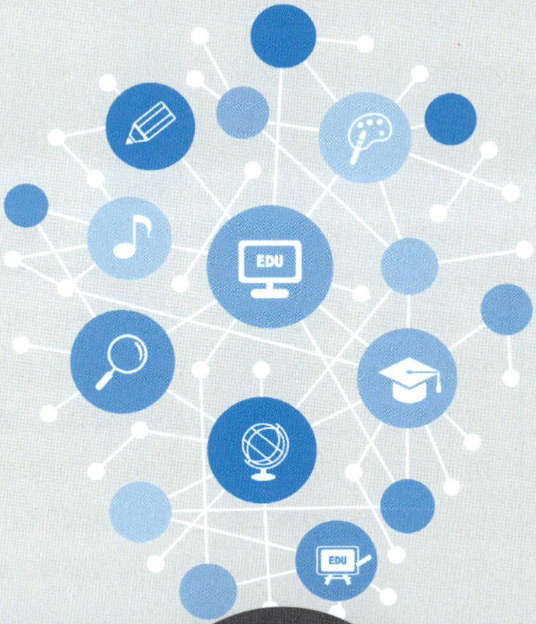

CHAPTER 7

평생교육경영

개요

최근까지 교육과 경영은 별개의 영역으로 인식되어 왔다. 하지만 급격한 사회 변화에 평생교육의 중요성이 강조되면서 평생교육기관이 증가하고 있다. 이에 평생교육기관 간의 경쟁이 심화되고 이제는 평생교육기관에서 경영활동을 하는 것이 바람직한 것인가의 차원이 아니라 어떻게 하면 효율적으로 운영을 할 수 있을 것인가에 대한 차원으로 인식이 변화되었다. 이 장에서는 평생교육기관의 개념과 특성을 정리하고, 평생교육기관을 효율적으로 운영하기 위해서 필요한 개념과 원리에 대해 파악하고자 한다.

학습목표

1. 평생교육경영의 개념과 특성에 대해 이해한다.
2. 평생교육 담당자의 직무동기에 대해 알 수 있다.
3. 평생교육 담당자의 리더십에 대해 알 수 있다.

1. 평생교육경영

1) 평생교육경영의 개념과 특성

교육경영은 교육기관에서 이루어지는 교육과정, 교수학습 및 생활지도 등 교육활동을 효과적이고 효율적으로 지원하기 위한 활동이라고 할 수 있다(김규태, 강유정, 권민석, 최경민, 2016). 이를 적용하면 평생교육경영은 평생교육기관에서 이루어지는 교육활동을 위한 효과적 · 효율적 지원활동이라고 할 수 있는데, 이 개념 속에는 다음과 같은 내재된 의미를 내포하고 있다. 우선, 평생교육경영은 평생교육 프로그램이 효과적 · 효율적으로 이루어질 수 있는 인적 · 물적 · 재정적 조건 마련과 그 운영방법을 강구하는 활동이다. 둘째, 평생교육경영은 한정된 자원을 효율적으로 사용하여 공동의 목표를 효과적으로 달성할 수 있도록 계획, 집행 및 평가하는 활동이다. 셋째, 교육목표를 달성할 수 있도록 교육구성원 간에 이루어지는 협동적 활동이다. 따라서 평생교육경영은 평생교육목표를 효과적으로 달성하기 위해 인적 · 물적 및 재정적 조건과 그 운영방법을 계획 · 집행 · 평가하고, 평생교육기관의 구성원의 협동적 행위를 촉진하는 활동이라 할 수 있다.

▣ 평생교육경영의 특성

- 평생교육기관의 핵심활동인 교수–학습활동 지원
- 교수–학습활동이 효과적이고 효율적으로 이루어질 수 있도록 계획, 의사결정, 리더십, 관리 및 실행, 평가하는 활동
- 여러 사람들의 노력과 자원이 함께 결합되는 집단적 과정
- 평생교육 특수성을 고려

평생교육경영은 평생교육행정, 평생교육관리나 운영과는 차이가 있다. 평생교육행정은 평생교육을 통한 공공성 및 형평성 등 공적 가치 추구, 국가 및 지방자치단체가 실시하는 평생교육, 공적 의사결정과 집행, 점진적 개선과 안정을 추구하는 활동이다. 반면, 평생교육경영은 수익성 및 효율성을 위한 사적 가치 추구, 개인 및 법인이 실시하는 평생교육, 비즈니스 수준의 의사결정, 혁신, 변화와 유연한 적응성을 강조하는 활동이다.

또한 평생교육행정은 공공기관에서 공익을 추구하는 활동으로 이루어지며, 프로그램 성격도 기관마다 비슷한 경향을 보인다. 변화하는 사회 및 경제환경과 요구에 따라 프로그램 개발 및 운영하는 속도가 비교적 느리며, 지역 주민이나 저소득층 등 수요자를 고려한 프로그램을 운영하고, 비교적 큰 조직을 지니면서 관료적으로 운영되는 측면이 강한 특성을 보인다. 반면, 평생교육경영은 다양한 개인 또는 법인 등 민간기관이 사익을 추구하는 활동으로 이루어지며, 수요자도 개인 지불능력이 있는 자에게 국한되며, 변화하는 환경과 요구에 유연하고 신속하게 반응하며 그에 맞는 프로그램 개발·제공할 수 있는 조직운영을 지향한다.

〈표 7-1〉 **평생교육행정과 평생교육경영의 특성**

구분	평생교육행정	평생교육경영
특성	• 공공성 및 형평성 등 공적 가치 추구 • 국가 및 지방자치단체 • 정부/공공기관수준의 정책결정 • 점진적 개선과 안정	• 수익성 및 효율성을 위한 사적 가치 추구 • 개인 및 법인 • 비즈니스 수준의 의사결정 • 혁신과 변화, 유연한 적응성
공급자	공공기관, 대규모	민간기관, 소규모
수요자	주민, 공공, 무료	일반 개인, 유료
프로그램	동형화(공공기관마다 비슷한 프로그램)	차별화(기관마다 다양한 프로그램)
환경/요구부응	느리거나 낮음	비교적 빠르고 높음
조직운영	관료적	팀제

또한, 평생교육경영은 평생교육관리 또는 운영과도 차이가 있다. 평생교육경영이 평생교육에 대한 방향 설정, 비전 제시, 조직 개발, 리더십 전략, 동기부여, 자원의 집중화 및 분산 등을 결정하는 활동이라면, 평생교육관리는 경영진에 의해 결정된 전략이나 방법 등을 실행하는 데 투입되는 자원을 최소화하거나 주어진 자원을 이용하여 추구하는 목표를 달성하기 위해 실무 부서에서 기획 및 예산, 조직 및 충원, 통제활동을 하는 것을 말한다. 또한 평생교육운영은 평생교육과 관련된 수행내용이나 방법 등 사전에 정해진 것에 따라 수행하는 활동을 말한다.

- 경영 : 조직체의 사회적 역할에 따라 목적을 설정하고 그 목적을 달성하기 위하여 외부환경으로부터 주어지는 기회를 포착하는 의사결정활동
- 관리 : 결정된 전략을 실행하는 데 투입되는 자원을 최소화하거나 주어진 자원을 이용하여 추구하는 목표에 도달하도록 최대화하는 활동
- 운영 : 관리활동을 사전에 정해진 방식과 체계에 따라 수행하는 활동

2) 평생교육경영자

평생교육경영자는 전략적 기획(비전, 목표, 전략 수립자), 대인관계(대표자, 리더, 연결자, 대변자), 정보관리(정보수집자, 보급자), 의사결정(문제처리자, 사원배분자, 중재자) 등 역할수행을 기대받는다. 이들 경영자의 역할에 따른 경영자 유형은 다음과 같다.

① **최고경영자(CEO: chief executive officer)** : 기관의 중장기 목표와 전략 결정, 기관방침 및 비전 설정, 기관의 사회적 책임 수행 및 지역사회의 네트워크 형성

② 중간경영자(middle management: 부서장, 국장) : 최고 경영층이 설정한 목표, 전략, 정책 집행을 위한 활동 수행, 일선 경영자(감독층)에 대한 지휘 및 감독, 최고 경영자와 일선 경영자층 간의 상호관계 조정 역할 수행

③ 일선경영자(supervisory management: 팀장, 과장) : 전문적인 실무능력을 갖추고 있으면서 직원들의 고충, 일정계획 및 직원들의 직무 및 관리책임

이들 평생교육경영자가 수행할 수 있는 기술은 그 담당하는 역할과 기능에 따라 달라지며, 실무적 스킬, 대인관계 스킬, 통합적 스킬로 구분할 수 있다(김규태, 강유정, 권민석, 최경민, 2016).

우선, 실무적 스킬(technical skill)은 조직목표를 달성하는 데 필요한 핵심기술 또는 전문적 실무기술이다. 평생교육기관에 적용해 보면 강사 또는 교수자가 강의, 상담, 평가, 고객관리 등을 수행하는 데 필요한 전문적 스킬을 말한다.

둘째, 대인관계 스킬(human relationship skill)은 조직 내부와 외부의 사람들과 원만한 관계를 맺고 의견을 조율하며 협력할 수 있는 스킬이다. 이는 평생교육 담당자와 상사·동료·고객·강사와의 관계와 소통 및 서비스 제공에 필요한 스킬이라 할 수 있다.

셋째, 통합적 스킬(conceptual skill)은 전체 파악적 스킬, 전략적 기획 전략이라고도 하며, 조직의 비전과 전략을 제시하거나 운영 전반을 전체적으로 파악할 수 있는 스킬이다. 평생교육기관에 적용해 보면, 평생교육기관장이 평생교육 비전과 목표를 수립하고, 그에 맞는 교육계획을 수립하여 추진하고, 교육 및 운영 전반을 지속적으로 모니터링하며 운영 성과 및 개선활동을 하는 데 필요한 스킬로 볼 수 있다.

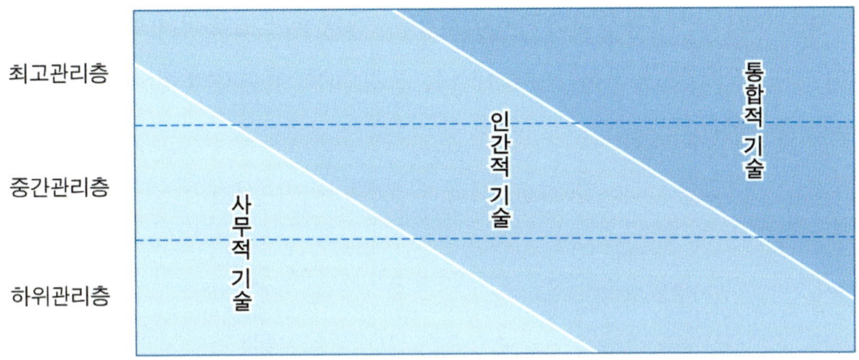

[그림 7-1] 학교구성원의 교육 및 행정 스킬

3) 평생교육경영의 요소

평생교육경영은 [그림 7-2]와 같이 리더십, 기획, 사람, 조직, 자원, 재무, 서비스 등 요소가 체계적으로 연계된 활동이라고 할 수 있다. 리더십은 평생교육경영자가 평생교육기관, 프로그램, 구성원, 조직운영을 효과적으로 이끄는 활동이라고 할 수 있다. 기획은 평생교육기관의 운영방향과 목표를 설정하거나, 조직운영과정에서 야기되는 문제나 이슈를 해결하고 결정하는 활동, 조직운영환경과 요구를 분석하고 성과를 관리하는 활동을 말한다. 인사관리는 인사 충원 및 배치, 구성원의 직무수행능력 향상을 위한 교육훈련 등을 말한다. 조직관리는 조직 내 구성원의 역할과 기능을 배분하거나, 조직목표달성을 위한 조정 및 갈등관리 등에 대한 활동을 말한다. 자원관리는 평생교육기관에서 수행하는 프로그램 운영, 구성원의 직무수행이나 조직관리 등에 필요한 시설, 물품, 환경 등의 관리활동을 말한다. 재무관리는 평생교육기관이 실시하는 프로그램 개발 및 운영, 조직구성원의 직무

활동 및 지원, 고객서비스 등에 필요한 경비를 조달하고 집행하는 활동을 말한다. 서비스 및 고객관리는 평생교육기관에서 제공하는 프로그램이나 지원활동의 질관리를 하거나, 고객의 요구를 조사하거나, 프로그램 이수자의 만족도를 확인하는 등의 활동을 말한다.

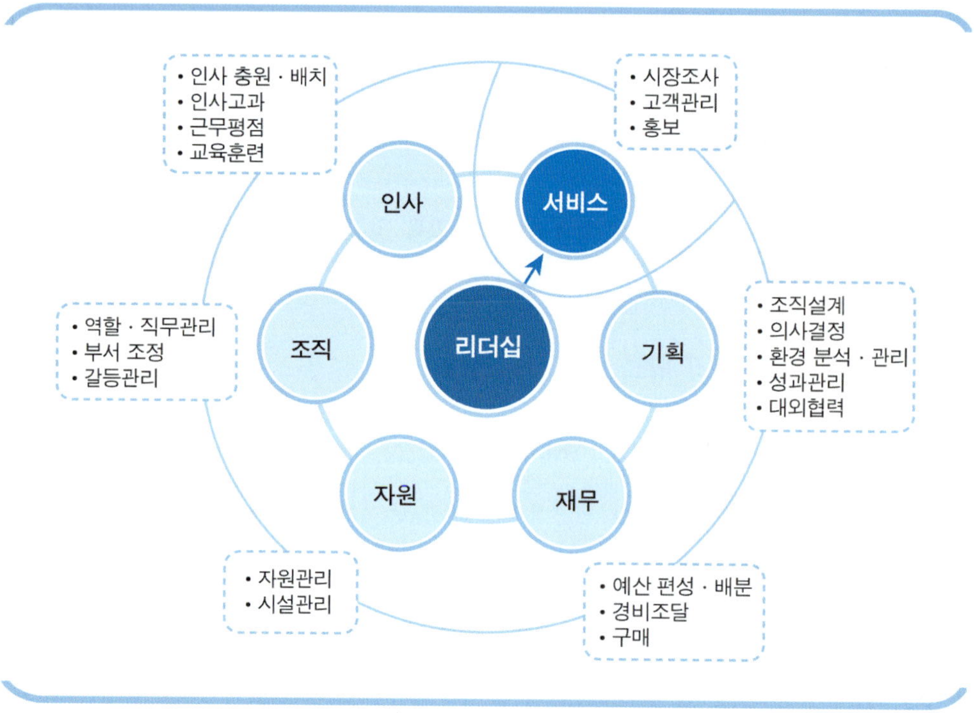

[그림 7-2] 평생교육경영의 요소

4) 평생교육경영의 원리

평생교육은 국가 및 지방자치단체 또는 개인 및 법인이 설립한 평생교육기관을 통해 이루어지고 있으며, 그 운영 원리는 다음과 같다.

① **법치행정의 원리** : 평생교육은 법에 의하여 법이 정하는 범위 안에서 이루어져야 한다는 원리

② **기회균등의 원리** : 평생교육은 모든 사람에게 균등한 기회를 제공하여 개인의 능력을 최대한 발휘할 수 있도록 해야 한다는 원리

③ **자주성 존중의 원리** : 평생교육기관의 관리·운영에 관하여 필요한 기준을 자주적으로 설정·집행하며, 조직발전에 필요한 제반 정책을 독자적으로 결정할 수 있다는 원리

④ **타당성 원리** : 평생교육의 목표달성을 위해 부합되는 교육 및 운영계획을 수립 실시해야 한다는 원리

⑤ **민주성 원리** : 평생교육에 관한 중요한 정책을 수립하고 집행하는 데 있어서 다양한 교육 관련 집단들의 참여와 의사결정을 보장하는 원리

⑥ **능률성의 원리** : 경제성 또는 효율성의 원리로서 평생교육활동에 있어서 최소한의 노력과 경비를 투입하고 최대한의 효과를 얻고자 하는 원리

⑦ **적응성의 원리** : 평생교육활동이 사회 변화를 고려하여 교육환경과 전략 및 수단을 유연하게 조정해 나가야 한다는 원리

⑧ **안정성의 원리** : 일단 결정된 평생교육정책을 일정기간 시행함으로써 행정시책의 일관성을 유지할 필요가 있다는 원리

5) 평생교육경영과정

평생교육경영의 과정은 평생교육기관의 목표달성을 위해 수행하는 경영 또는 부서 업무수행 경로라고 할 수 있다. 평생교육경영자는 효과적인 업무수행을 위하여 경영과정에 대한 이해와 적절한 적용이 필요하다. 평생교육경영의 과정은 주로 계획, 조직, 명령, 조정, 통제과정을 통해 이루어진다.

① 계획(planning) : 미래를 예측하고 미래에 대비한 행동계획을 수립하는 것
② 조직(organizing) : 인적·물적 조건을 정비하고 체계화하는 것
③ 명령(commanding) : 조직에서 종업원이 최선을 다하도록 자극하는 것
④ 조정(coordinating) : 조직목표를 달성하기 위해 노력이나 부서 내 갈등을 조정·통합하는 것
⑤ 통제(controlling) : 규칙과 명령에 따라 모든 일이 제대로 수행되고 있는가를 감독하는 것

6) 평생교육경영과 체제적 분석

평생교육경영을 위해서는 평생교육 운영 전반에 대한 체제적·종합적 분석이 필요하다.[2] 이러한 접근은 평생교육조직 내·외부 구성요소와 환경 간의 상호 연계된 것들을 탐색하여 조직의 목표달성에 영향을 미치는 요인들을 탐색할 수 있다는 점에서 유용하다. 또한 분석된 조직의 하위요소들에 의해 발생하는 문제 및 대안에 대한 합리적·총체적 분석을 통해 조직 내부의 프로세스, 구조 및 문화 등을 개선하는 데 유용하다. 또한 조직과 관련된 외부 환경과 관계자들의 요구를 파악하거나 조직에 대한 환경적 변화와 적응방안을 탐색하는 데 유용하다.

평생교육경영자는 이러한 체제적 접근을 통해 교육행정현상을 분석, 비판하면서 새로운 대안을 탐색하여 체제의 유지와 변화를 도모해야 할 것이다. 이를 위해서는 무엇보다도 체제적 사고가 요청된다. 체제적 사고는 교육조직의 내부 요인들의 상호 연계성과 그것들에 대한 환경적 변화와 영향력 등을 종합적으로 사고하는 것을 말한다. 체제적 사고를 위해서는 [그림 7-3]과 같은 분석적 사고, 비판적 사고, 창의적 사고를 필요로 한다. 분석적 사고(analytic thinking)는 조직 내외부

2) 김규태, 강유정, 권민석, 최경민(2016)의 내용을 수정한 것임

요인, 요인 간, 환경 및 그 영향에 대해 논리적이고 합리적으로 사고하며 분석하는 것을 말한다. 비판적 사고(critical thinking)는 조직 내외부 요인, 요인 간 상호관계, 환경 및 그 영향에 대한 가치와 효과(순기능과 역기능)를 객관적이고 균형 있게 판단하는 것을 말한다. 창의적 사고(creative thinking)는 조직 내외부 요인, 요인 간, 환경과 그 영향에 대한 가치와 효과를 종합적으로 분석한 결과를 바탕으로 기존의 조직정책, 절차나 방법을 수정보완하거나 새로운 것으로 대체하는 것을 말한다.

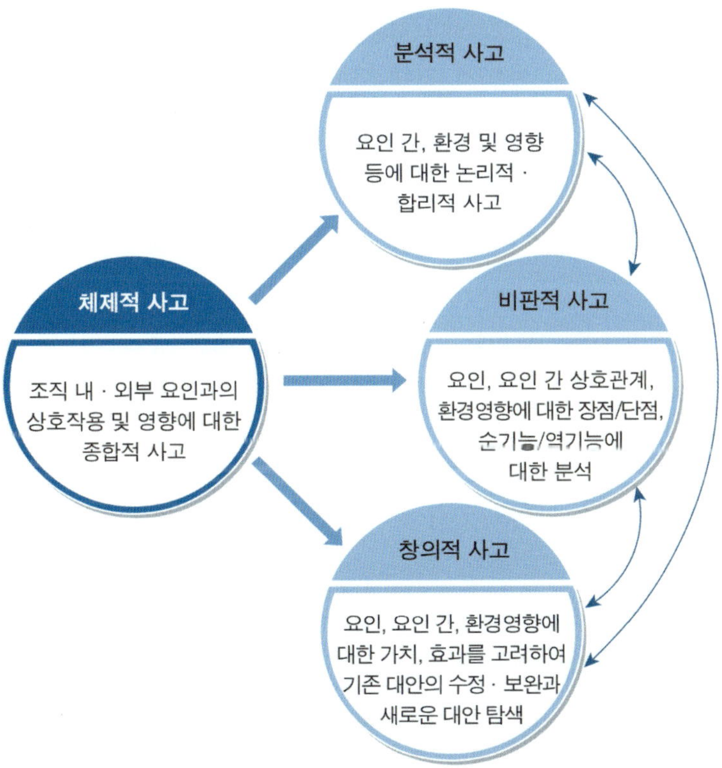

[그림 7-3] 체제적 사고 유형과 관계

2. 평생교육 담당자를 위한 직무동기

직무동기는 교사가 수행하는 행동방향, 노력의 수준, 역량에서의 노력 지속성을 이끄는 심리적인 원동력이다. 직무동기는 현재 성취한 수준에서 더 높은 성취를 갖기 위해 자기계발을 할 것인지, 조직에서 교사가 자신의 목표를 성취하기 위해 어느 정도 노력할지, 특정 과제를 수행하기 위해 어느 정도 노력과 시간을 투자할지를 결정하도록 유도한다.

직무동기는 내재적으로 동기가 부여된 것인가, 아니면 외재적으로 동기가 부여된 것인가에 따라 그 노력 수준과 지속성은 달라진다고 보고 있다. 즉, 교사들은 내재적 동기 또는 외재적 동기에 의해 직무를 수행하느냐에 따라 그 성과와 노력 수준과 질이 결정된다는 것이다. 일반적으로 교사들은 좋은 수업과 지도를 함으로써 스스로 보람과 성취감을 느낄 때가 외부평가나 근무평정을 잘 받으면 포상과 보상 및 승진을 할 수 있기 때문에 직무를 수행하는 경우보다 더 교직에 대한 만족감과 직무수행 동기가 높아진다고 알려져 있다.

호이와 미스켈(Hoy & Miskel, 2013)은 교사들에 대한 효과적인 동기 전략을 다음과 같이 제시하였다.

① 낮은 욕구단계는 충족시켜 주고 높은 욕구는 도전하도록 할 때 열심히 일한다.

② 구체적이고 현실적이며 도전 가능한 목표를 설정하고 그것을 이루기 위하여 전념하고 그 목표달성에 대한 긍정적 피드백을 받을 때 열심히 일한다.

③ 성공과 실패의 원인을 능력과 노력으로 돌리고 상황에 따라 그것이 달라질 수 있다고 인정하며 적절한 직무수행 전략을 통해 과업의 성과는 통제될 수 있다고 믿을 때 열심히 일한다.

④ 받을 만한 보상을 받고 있고, 보상이 공평하게 배분되며 존경과 신뢰로 대우받고 있다고 느낄 때 열심히 일한다.

⑤ 열심히 일을 하면 성과가 개선되고 좋은 성과는 인정받고 가치 있는 보상을 받는다고 믿을 때 열심히 일한다.

⑥ 성공할 수 있는 역량이 있으며 수행하는 과업이 어렵지 않다고 믿을 때, 그리고 유사한 일을 성공적으로 수행한 경험이 있거나 그러한 성공의 모델들이 주변에 있을 때 열심히 일한다.

1) 직무동기

(1) 매슬로의 욕구위계론

매슬로(Maslow)는 생리적 욕구, 안전의 욕구, 사회적 욕구, 존경의 욕구, 자아실현의 욕구 등 5단계 욕구위계설을 주장했다가 인지적 욕구, 심미적 욕구, 초월적 욕구 등을 추가하여 8가지 욕구위계를 제시하였다.

① **생리적 욕구** : 욕구단계상 출발점이며 인간 생명 유지를 위한 기본적 욕구로서 신체적·물질적 욕망(의식주, 성 등)과 관련된다.

② **안전의 욕구** : 정신적·육체적 안정을 얻고 싶어 하는 욕구이다. 조직구성원이 직장의 안정성과 작업환경의 안전 등을 추구하는 것과 밀접히 관련되며 근무환경, 보수, 수당, 휴가, 복지후생 등이 해당된다.

③ **소속 및 사랑 욕구** : 동료집단에 소속되고, 인간관계를 형성하여 상호작용하고자 하는 욕구이다. 조직구성원은 공식 혹은 비공식집단에 소속되어 동료들과 어울려 우정을 나누며 교제를 한다.

④ **존경의 욕구** : 타인으로부터 높은 평가와 존경을 받고 싶어 하는 욕구로서 조직에서의 승진과 인정을 받으려고 한다.

⑤ **인지적 욕구** : 문화나 교육을 통한 지적 욕구이다. 어떤 특정한 대상이나 경험에 대한 재음미와 발견을 통한 이해와 배움을 추구한다.

⑥ **심미적 욕구** : 문화예술의 추구, 자연환경을 통한 아름다움을 추구하려는 욕구이다. 외적인 아름다움보다는 오히려 정서적이고 감상적이며 감성적인 내적 미를 추구한다.

⑦ **자아실현의 욕구** : 자신의 잠재력을 인식하고 자아충족적이며 계속적인 자아발전 및 창조적이 되고자 한다.

⑧ **초월적 욕구** : 타인의 자아실현을 코칭하고 돕는 욕구이다.

(2) 허즈버그의 동기 · 위생이론

허즈버그(Herzberg)는 조직구성원들의 직무수행 시 만족과 불만족을 야기시키는 요인을 분석하기 위해 피츠버그 지역의 11개 기업체로부터 약 200여 명의 기술자와 회계사를 대상으로 면접을 통하여 조사 실시하였다. 그 결과 조직구성원의 불만을 야기시키는 요인이 대체로 일하는 환경과 관련되고, 만족을 야기하는 요인은 작업 자체와 관련된다는 사실을 밝혔다. 허즈버그는 직무 불만족을 야기하는 요인을 위생요인이라 하였다. 이것은 업무가 수행되고 있는 작업환경 및 작업조건, 직무불만족을 예방하는 기능을 하며, 조직의 정책과 관리, 감독, 작업조건, 대인관계, 금전, 지위, 신분, 안정 등이 해당된다. 반면, 만족을 주는 요인을 동기요인이라 하였다. 이것은 조직구성원이 더욱 우수한 업무수행을 위해 동기부여하는 데 적합한 요인으로, 직무 그 자체와 관련되며, 자기성취, 성취에 대한 인정, 도전적이고 보람 있는 과업수행, 책임의 증대, 승진 등이 해당된다.

(3) 맥그리거의 X · Y 이론

맥그리거(McGregor)는 인간의 본성에 대한 가정을 근거로 하여 인간의 동기를

X이론과 Y이론으로 구분하였다. X이론 지향 인간은 일하기를 싫어하며, 야망이 없고 책임지기를 싫어하고 통제에 순응하면서 조직문제에 있어 창의력을 발휘하지 못하며, 생리적 욕구나 안전욕구단계의 동기를 부여해야 한다고 본다. X이론에 따른 효과적인 관리는 경제적 보상과 통제를 적절하게 사용하는 것이다. 경제적 보상을 하고 권위주의적 리더십으로 상부책임제도의 강화를 하며, 조직구조의 위계화와 공식화, 직권제와 참여 제한 등을 활용한다. 반면, Y이론 지향 인간은 작업환경을 적절히 제공하면 직무를 자발적이고 창의적으로 수행하며, 사회적 · 존경 · 자기실현단계의 욕구를 선호한다. Y이론에 따른 관리 전략은 사회적 인간적 보상을 강조하고, 민주적 리더십으로 분권화와 권한위임을 하며, 수평적 조직, 비공식구조 활용, 참여와 신뢰 및 존경, MBO, 셀프 리더십, 자기평가 등을 강조한다.

▣ 호이와 미스켈(2013)의 효과적인 동기유발 전략

- 낮은 욕구단계는 충족시켜 주고 높은 욕구는 도전하도록 할 때 열심히 일함
- 구체적이고 현실적이며 도전 가능한 목표를 설정하고 그것을 이루기 위하여 전념하고 그 목표달성에 대한 긍정적 피드백을 받을 때 열심히 일함
- 성공과 실패의 원인을 능력과 노력으로 돌리고 상황에 따라 그것이 달라질 수 있다고 인정하며 적절한 직무수행 전략을 통해 과업의 성과는 통제될 수 있다고 믿을 때 열심히 일함
- 받을 만한 보상을 받고 있고, 보상이 공평하게 배분되고 존경과 신뢰로 대우받고 있다고 느낄 때 열심히 일함
- 열심히 일을 하면 성과가 개선되고 좋은 성과는 인정받고 가치 있는 보상을 받는다고 믿을 때 열심히 일함
- 성공할 수 있는 역량이 있으며 수행하는 과업이 어렵지 않다고 믿을 때, 그리고 유사한 일을 성공적으로 수행한 경험이 있거나 그러한 성공의 모델들이 주변에 있을 때 열심히 일함

2) 리더십

리더십은 리더가 조직구성원을 조직목표달성을 위해 이끄는 힘이다. 다시 말해서 조직 내, 집단 내에서 리더가 구성원에게 발휘하는 영향력이며, 그 목표는 조직목표달성에 있다는 것이다. 리더십은 여러 가지가 있으나 여기서는 변혁적 리더십, 감성적 리더십, 서번트 리더십을 소개하고자 한다.

(1) 변혁적 리더십

변혁적 리더십은 거래적 지도성의 비판을 통해 나타난 것이다. 거래적 리더십은 리더가 팔로워들이 원하는 경제적 보상이나 사회적 지위 등을 제공하는 대가로 자신이 원하는 방향으로 조직을 이끈다는 것이다. 반면, 배스(Bass, 1981)가 제시한 변혁적 지도성은 지도자가 조직 변화를 위하여 설정한 비전과 목표를 공유하여 영감을 갖게 하여 조직의 목표달성에 헌신과 몰입을 하도록 동기유발을 하고, 팔로워들이 공유된 목표를 수행하는 데 필요한 권한을 위임하며, 직무수행에 필요한 능력 계발 및 지원을 하여, 팔로워가 주도적으로 조직목표를 달성하도록 이끄는 것이다.

(2) 감성적 리더십

감성적 리더십은 리더가 가지고 있는 감성적이고 사회적인 스킬을 개발하고 응용하여 다른 사람에게 건설적인 노력을 발휘하도록 영향력을 행사하는 것이다. 감성적 리더는 스스로 자신의 내면을 이해하고, 구성원의 감성 및 필요를 배려하고 동료와의 관계를 자연스럽게 형성하여 소속한 조직의 감성적 역량을 높이는 사람이라고 할 수 있다.

감성적 리더는 골드만(Goleman, 2002)이 제시한 감성적 리더가 지니는 네 가지

특성을 지닌다고 할 수 있다(김규태, 강유정, 강성복, 2014). 즉, 자기의식능력, 사회적 인식능력, 자아관리능력, 관계관리능력을 지닌 사람이라 할 수 있다. 첫째, 자기인식능력은 자신의 감성을 명확하게 이해하는 능력으로서 감성이해력, 정확한 자기평가, 자신감을 특징으로 한다. 둘째, 사회적 인식능력은 다른 사람의 감성을 명확하게 이해하는 능력이며 감정이입, 조직 파악력, 고객서비스 정신을 특징으로 한다. 셋째, 자기관리능력은 자기 자신의 감성을 효과적으로 관리하는 능력으로 자기 통제력, 신뢰성, 자기관리, 책임의식, 적응력, 성과달성 지향, 주도성 등을 특징으로 한다. 넷째, 관계관리능력은 다른 사람의 감성을 효과적으로 관리하는 능력으로 영감을 불러일으키는 능력, 영향력, 타인 지원성, 연대감 형성, 커뮤니케이션, 변화 촉진력, 갈등관리능력 등을 특징으로 한다.

(3) 서번트 리더십

서번트 리더는 동료교사와의 수평적, 민주적 동료의식을 지니고 상호 성장과 발전을 위해 헌신하는 것을 강조하는 서번트 리더십(servant leadership)을 적용한 것이다. 서번트 리더는 동료들이 자율적으로 업무를 수행하도록 권한과 책임을 위임하고, 그들을 지원하며, 그들과 함께 문제와 대안을 토론하여 결정된 사안을 책임감 동료들이 참여적 의사결정에 적극 참여하여 주인의식과 책임감을 가지고 직무를 수행하도록 유도하고, 경청, 공감, 치유, 설득 등을 통해 공동체 문화를 만들어 가는 역할을 담당한다. 이를 통해 서번트 리더로는 인간존중을 바탕으로 구성원들에게 모범을 모이고 따뜻한 배려와 지원을 통해 그들의 역량과 잠재력을 극대화하도록 유도하여 조직 효과성을 높이는 리더십이라고 할 수 있다.

▣ 기억하기

- 평생교육경영은 수익성 및 효율성을 위한 사적 가치 추구, 개인 및 법인이 실시하는 평생교육, 비즈니스 수준의 의사결정, 혁신, 변화와 유연한 적응성을 강조하는 활동이다.
- 평생교육 경영자는 전략적 기획, 대인관계, 정보관리, 의사결정 등 역할수행을 기대받으며 담당하는 역할과 기능에 따라 실무적 스킬, 대인관계 스킬, 통합적 스킬로 구분할 수 있다.
- 평생교육경영의 과정은 주로 계획, 조직, 명령, 조정, 통제과정을 통해 이루어진다.
- 직무동기이론으로는 매슬로의 욕구위계론, 허즈버그의 동기·위생이론, 맥그리거의 X·Y이론 등이 있다.
- 리더십은 리더가 조직구성원을 조직목표달성을 위해 이끄는 힘으로 변혁적 리더십, 감성적 리더십, 서번트 리더십이 있다.

평생교육론

PART

3

평생교육방법과 프로그램 개발

CHAPTER 8

평생교육방법 및 평가

개요

평생교육 장면에서 교수(teaching)는 평생교육자가 강의시간에 가르치는 활동(즉, 수업)을 포함하여 그것을 준비하고 실행하며 평가하는 모든 활동을 포함하는 포괄적인 것(변영계, 2005)이며, 학습은 연습이나 경험의 결과로 발생하는 비교적 영속적인 행동상의 변화이다(강이철, 2011). 그런데 평생교육은 교사 가 주도하는 강의를 강조하는 학교교육과는 달리 학습자가 자신의 학습과정을 주도하고, 그 결과에 책임을 강조하는 경향이 높다. 한편, 평생교육은 시험을 통한 상대적 점수나 서열을 강조하기보다는 학습과정이나 수행에 대한 도달 여부를 강조하는 경향이 있다. 본 장에서는 평생교육 장면에서 고려해 볼 수 있는 교수학습 방법 및 평가를 자기주도적 학습, 학습자 중심 학습, 과정 중심 평가 관점에서 살펴보고자 한다.

학습목표

1. 자기주도적 학습에 대해 알 수 있다.
2. 학습자 중심 교육에 대해 이해한다.
3. 평생학습에 대한 테크놀로지 활용에 대해 알 수 있다.
4. 자기계발을 위한 학습방법에 대해 이해한다.
5. 평생교육평가에 대해 이해한다.

1. 자기주도적 학습

자기주도적 학습은 개별 학습자가 학습에 주도권을 가지고 자신의 학습요구와 동기를 진단하고, 학습목표를 설정하며, 학습에 필요한 인적·물적 자원을 확보하고, 인지적·행동적·동기적 학습 전략을 선택하여 지식을 구성하고, 성취한 학습 결과를 스스로 평가하는 과정과 활동이라고 할 수 있다(홍기칠, 2014). 이광성(2014)은 자기주도학습을 학습자가 학습상황에서 자기 스스로 혹은 학습조력자와의 상호작용을 통해 학습의 계획, 실행, 평가과정을 주도하고 관리하는 학습이라고 정의하였다. 정옥분 등(2012)은 자기주도학습이 강조되어야 할 중요성을 다음 여섯 가지로 제시하였다. 첫째, 학습과정에서 학습자의 주체적인 해석과정이 중요하다. 둘째, 학습경험에서 학습자가 주도적으로 참여하는 것이 중요하다. 셋째, 학습과정에서 학습자 자신이 경험하고 깨닫고 발견하는 작업이 중요하다. 넷째, 학습자의 자발적인 의지와 통제력이 중요하다. 다섯째, 학습자의 주도적인 평가능력이 중요하다. 여섯째, 학습의 결과보다 과정이 중요하다.

▣ 자기주도적 학습능력 진단지

이석재, 장유경, 이헌남, 박광엽(2003)이 개발한 척도이며, 하위변수는 학습욕구진단(1~10), 학습목표설정(11~14), 학습을 위한 자원파악(15~19), 기본적 자기관리능력(20~24), 학습전략의 선택(25~29), 학습실행의 지속성(30~34), 결과에 대한 노력귀인(35~39), 자기성찰(40~44)로 구성되었다.

문항	매우 드물게	드물게	보통	자주	매우 자주
1. 전에는 몰랐던 것을 알게 되어 즐겁고 재미있게 공부한다.					
2. 누가 시키지 않더라도 내 스스로 책을 사서 읽는다.					
3. 내가 잘 모르는 것이라면, 처음부터 배우는 것을 피한다.(R)					
4. 새로운 것을 배울 때마다 힘들고 피곤하다.(R)					
5. 배우고자 하는 것이 있으면, 아무리 바빠도 그것을 배울 시간을 내어서 배운다.					
6. 내 스스로 학습할 수 있는 능력을 가지고 있다고 믿고 노력한다.					
7. 내가 하고 싶은 공부는 잠을 늦게 자더라도 끝까지 마친다.					
8. 실패를 하더라도 어려운 과제를 풀려고 도전한다.					
9. 좋은 직업을 가질 수 있는 기회를 넓히기 위해서 공부한다.					
10. 모르는 것을 새롭게 알아가는 즐거움 때문에 공부한다.					
11. 학습하거나 과제를 할 때 계획한 일을 언제까지 마쳐야 하는지 날짜나 시간을 미리 결정해둔다.					
12. 매일 해야 할 일의 계획을 세운다.					
13. 내가 세운 계획대로 학습을 진행한다.					
14. 학습을 할 때 먼저 무엇부터 할까 스스로 계획을 세운다.					
15. 학습을 할 때는 주 교재나 노트필기 외에도 다양한 참고 문헌을 가지고 한다.					

문항	매우 드물게	드물게	보통	자주	매우 자주
16. 모르는 것이 있으면 다른 사람에게 잘 질문한다.					
17. 내가 배우고 싶은 것이 있으면 관심 있는 친구나 동료들을 모아서 함께 공부하든지, 가르쳐 줄 수 있는 선배나 전문가를 찾아서 꼭 배운다.					
18. 내가 배우고 싶은 것이 있으면 모든 방법을 동원해서 알아낸다.					
19. 다른 사람들에 비해 시험이나 과제수행을 위해 필요한 다양한 자료들을 적극적으로 수집한다.					
20. 공부가 잘 되는 장소로 가서 공부한다.					
21. 깊은 잠을 자다가도 일어나고 싶은 시간에 스스로 일어날 수 있다.					
22. 다른 사람이 재촉하지 않아도 내 일을 스스로 알아서 한다.					
23. 과제를 항상 기한에 맞게 해낸다.					
24. 준비물이나 과제, 교재 등을 잊어버리고 학습장소에 간 적이 있다.(R)					
25. 강의시간에 속도가 느려서 다 못 적은 것이 있으면 강의가 끝나고 꼭 적는다.					
26. 강의 중 강사의 질문에 대답하려고 노력한다.					
27. 공부할 때 중요한 내용이 무엇일까 계속 생각하면서 공부한다.					
28. 강의시간에 강사가 강조하거나 중요하다고 하는 것을 꼭 적어둔다.					
29. 강의가 끝나고 쉬는 시간에 노트에 필기한 것을 다시 읽어본다.					
30. 과제나 해야 할 일은 끝까지 한다.					
31. 과제나 해야 할 일이 많을 때는 누군가 도와주어야 다 끝낼 수 있다.(R)					

문항	매우 드물게	드물게	보통	자주	매우 자주
32. 무슨 일이든 내가 시작한 일은 끝까지 한다.					
33. 처음엔 좋아서 시작한 일이라도 싫증이 나면 그만둔다.(R)					
34. 한 가지 일을 하다가도 다른 하고 싶은 일이 생기면 하던 일을 그만두고 새로운 일을 다시 시작한다.(R)					
35. 성적이 잘 안 나오면 노력이 부족하다고 생각하고 더 열심히 공부한다.					
36. 시험성적이 잘 안 나오면 노력이 부족해서 그렇다고 생각하고 포기한다.(R)					
37. 추진한 과제의 결과가 좋게 나온 것은 운이 좋다고 생각하기보다 추진과정을 잘 관리하였기 때문이라고 본다.					
38. 성적이 잘 나오면 노력을 했기 때문이라고 생각하고 더 열심히 준비한다.					
39. 아무리 내가 노력을 해도 성적에는 운이 많이 작용하므로 운이 좋기만 바란다.(R)					
40. 성적이나 과제수행결과가 왜 잘 나왔는지, 혹은 왜 못 나왔는지를 스스로 평가한다.					
41. 나의 공부습관 중 나쁜 습관이 있는지 스스로 생각해 본다.					
42. 내가 한 일의 결과를 보고 계획을 스스로 수정한다.					
43. 내 성적이나 과제수행결과를 다른 사람들의 것과 비교 분석한다.					
44. 이미 끝난 과제라도 다음에 더 잘 할 수 있는 방법을 생각한다.					

* R은 역채점 문항

2. 학습자 중심 교육

학습자 중심 교육은 교수자가 학습자의 상황과 필요에 부응하도록 설계한 강의를 제공하지만, 교수학습과정에서 학습자가 학습의 주인이 되어 스스로 배우고 촉진하는 교육이라고 할 수 있다. 강인애, 주현재(2009)는 학습자 중심 수업은 학습자가 주체가 되어 스스로 경험하고 성찰하여 자신의 지식을 구축할 수 있도록 교수자가 조력자 역할을 하는 것이라고 하였다. 프로이드와 심슨(Froyd & Simpson, 2008)은 학습자 중심 수업이란 학습자에게 주도성을 부여하고, 다양한 학습활동과 풍부한 자원들을 제공함으로써 학습자가 책임감을 갖고 수업에 적극적으로 참여하도록 하는 것이라고 하였다.

이러한 학습자 중심 교육의 원리들(길형석, 2001)과 실제 평생학습 차원에서 실시되는 강의가 학습자 중심 수업 여부를 판단하는 척도(소연희, 2015)를 소개하면 다음과 같다.

▣ 학습자 중심 수업의 원리

- 학습자에게 의미 있는 과제를 제시하여 자기주도적, 능동적으로 학습하도록 한다.
- 수업매체를 통해 학습자들이 의미를 구성하는 과정을 보조한다.
- 교사는 학습자를 돕는 조언자, 동료 학습자의 역할을 수행한다.
- 구체적 상황을 배경으로 실제적으로 복잡한 성격의 과제를 제시한다.
- 동료와 상호작용을 촉진하는 협동학습 환경을 제공하고, 대안적 관점을 검증한 것을 격려한다.
- 실제 전문가와의 상호작용을 가능하게 한다.
- 학습내용과 학습과정에 대해 반성해 볼 수 있는 기회를 제공하고 격려한다.
- 학습자들의 의사소통을 촉진할 수 있는 분위기를 조성한다.
- 교육적이면서 흥미로운 활동을 할 수 있는 환경을 구성해야 한다.
- 풍부한 다양한 경험을 제공할 수 있도록 디지털 활용수업, 현장체험수업을 한다.

- 반성적 사고를 위한 발문과 토론을 제공한다.
- 학습결과의 평가는 학생이 지니고 있는 능력에 비추어 얼마나 최선을 다했느냐에 초점을 두는 능력참조평가를 활용한다.

〈표 8-1〉 학습자 중심 수업 인식 척도

요인	문항
의사소통 (7문항)	1. 나는 소통할 수 있는 환경을 조성한다(토의, 토론, 매체활용 등).
	40. 나는 학생들과 활발한 상호작용을 한다.
	41. 학생들에게 관심을 많이 가지려고 한다.
	42. 학생 입장에서 생각하려고 한다.
	43. 학생들과 공감대를 형성하려고 노력한다.
	44. 수업시간 외에도 SNS(문자, 이메일 등)를 통해 학생들과 소통한다.
	45. 학생들에게 신뢰감을 줄 수 있도록 수업내용을 전문적으로 설명한다.
학습관 (5문항)	4. 학생의 능동적 수업참여는 교수에 의해 완성된다.
	30. 학습은 학습자의 다양하고 통합적인 경험을 통해 이루어진다.
	34. 교수는 학생의 잠재능력을 긍정적으로 개발시키는 데 기여한다.
	36. 교수는 학생의 관심사를 항상 존중해야 한다
	38. 학습은 학생 스스로 지식을 구성해 가는 과정이다.
교수학습 활동 (12문항)	19. 학생들의 지적 호기심을 자극하면서 수업을 진행하는 편이다.
	39. 학습자의 개인차(배경, 능력, 사전지식, 흥미, 요구 등)를 수업에 반영한다.
	5. 학생들이 수업시간에 도전적인 과제(문제)를 해결하도록 수업을 구성한다.
	20. 학습자의 요구나 필요를 충분히 반영하여 수업계획(수업내용, 수업방법, 평가방법)을 정한다.
	6. 학습자에게 학습내용을 성찰할 수 있는 기회를 제공한다.
	28. 수업시간에 협동학습 또는 토론을 중심으로 수업을 진행한다.
	29. 학생들의 과제나 질문에 구체적인 피드백을 한다.
	24. 학생들 개개인의 능력수준을 고려하여 질문한다.
	40. 학생의 동기유발을 위한 다양한 전략을 구사한다.
	27. 수업내용과 실제적 상황과 연계하여 수업을 구성한다.
	33. 학생들의 이해수준을 고려하여 수업속도를 조절한다.
	34. 수업내용과 학생들의 흥미수준을 고려한 매체들을 활용한다.

요인	문항
수업목표 (4문항)	8. 나의 수업의 최종목표는 학생들의 고차적 사고능력을 함양하는 것이다.
	14. 나의 수업의 최종목표는 학습자의 창의성을 증진시키는 것이다.
	23. 나의 수업의 최종목표는 학생이 배운 내용을 실제상황에 적용하는 것이다.
	16. 나의 수업의 최종목표는 학습자의 자기 주도성을 고취시키는 것이다.
수업분위기 조성 (5문항)	9. 나는 학생들이 수업을 주도하는 분위기를 조성한다.
	12. 나는 학생들의 촉진자(조력자)로써의 역할을 한다.
	17. 교수자와 학습자 간의 수평적 관계를 유지하는 수업환경을 조성한다.
	11. 수업시간에 학습자 자신의 관점을 표현하도록 한다.
	13. 자유롭고 허용적인 수업분위기를 조성한다.

3. 평생학습과 테크놀로지

평생학습에서 효율적인 강의가 이루어지려면 효과적인 교수-학습을 위한 테크놀로지를 적절하게 활용할 필요가 있다. 평생학습에서 활용될 수 있는 테크놀로지는 학생들이 구체적인 학습목표를 성취하도록 돕기 위해 사용할 수 있는 어떤 유형의 기기, 장치 및 도구 등을 말한다. 또한 수업목표를 달성하기 위한 수업매체는 모든 테크놀로지라고 한다. 다시 말해 수업매체는 수업목표달성을 위해 교수 활동에 필요한 일련의 사항을 학습자들에게 조직적으로 전달하기 위해 사용하는 인적 자원, 물적 자원, 수업 자원을 포함하는 교사와 학습자 간의 커뮤니케이션을 도와주는 매개체라고 할 수 있다.

구분	개념
교수매체	• 교사, 흑판, 교과서가 아니라 이를 통하여 수업에서 학습자에게 제시되는 물리적인 수단(Reiser, 2007) • 교육목표가 효과적이고 효율적인 방법으로 달성되도록 하기 위해 교수자와 학습자, 학습자와 학습자 사이에 필요한 의사소통을 도와주는 다양한 매개수단(박성익 외, 2011)
자원	• 학습자가 학습 촉진과 수행 향상을 위하여 상호작용하는 도구, 자료, 장치, 환경, 그리고 사람(Betrus, 2008)

수업매체는 시청각기자재와 교재뿐만 아니라 인적자원, 전달하는 메시지 내용, 학습환경, 시설 등을 포함된다(한정선 외, 2008). 예를 들면, [그림 8-1]과 같이 비영사 시각매체, 영사 시각매체, 영화, TV, 컴퓨터, 청각매체, 인쇄자료 등을 들 수 있다.

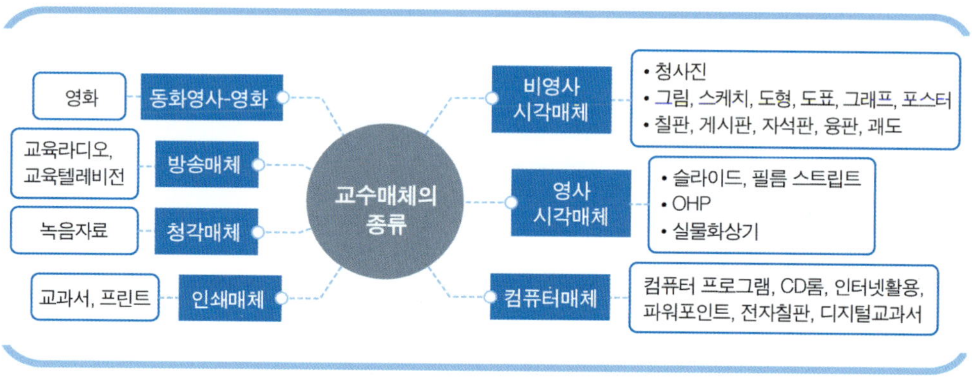

[그림 8-1] 교수매체의 종류

일반적으로 수업매체가 갖는 특성으로는 크게 학습, 의사소통 촉진, 흥미유발, 학습자의 적극적 학습활동, 공통된 경험 제공, 수업기법 개발 등으로 정리할 수 있다(신재한, 2011).

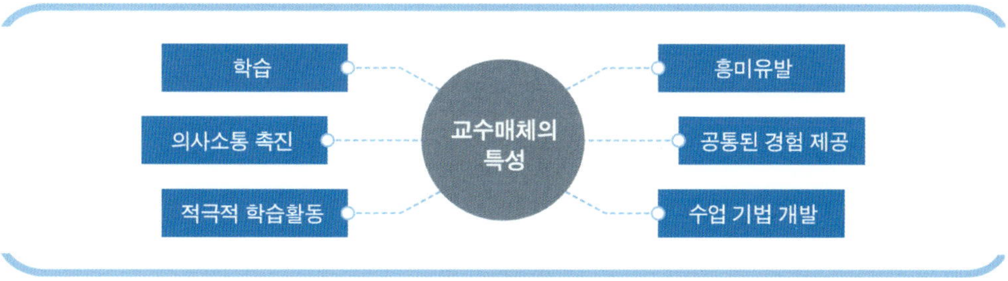

[그림 8-2] 수업매체의 특성

수업매체의 효과는 무엇보다도, 〈표 8-2〉와 같이 평생학습에서 활용하는 매체가 다양해져 여러 교수-학습방법을 사용할 수 있게 한다. 또한, 학습내용을 효율적으로 정확하게 전달할 수 있고, 학습자의 주의집중과 기억력 향상에 도와줄 수 있다. 더불어 [그림 8-3]과 같이 언어로 표현된 것을 사용하는 것보다 사진이나 그림, 동영상 등으로 표현할 때 학습자에게 구체적인 경험을 제공하여 보다 쉽게 학습할 수 있도록 할 수 있다.

〈표 8-2〉 교수-학습방법과 테크놀로지의 관계

구분	컴퓨터 SW	비디오	그래픽			오디오	인쇄자료	실물/모형
			시각자료	슬라이드/ OHP	게시판			
내용 제시		O	O	O	O	O	O	
시범	O	O	O		O			O
토론					O			
협동학습	O		O					O
발견학습	O		O				O	O
문제해결	O	O	O		O		O	
교수게임	O		O				O	
모의	O		O				O	O
반복연습	O						O	
개인교수	O						O	

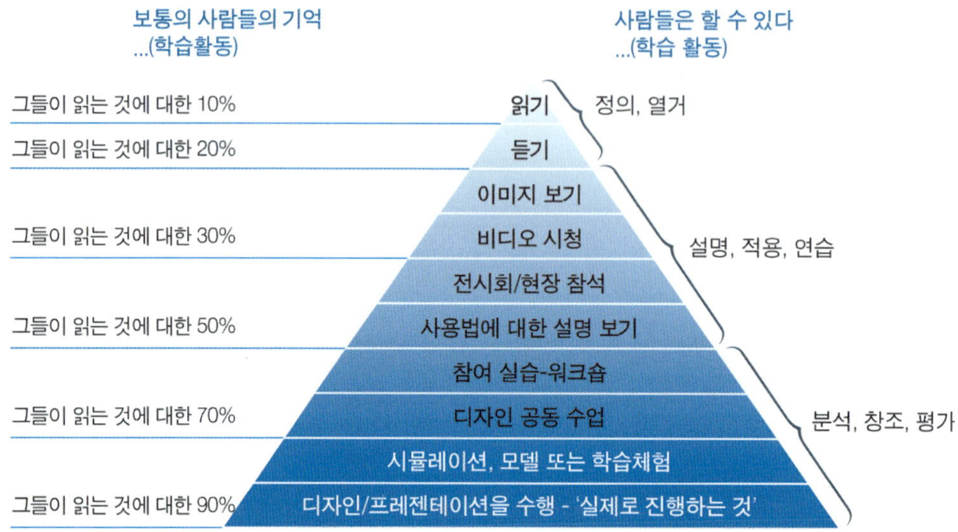

[그림 8-3] 수업매체의 효과

평생학습자들은 높은 수준의 테크놀로지 리터리시를 지닐 필요가 있다. 이를 위해서는 테크놀로지에 대한 기능과 목적을 알아야 하며, 그런 다음 실제적인 상황에서 그것을 활용하고 실행할 수 있어야 한다(Davis, 2011). 테크놀로지 리터러시는 컴퓨터 리터러시나 ICT 리터러시 등과 관련된 용어이다. 컴퓨터 리터러시는 어떤 사람이 컴퓨터와 그것과 관련된 하드웨어, 소프트웨어, 애플리케이션 등에 대한 이해를 강조하고, ICT 리터러시는 테크로놀로지를 활용하여 정보를 수집, 조직, 분석하고 리포트하는 능력에 초점을 둔다.

효과적인 수업을 위하여 교수매체를 선정할 경우 학습자 특성, 수업상황, 학습목표와 내용, 매체 속성과 기능, 수업장소와 시설, 실용적 요인 등을 종합적으로 고려하여 선정할 필요가 있다(김규태 외, 2016).

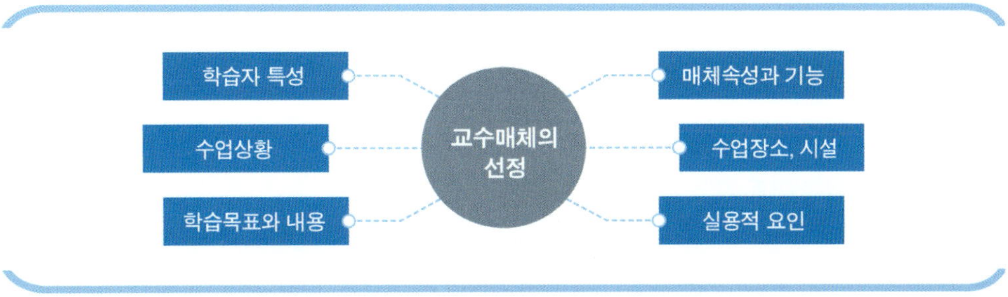

[그림 8-4] 교수매체 선정 시 고려해야 할 사항

첫째, 학습자 특성을 고려해야 한다. 학습자의 연령, 지적 수준, 적성, 태도 등을 고려해야 하고, 교수자의 매체에 대한 태도나 사용능력 등도 고려되어야 한다.

둘째, 수업상황을 고려해야 한다. 수업의 상황이 대집단 또는 소집단 수업, 교사 중심 또는 학습자 중심, 설명식 수업 또는 탐구식 및 발견식 수업 등의 교수 전략에 따라서 교수매체를 다르게 선정해야 한다.

셋째, 학습목표와 내용을 고려해야 한다. 인지적, 정의적, 운동기능적 영역 등을 고려하여 인지적 기능목표에는 그림이나 슬라이드를 사용하고 정의적 영역의 목표에는 TV나 비디오 같은 시청각매체를 활용하여 관찰학습이 가능하도록 해야 한다.

넷째, 매체의 속성과 기능을 고려해야 한다. 수업상황과 내용에 적합한 매체를 선택하기 위해서는 매체의 속성인 시각, 청각, 동작, 크기, 색채 등을 고려해야 한다.

다섯째, 수업장소와 시설을 고려해야 한다. 매체를 효율적으로 활용할 수 있는 수업장소와 수업장소 내에 시설 여부를 고려해야 한다.

여섯째, 실용적 요인을 고려해야 한다. 매체 선정에 영향을 미치는 실질적인 제한 요인인 이용 가능성, 시간, 난이도, 비용 등을 충분히 고려해야 한다.

또한 최근에는 인터넷이나 스마트폰을 활용한 온라인 평생학습 강의나 프로그램이 제공되고 있는데, 온라인 학습상황에 맞는 테크놀로지, 교수 전략 및 학습 전략을 제시하면 〈표 8-3〉과 같다.

〈표 8-3〉 온라인/스마트 테크놀로지와 교육방법

테크놀로지	정의	수업 전략	학습 전략
블로그/ 저널	댓글이나 의견을 달 수 있는 웹저널/온라인 기사	• 다른 사람이 온라인으로 답하도록 질문 제공 • 동료와의 상호적인 피드백 • 학습 가이드 제작을 위한 노트와 콘텐츠의 연결	• 자기 모니터링 • 자기성찰 • 자기효능감
팟캐스트	다운 가능한 디지털 오디오 또는 비디오 미디어 파일	• 오디오/영상 강의 • 스터디그룹 녹화	• 모델링 • 자기효능감
수행 단계			
SNS	온라인 사회관계와 구조	• 기관 내외의 학생과의 네트워크 • 해당 분야 전문가와의 관계/연결 • 파일 공유와 전달	• 자기 모니터링 • 과제수행 전략
가상세계	상호적, 온라인 사회적 공간과 환경	• 가상 모델링 • 역할놀이와 시뮬레이션 • 온라인 미팅과 훈련 • 교수자/동료 피드백 제공	• 자기효능감 • 동료모델링 • 과제수행 전략 • 자기 모니터링
북마크	온라인 자원/자료	• 협업학습 • 북마크 공유 • 자원/자료 공유	과제수행 전략
기사/영상 수집/편집	토론방이나 여러 자료들로 선택된 메시지를 모아 정리	협업 및 동료학습	과제수행 전략
관리도구 (예: 캘린더 등)	온라인 시간관리	• 활동기록 • 학습일시기록 • 일일/장기과제 기록	• 시간관리 • 목표설정 • 자기 모니터링
온라인	온라인 테스트 피드백	• 기록관리	• 자기 모니터링

테크놀로지	정의	수업 전략	학습 전략
마킹(평가) 도구		• 교수자/동료 피드백 제공	• 자기평가
성찰 단계			
온라인 포트폴리오 (LMS)	온라인 학사관리	• 기록관리 • 교수자/동료 피드백 제공 • 협업학습	• 자기평가 • 자기만족 • 귀인
위키스	온라인, 오픈 접근(소스) 출판 도구	• 지식공유 • 토론 • 게시판	• 자기평가 • 동료 모델링 • 도움 구하기

출처: Kitsantas, A. (2013). Fostering college students' self-regulated learning with learning technologies. *Hellenic Journal of Psychology, 10*(3), 239.

수업매체를 효과적이고 체계적으로 활용하기 위한 절차적 모형인 ASSURE 모형에 따라서 교사가 교수매체를 선택하고 활용하면 수업목표의 달성이 매우 용이하여 교수매체를 활용하는 학습지도안을 쉽게 작성할 수 있는 실천적인 모형이다. 이 모형은 학습자 분석(Analyze learners), 목표 진술(State objectives), 교수방법(Select methods, media and materials), 매체자료의 선정(Utilize materials), 학습자 참여 요구(Require learner performance), 결과평가 및 수정(Evaluate and revise)의 첫 글자를 딴 과정을 말한다(김규태, 2018).

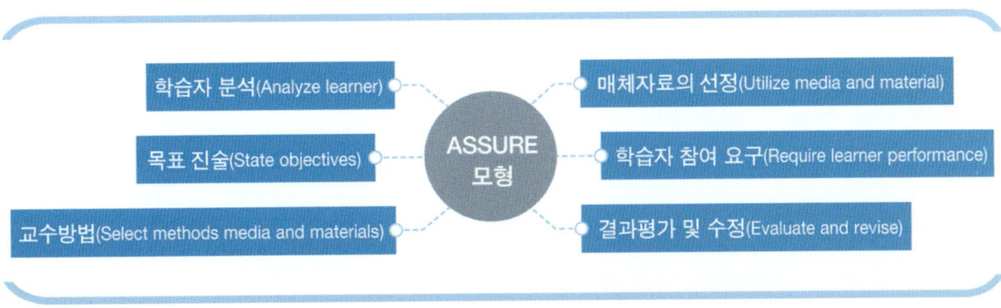

[그림 8-5] 하이니히(Heinich)의 ASSURE 모형

① **학습자 분석**(Analyze Learners)

학습자 특성은 교재의 내용 및 제시방법, 교수매체 효과에 영향을 미친다. 학습자 분석에는 학습자의 일반적 특성, 출발점 행동, 학습 유형 등을 분석하는 일이 중요하다. 학습자의 일반적 특징은 연령, 학력, 지위, 지적 특성, 문화, 사회경제적 특성 등이 있다. 출발점 행동은 출발점 능력이라고도 하며 학습하기 전에 학습자가 가지고 있는 지식, 기능, 태도를 의미한다. 학습 유형은 개개인의 학습자가 어떻게 학습환경을 인지하고 적용하며 반응하느냐에 관한 심리학적인 특징을 말한다.

② **목표 진술**(State Objectives)

가능한 자세하게 학습자가 학습을 마친 후 무엇을 할 수 있는가 목표를 진술하는 것이다. 구체적 목표 진술은 교사뿐 아니라 학습자의 학습 성취에도 도움을 준다.

③ **교수방법**(Select methods, media and material)

주어진 학습 과제를 해결하기 위한 적당한 교수방법을 결정하고, 교수방법을 수행하는 데 알맞은 매체의 유형과 가장 알맞은 특정자료를 선택, 수정, 설계 또는 제작하여야 한다.

④ **매체와 자료의 활용**(Utilize Media and Material)

교수매체를 활용하는 교실환경을 정비하고, 학습자에게 사용할 교수매체에 대한 사전 정보, 촬영 기법이나 주요 용어에 대한 설명을 사전에 제공하며, 교사는 의사소통능력을 발휘하여 자료를 제시하도록 한다.

⑤ 학습자 참여 요구(Require Learner Participation)

학습은 내용을 일방적으로 학습자에게 전달하는 것이 아니라 학습자가 학습과정에 능동적으로 참여할 때 보다 큰 효과를 낼 수 있다. 따라서 교사는 학습자가 즉각적인 필기, 언어 반응을 할 수 있도록 즉각적인 질문을 하거나 학습자가 보거나 들은 것을 활동이나 기술과 관련하도록 요구를 해야 한다.

⑥ 결과평가 및 수정(Evaluate and Revise)

교수활동이 끝나면 이에 대한 효과를 평가해야 하는데, 성취도 평가, 매체와 방법 평가, 교수·학습과정 평가로 나뉜다. 성취도 평가는 학습자의 목표 도달 정도를 평가하는 것이고, 매체와 방법평가는 투입된 교수자료의 효과성, 비용의 효과성, 소요시간의 적절성 등을 평가하는 것이다. 교수·학습과정평가는 수업 전의 학습자의 출발 전 행동 파악, 수업 중 학습자의 능력과 자료의 적절성, 교수·학습 곤란도, 평가의 적절성 등을 평가하는 것이다.

4. 자기계발을 위한 학습방법

1) 문제 중심 학습

학습자들은 사고 전략과 영역 지식을 함께 배우게 된다. 문제 중심 학습(Problem-based learning, PBL)은 의학교육에서 출발하였는데, 현재에는 다른 분야에서도 쓰이고 있다. 문제 중심 학습의 목적은 유연한 지식, 효과적인 문제해결능력, 자기주도 학습, 효과적인 협업능력, 내재적 동기를 학습자들이 계발하도록 돕는 데에 있다. 문제 중심 학습은 능동적 학습의 한 가지 양식이라고 할 수 있다. 학습자들은 집단 협업을 통해서 이미 알고 있는 것과 알아야 할 것, 문제해결에 도움이 될 정보가 어디에 있으며 어떻게 접근해야 하는지를 찾아내게 된다. 교수자(문제중심 학습에서는 튜터(tutor)라고 한다)의 역할은 학습과정을 관찰하고 안내하고 보조함으로써 학습을 촉진하는 것이다. 튜터는 학생들에게 문제에 도전할 수 있는 자신감을 형성하고 격려해 주어야 하는 동시에 학생들의 이해를 확장시켜야 한다.

2) 프로젝트 기반학습

프로젝트 기반학습(Project-Based Learning)은 문제해결학습의 일종으로 최근에 경직된 조직에서 동태화되어 감에 따라서 각종 프로젝트팀이나 테스크포스(task force) 등이 많이 나타나게 되었고 더욱 중요성이 높아졌다. 팀을 구성해서, 문제발견능력의 양성에서부터 목표설정 → 계획 → 실행 → 평가의 단계를 훈련시켜서 집단의 문제해결능력을 향상시키는 방법이다.

3) 사례기반학습

사례기반학습(Case-Based Learning)은 실생활의 상황과 사건에 의존하여 문제를 해결하는 과정을 거친다. 학습자들은 사례를 활용하기 위한 분석과정에서 의사결정과 문제해결을 위한 교육적 경험을 갖게 된다. 따라서 사례는 문제해결에 필요한 구성요소라고 볼 수 있는 지식, 기술, 전략 등을 포함한 포괄적인 형태로 구성될 필요가 있다. 사례기반학습은 학습자의 문제해결력이나 분석력, 의사결정력 등을 증진시키며, 유사상황으로의 전이가 용이하고, 학습자의 동기유발이 가능하며, 의사소통능력을 향상시킬 수 있다는 장점을 가지고 있다. 그러나 교육상황에서 효과적으로 활용하기에 적합한 사례를 발굴하여 이를 자료화하는 데 많은 시간과 노력이 소요된다는 한계점을 지니고 있다.

4) 액션러닝

액션러닝(Action Learning)은 '행함으로써 배운다'(Learning by Doing)라는 학습 원리를 근간으로 4~6명을 한 팀으로 구성, 실천현장에서 발생하는 문제(Real Problems)를 팀 학습(Team Learning)을 통해서 다양한 아이디어를 도출, 실제 적용하는 과정에서 발생하는 학습을 강조한다. 이 방법은 문제의 답은 밖에 있지 않고 안에 있다고 가정한다. 전문가가 일방적으로 처방해준 해결대안보다는 외부 전문가의 도움을 받되 문제상황에 직면하고 있는 내부구성원이 문제해결을 위한 아이디어 구상과 실제 해결대안의 탐색 및 적용과정의 주체가 되어야 학습의 효과가 실천적인 성과로 연결될 수 있다는 가정을 갖고 있다. 책상이나 강의장에 앉아서 수동적으로 전문가의 강의(training)를 듣는 교육보다 문제를 동료들과의 건설적인 대화를 통해 다양한 팀원들이 함께 공동의 노력으로 해결방안을 탐색하는 학습과정을 강조한다. 액션러닝의 구성요소는 과제, 학습팀, 촉진자, 질의와 성찰과정, 실행의지, 학습의욕이며 액션러닝의 절차는 다음과 같다.

① 액션러닝을 위한 상황파악
② 액션러닝 팀 선정 및 조직
③ 브리핑 및 제한범위 설정
④ 팀의 상호작용 촉진
⑤ 해결방안 규명 및 검증권한 부여
⑥ 결과평가
⑦ 향후 방향설정의 단계

5) 협동학습

협동학습(Cooperative Learning)은 학생들의 긍정적 상호의존관계를 중시하고 집단구성원 개개인의 책임을 강조하며 동시에 지식과 기술을 습득할 수 있다는 장점이 있다. 진정한 협동학습이 가능하려면 과제가 협동적으로 구성되어야 하고, 평가체제에서의 기회도 균등해야 하며 협동적 피드백 구조, 집단과정에 대한 배려들이 전제되어야 할 것이다. 협동학습의 유형으로는 능력별 팀학습(STAD), 토너먼트식 학습(TGT), 과제분담학습 Ⅰ/Ⅱ(Jigsaw Ⅰ/Ⅱ), 집단조사(GI), 자율적 협동학습(Co-op Co-op) 등이 있다.

6) 학습공동체

학습공동체(Learning Community, Community of Practice)는 모든 학습자들이 각자 자신의 학습에 대하여 책임을 가지고 다른 구성원들의 학습을 서로 돕고 지원해주는 분위기가 형성된 특정 그룹을 의미한다. 유사한 흥미, 관심사, 공통의 가치, 믿음을 공유하는 사람들의 모임으로 학습의욕, 아이디어와 의견을 공유하려는 의지를 지닌 학습자집단이다. 학습을 주목적으로 하는 개인들이 자발적으로 구성한 집단으로서, 구성원들이 협력적으로 상호작용하면서 학습에 새로운 가치를 부여하고 이를 통해 학습활동을 전개하는 학습경험을 공유하는 사람들의 집단이다.

7) 플립드 러닝(거꾸로 교실)

플립드 러닝(Flipped Learning)은 온라인을 통한 선행학습 뒤 오프라인 강의를 통해 교수와 토론식 강의를 진행하는 '역진행 수업방식'을 말한다. 기존 전통적인 수업방식과는 정반대로, 수업에 앞서 학생들이 교수가 제공한 강연 영상을 미리 학습하고, 강의실에서는 토론이나 과제 풀이를 진행하는 형태의 수업방식을 말한다.

5. 평생교육평가

평가는 교육활동 및 프로그램에 대한 가치와 장점을 판단하는 것이다. 성태제(2014)는 평가의 유형을 교수-학습 진행에 의한 평가로서 진단평가, 형성평가와 총괄평가로, 평가기준에 의한 평가로서 규준참조평가, 준거참조평가, 능력참조평가와 성장참조평가로 구분하여 제시하였다. 아래에서는 이들 유형들을 적용하여 평생교육에서의 평가에 대해 살펴보고자 한다.

1) 교수-학습 진행에 의한 평가

진단평가는 학습이 시작되기 전에 학생이 소유하고 있는 특성을 체계적으로 관찰, 측정하여 진단하는 평가로서 사전학습 정도, 적성, 흥미, 동기, 지능 등을 분석한다. 진단평가는 학습목표의 선수요건이 되는 출발행동 및 기능의 소유 여부, 학습단위 목표 혹은 교과목표의 사전 달성 여부 파악, 적절한 교수법이나 대안을 제공하기 위하여 학생의 특성 파악 등을 위해 실시된다.

형성평가는 교수-학습이 진행되고 있는 도중에 학생에게 피드백을 주고 교육과정 및 수업방법을 개선하기 위한 평가를 말한다. 형성평가는 학습의 개별화, 학생 학습과정과 강점 및 문제점에 대한 피드백, 학습동기 유발 등을 위해 실시한다.

총괄평가는 교수-학습의 효과와 관련해서 학습이 끝난 다음에 교육목표의 달성 여부를 종합적으로 판정하는 평가를 말한다. 총괄평가는 성취수준의 도달 여부를 판정하여 서열 부여, 자격증 부여의 역할, 집단 간 비교, 학생들에게 피드백, 프로그램 시행 여부 결정, 책무성 부여 등을 위해 실시한다.

〈표 8-4〉 진단평가, 형성평가, 총괄평가의 비교

구분	진단평가	형성평가	총괄평가
시기	교수-학습 시작 전	교수-학습 진행 도중	교수-학습 완료 후
목적	적절한 교수 투입	교수학습 진행의 적절성, 교수	• 교육목표 달성 • 교육 프로그램 선택 결정 • 책무성
평가방법	비형식 · 형식적 평가	• 수시평가 • 비형식 · 형식적 평가	형식적 평가
평가주체	교사, 교육내용전문가	교사	• 교육내용전문가 • 평가전문가
평가기준	준거참조	준거참조	규준 또는 준거참조
평가문항	준거에 부합되는 문항	준거에 부합하는 문항	• 규준참조: 다양한 난이도 • 준거참조: 준거에 부합하는 문항

출처: 성태제(2014). 현대교육평가(제4판). 서울 :학지사.

이러한 평가 유형은 평생학습과정에서 적절히 활용되어야 할 것이다. 특히, 평생교육이 학습자가 주도적으로 자신의 필요와 목적에 따라 관련 학습을 수행된다는 점에서 그에 부합하는 평가방식을 잘 설계하여 적용하는 것이 무엇보다도 필요할 것이다. 이를 위해서 홍경선(2007)이 [그림 8-6]과 같이 제시한 학습자 중심의 형성적 수업평가와 총괄적 수업평가의 특징을 잘 고려할 필요가 있을 것이다.

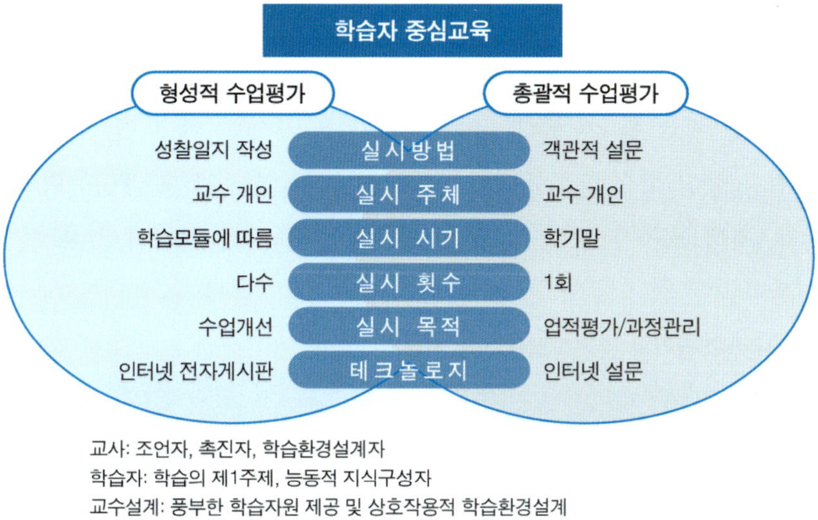

출처: 홍경선(2007). 학습자중심사회에서의 수업평가 모델 개발 연구. 학습자중심교과교육연구, 7(2), 401-426.

[그림 8-6] 학습자 중심 교육

2) 판단기준에 의한 평가

판단기준에 의한 평가는 〈표 8-5〉와 같이 규준참조평가와 준거참조평가로 구분할 수 있다. 규준참조평가(norm-referenced evaluation)는 상대비교평가 또는 상대평가로도 불린다. 이것은 개인이 얻은 점수나 측정치(예: 시험 점수 백분위, T점수 등)를 비교집단의 규준에 비추어 상대적인 서열에 의하여 판단하는 평가를 말한다. 규준지향평가는 개인의 상대적 위치 파악 및 경쟁을 통한 학습동기유발 등에 효과적이나, 경쟁심 조작으로 협동심 상실이나 충분한 지적 탐구나 문제해결보다는 암기 및 점수 따기 위주 학습을 조장할 수 있다는 점에서 비효과적이다. 반면,

준거참조평가는 준거(성취기준)에 비추어 학습자들이 무엇을 얼마만큼 알고 있느냐 또는 그 기준에 도달하였는가에 관심을 두는 평가이다. 이는 평생교육사 자격증 부여 시 B학점 이상인 경우 취득한다고 할 때 그 기준에 도달하면 자격증을 부여하는 것을 예로 들 수 있다. 준거참조평가는 무엇을 알고 있는지 정보 파악, 과정 및 탐구 중심 학습 유도를 할 수 있는 장점이 있는 반면, 개인능력의 상대적 위치 파악, 경쟁을 통한 외적 동기유발 등은 부족하다는 단점이 있다.

〈표 8-5〉 규준참조평가과 준거참조평가의 비교

구분	규준참조평가	준거참조평가
강조점	상대적인 서열	특정 영역의 성취
교육신념	개인차 인정	완전학습
비교대상	개인과 개인	준거와 수행
개인차	극대화	극대화하지 않음
이용도	분류, 선별, 배치 행정적 기능 강조	• 자격부여 • 교수적 기능강조

출처: 성태제(2014). 현대교육평가(제4판). 서울 :학지사.

이를 평생학습에 적용해 보면, 〈표 8-6〉과 같이 규준참조평가는 결과 중심 평가 또는 총괄적 평가, 준거참조평가는 과정 중심 평가 또는 형성적 평가로 분류될 수 있다.

〈표 8-6〉 결과 중심 평가와 과정 중심 평가의 특징 비교

결과 중심 평가	범주	과정 중심 평가
총괄적 평가	평가의 목적	형성적 평가
학습의 평가	학습과의 관계	학습을 위한 평가, 학습으로서의 평가
성취기준과 관련된 수학적 개념, 원리, 법칙의 이해 및 적용 능력	평가내용	• 성취기준과 관련된 수학적 개념, 원리, 법칙의 이해 및 적용능력 • 문제해결, 추론, 창의–융합, 의사소통, 정보처리, 태도 및 실천 등의 교과 핵심 역량
지필평가	평가방법	지필평가, 프로젝트 평가, 포트폴리오 평가, 관찰평가, 면담평가, 구술평가, 자기평가, 동료평가
수업 후에 일회적으로 평가	평가시기	수업 중에 지속적으로 평가
객관적이고 표준화된 양적 정보	수집된 정보	비형식적인 질적 정보
교사	평가주체	교사, 학생(동료, 자기 자신)
미래의 학생에게 더 많은 혜택이	혜택의 분배	미래의 학생뿐만 아니라 현재의 학생에게 많은 혜택이
즉각적이지 않으며 일반적	피드백	즉각적이고 구체적

출처: 이경화, 강현영, 고은성, 이동환, 신보미, 이환철, 김선희(2016). 과정 중심 평가의 실행을 위한 방향 탐색. 수학교육학연구, 26(4), 819-834.

3) 평생학습에서의 과정/수행 중심 평가방법

평생학습평가의 방법은 특정 학습활동에 대한 점수부여나 특정 자격부여 등 결과와 성과를 판단하는 평가가 일반적이다. 이와 함께 〈표 8-7〉에서 제시하고 있는 바와 같이 학습활동의 과정이나 수행을 강조하는 서술형 평가, 논술형 평가, 구술평가, 토의 토론평가, 실기평가, 면접평가, 실험 실습평가, 면접평가, 관찰평가, 보고서 평가, 포트폴리오 평가, 프로젝트 평가 등도 적극 활용할 필요가 있다.

〈표 8-7〉 수업평가 유형

평가 유형	평가방법
서술형 평가	문제의 답을 선택하는 것이 아니라 주어진 질문에 다양한 방법으로 접근해 자신이 알고 있는 지식이나 생각을 서술하는 평가방법
논술형 평가	특정 주제에 대한 자신의 생각이나 주장을 다양한 지식과 함께 논리적이고 설득력 있게 작성하는 평가방법
구술평가	말하는 능력(의사소통 능력)이나 제시된 주제에 대해서 개인의 의견을 발표할 수 있는 능력을 직접 평가하는 방법
토의·토론 평가	특정 주제에 대해 학생들이 서로 토의하고 토론하는 것을 관찰하고 평가하는 방법
실기평가	예·체능 교과에서 가장 많이 활용하는 수행평가 가운데 하나로서 학생들의 지식이나 기능을 직접 행동으로 나타내도록 하여 평가하는 방법
실험·실습 평가	어떤 과제에 대해서 학생들이 직접 실험·실습을 하게 한 후 그 결과 보고서를 제출하게 하는 평가방법
면접평가	평가자와 학생이 서로 대화를 통해서 얻고자 하는 자료나 정보를 수집하여 평가하는 방법
관찰평가	교사가 직접 학생을 관찰하여 지식, 기능, 태도영역의 바람직한 변화가 이루어졌는지 학습성과를 평가하는 방법
보고서 평가	여러 가지 연구 주제 중에서 학생의 능력이나 흥미에 적합한 주제를 선택하여, 그 주제에 대해서 자기 나름대로 자료를 수집하고 분석·종합하여 연구보고서를 작성하도록 하는 평가방법
포트폴리오 평가	학생이 작성한 글이나 과제물, 작품 등을 지속적으로 모아 둔 개인별 서류철 또는 작품집을 이용한 평가방법
프로젝트 평가	교과목별 또는 범교과적인 주제 중 자신의 능력이나 흥미에 맞는 주제를 선택해서 그 주제에 대해 자료를 수집하고 분석·종합하여 연구보고서로 작성하여 제출하게 하는 평가방법

▣ 기억하기

- 자기주도학습은 학습자가 학습상황에서 자기 스스로 혹은 학습조력자와의 상호작용을 통해 학습의 계획, 실행, 평가과정을 주도하고 관리하는 것이다.
- 효과적인 수업을 위하여 교수매체를 선정할 경우 학습자 특성, 수업상황, 학습목표와 내용, 매체속성과 기능, 수업장소와 시설, 실용적 요인 등을 종합적으로 고려하여 선정할 필요가 있다.
- ASSURE 모형은 수업매체를 효과적이고 체계적으로 활용하기 위한 절차적 모형으로 학습자 분석(Analyze learners), 목표 진술(State objectives), 교수방법(Select methods, media and materials), 매체자료의 선정(Utilize materials), 학습자 참여 요구(Require learner performance), 결과평가 및 수정(Evaluate and revise)의 첫 글자를 딴 과정을 말한다.
- 평가의 유형은 교수-학습 진행에 의한 평가로서 진단평가, 형성평가와 총괄평가로, 평가기준에 의한 평가로서 규준참조평가, 준거참조평가, 능력참조평가와 성장참조평가로 구분할 수 있다.

CHAPTER 9

평생교육 프로그램 개발

개 요

평생교육기관들은 학습활동에 있어서 최소한의 자원으로 학습효과를 높여야 하고, 어느 시기 어느 곳에 누구에게 사용하는가, 그 결과 이익은 무엇이고 무엇을 깨달았는가에 대한 성찰이 필요하다. 특히, 성인들을 대상으로 하는 평생교육기관들은 성인의 다양한 학습요구와 경험을 충분히 고려하여 이 시대에 맞는 프로그램 개발이 필요하다. 따라서 이 장에서는 일반적인 평생교육 프로그램 개발의 의미, 기획과 설계를 이해하면서 평생교육 프로그램 작성에 대한 폭넓은 이론과 작성방법, 그리고 직관을 통한 통찰의 자세로 임할 때 현장에서 활용될 학습모델 구축과 실천적 과제를 논할 능력이 함양될 수 있을 것이다.

학습목표

1. 평생교육 프로그램 개발의 의미를 정립한다.
2. 평생교육 프로그램의 기획과 설계를 이해한다.
3. 학습내용 선정 및 구성을 이해한다.
4. 평생교육 프로그램의 평가에 대해 학습한다.

1. 평생교육 프로그램 개발의 의미

교육 프로그램은 문제제기단계부터 적용하기까지 계속 왜(why)로부터 접근한다. 단순히 피상적인 '왜'가 아니라 교육목적을 위한 '왜'이다. 따라서 평생교육 프로그램 역시 왜 필요하고 무엇을 할 것인가 하는 문제의 속에 교육기관 혹은 개인이 진행할 교육활동의 지침서 혹은 계획서다. 반면, 교육적 의미에서 프로그램은 학습자의 가치, 기술, 태도에 의미 있는 변화를 가져올 수 있도록 계획적이고 과학적인 교수방법이 활용된 교육활동이다.

평생교육 프로그램은 교육효과를 위해 전략적 의사결정과 행동의 방향, 시급한 교육문제의 해결, 교육 조직에서의 니즈(needs) 파악, 구성원의 상호작용을 원활히 하는 휴먼네트워크 구성 등 총체적 교육의 당면한 문제 및 학습내용들을 재구성 관리하는 데 있다. 조직 내 매니저들과 전략적 소통, 교육 콘텐츠 개발, 구체적 문제해결 주제를 밝혀내고 이에 대응한 프로그램을 만들어 다양한 니즈를 충족시켜 나가는 것이다.

> 2007년 개정된 「평생교육법」에서는 평생교육진흥원을 설립(법 제19조제1항)하도록 하고, 평생교육진흥원의 주요 업무 중 하나로 "평생교육 프로그램 개발의 지원"(법 제19조제4항제3호)을 지정하고 있다. 시·도지사가 설치·운영하는 시·도 평생교육진흥원(법 제20조제1항)에서도 "평생교육 프로그램 운영"(법 제20조제2항제3호)을 주요 업무로 규정하고 있다. 평생교육 프로그램의 개발과 운영이 효율적으로 추진되기 위하여 「평생교육법」 제16조(경비보조 및 지원)에서 "평생교육 프로그램의 개발(법 제16조제1항제3호)"을 실시하거나 지원할 수 있도록 국가 및 지방자치단체에게 의무를 부과하고 있다.

평생교육 프로그램 개발은 교육현장 및 정책결정자의 특별한 필요에 맞춰 조직 차원의 적시성, 능력 그리고 대안 제시 등의 보편 타당성을 유지하며 학습 효과를 높이기 위한 지식생산활동이다. 따라서 평생교육 프로그램은 교육내용, 교육방법, 교육활동 및 교육매체 등을 총괄적으로 명시한 일련의 학습활동을 망라한 교육계획이다. 평생교육 프로그램은 지속적이고 빠른 변화를 경험하고 있는 사회에 능동적으로 대처하고 생존능력을 배양할 기회가 되어야 한다.

평생교육 프로그램 작성자가 실제 작업에 들어가기 전에 염두에 두어야 할 중요 요소는 프로그램 작성과 내용구성에서 일단 교육현장의 문제들과의 관련성(relevance), 적시성(timely), 정확성(accuracy), 완전성(completeness)이다.

평생교육 프로그램은 요구와 관심 분석, 정책결정의 우선순위 판단, 프로그램 목표설정, 프로그램 설계, 프로그램 실행, 평가와 피드백 등의 단계로 진행된다. 이러한 계획들이 잘 실행되고 평가될 때 학습문화는 물론 교육계가 발전할 수 있다. 평생교육 프로그램을 통해 구성원들에 대한 지속적인 교육 및 학습체계로 발전시키고 나아가 학습조직들에 대한 혁신, 물자, 인력, 시설 분야에서의 지원체계가 새롭게 확립될 수 있다.

평생교육 프로그램을 토대로 학습현장의 문제해결 및 '의사결정'에 기여할 수 있는 새로운 아이디어, 문제해결 시뮬레이션 실험을 통해 학습사회구성원들의 지적 변화(intellectual change)를 확립해야 한다. 사실 지적 변화가 없으면 행동의 규범, 교리, 조직 및 지도자의 실질적 변화도 기대할 수 없다. 더구나 평생교육 프로그램은 학자들의 관심영역에 따라 다르겠지만, 환경 적응을 통한 조직목표와 조직규칙이 결정되고, 누적적 경험 효과를 통해 조직구성원들의 생산활동이 이루어지며, 조직원들의 인지적, 신념적 그리고 새로운 발견과 아이디어에 의해서 조직의 발전이 촉진된다.

따라서 이런 요소들이 성공하기 위한 프로그램 작성에서는 다음을 고려해야 한다.

- 목적의식적 학습계획 제목의 설정
- 문제파악, 분석설계, 분석진행, 작성범위, 보고시기 및 보고서 형태, 가치판

단, 영향력

- 기존 계획서 자료의 평가 적합성, 타당성 검토판단
- 부족한 자료, 추가 필요한 자료, 특수자료 발굴 등 정보시장 조사
- 작성과정에서 조직 내 의견교환, 관련 보고서 비교, 사용자 욕구충족 가능성

평생교육 프로그램의 목표(program objective)는 요구 분석과 요구의 우선순위 결정결과를 바탕으로 프로그램 잠재 참여자의 현재상태에서 지식, 기술, 태도의 부족한 부분을 충족시켜 줄 내용이 포함되어야 한다. 나아가 프로그램 목표는 프로그램 개발의 구체적 지침으로 시간과 비용이 허용되는 범위에서 구체적으로 기술되어 프로그램 개발과 실행과정에 참여하는 직원들에게 정체성을 확립할 근거를 제공해야 한다. 이때의 프로그램에 포함될 내용과 작성 시 포함될 요소는 다음과 같다.

- 교육학습현장의 환경
- 학습조직의 제도와 법령
- 학습대상 및 참여자수준
- 새로운 과학기술의 개발과 축적
- 교육자원관리와 축적상태
- 교육과정 및 학습조직의 효율화
- 교육예산 편성
- 교육정책 수립, 집행내용 등

평생교육 프로그램은 학습기관들의 지식 창출, 콘텐츠 개발, 학습 진행의 효율화의 내용이어야 한다. 평생교육 프로그램은 규범적·제도적 원리에 근거해서 교육사회에서 나타나는 불확실성을 해소하는 한편, 학습자들이 알고 싶어 하는 지

식과 경험을 학습기관들과 교수자들에게 제시하는 내용이다. 그러므로 평생교육 프로그램 개발자는 학문적 객관성을 바탕으로 프로그램을 논리적으로 구성해야 하며, 지역사회와의 상호작용을 통한 효과성을 높일 수 있도록 함은 물론 프로그램 참여자에 대한 교육 참여, 기회의 평등성 등 다양하고 복합적인 요인을 고려해서 작성해야 한다.

따라서 프로그램 개발과정이 이러한 모든 요인을 반영하는 것은 현실적으로 어려움이 있으나 평생교육 프로그램 개발과정에서 기초가 되는 보편적 원리인 독창성, 실행 가능성 및 전문성 중심으로 살펴보면 다음과 같다.

첫째, 독창성의 원리이다. 학습조직과 교육 효과에서 경쟁우위 확보에 활용할 수 있도록 하는 이른바 스마트한 독창적 아이디어가 동원되어야 한다. 프로그램 개발자는 프로그램의 독창성을 유지하기 위해서 개발과정과 실천현장에 대한 지속적인 분석은 물론 새로운 아이디어를 창출해서 새로운 개발과정에 반영하려는 노력이 필요하다. 프로그램의 독창성은 실행 가능성과 깊은 관계가 있기 때문이다.

둘째, 실행 가능성의 원리이다. 프로그램 개발자는 예측적 통찰력(predictive insight)을 통해 경쟁 우위의 프로그램을 내놓아야 한다. 평생교육 프로그램의 실행 가능성을 높이기 위해 선행 프로그램의 성공과 실패요인에 대한 심층적 분석, 프로그램이 실행될 환경, 자원 및 상황 등에 대한 예리한 판단과 관련 전문가의 참여를 확대하는 일이다.

셋째, 전문성의 원리이다. 평생교육 프로그램은 환상의 전략이거나 제스처가 아닌, 현상에 대한 지각의 대상이다. 그러므로 프로그램 개발 전문가 및 기관은 물론 지역사회와 학습자의 다양한 요구를 반영할 합리적이고 적절한 의사결정을 할 수 있는 전문지식과 능력을 갖추고 있어야 한다. 또한 프로그램 개발자는 프로그램의 내용은 물론 실행방법 등 학습과정에 관하여 전문성을 갖추고 있어야 한다.

따라서 이와 관련된 다양한 자료를 토대로 학습자의 요구와 관심이 어느 정도 정리되고 분석된 후에는 개별 학습자의 요구, 기관의 필요, 그리고 지역사회의 요구 사이에 우선순위를 결정하여 진행한다. 특히, 평생교육 프로그램은 경쟁우위 우선순위 결정을 위하여 다음과 같은 요인들이 포함된다.

- 평생교육기관의 당면목표
- 기관이나 지역사회의 미래 수요에 대한 예측
- 인적 자원, 시간, 공간, 장비 등 가용 지원
- 기초단위 지방자치단체, 국가수준의 관련 규정과 지침
- 평생교육기관이 속해 있는 협회의 입장과 지침
- 확인된 유무와 관심을 반영하고 있는 다른 교육기관의 프로그램 유무 등

프로그램 개발자는 개발과정에서 이러한 다양한 요인들의 해결방법을 제시하고 통합적으로 구성해야 한다. 프로그램 개발과정의 특징은 프로그램 개발주체, 목적, 활용, 개발방법, 설계 및 영향력 등에 대한 현장에서의 실천의 전략이자 조정 통제의 방향을 제시하는 것이다.

2. 평생교육 프로그램 기획과 설계

평생교육 프로그램 기획은 학습조직에서의 조정기능과 관리는 중앙단위 교육청으로 하여금 각 부분별 기관의 구성원, 편제, 존재 목적, 학습활동 등 관리 분야를 검토 평가하고 우선순위를 결정하는 전체 프로세스의 실행계획이다. 이때는 우리나라가 궁극적으로 실현하고자 하는 교육목표 및 가치와 지침들을 실행하기 위해 기획하고 지시 조정할 때 사용하는 인력, 장비, 시설관리 및 절차의 배합으로 행사되는 것을 의미한다.

평생교육과 프로그램에 대한 정의가 다양한 것과 같이, 개발에 대한 정의 역시 학자들마다 다양하게 정의하고 있다. 개발(development)은 '직무와 직접적인 관련은 없지만 미래의 어느 순간에 사용될 수 있는 자신의 능력, 기술, 지식을 향상시키는 학습활동'이다(권대봉, 2003). 그러나 프로그램의 목표를 설정하는 단계가 평생교육 프로그램의 개발단계에서 매우 중요하다는 것은 누구나 인정하지만, 구체적으로 어떻게 해야 하는가와 관련해서는 사람들마다 다른 입장을 보이는 것이 사실이다.

일반적으로 평생교육 프로그램은 주로 평생교육기관이 하나의 주제(예: 서예, 꽃꽂이, 영어회화, 인터넷 활용 등)를 위해 또는 특정 대상집단(예: 주부, 노인, 청소년 등)을 위해 제공하고 있는 여러 가지 코스들을 모두 가리킨다. 여기서 말하는 코스는 구체적인 하나의 과목 또는 활동단위를 가리킨다. 구체적인 코스의 학습목표는 가능한 한 행동적인 목표로 기술할 것이 권장되고 있으나, 프로그램 목표를 행동적인 용어로만 기술하면 어색한 것은 바로 프로그램과 코스의 이러한 차이에서 기인하는 것이다.

따라서 프로그램 교수설계는 구체적이어야 한다. 평생교육 프로그램 개발은 정치, 경제, 사회 및 문화의 영향력을 받는 과정으로서 계획에 앞서 개발에 영향을 미치는 프로그램 개발의 타당성 분석, 환경 분석, 참여자 분석이 우선적으로 이루어져야 한다. 요구와 관심 분석결과 이들의 우선순위가 결정되었다면 이제 이것들을 구체적인 프로그램의 목표를 세워 진행하면 된다. 프로그램의 목표는 학습 준비 단계에서 이루어지는 교수설계와 프로그램 운영의 기초가 되고, 나아가 프로그램실시 후의 평가기준이 되기도 한다는 점에서 매우 중요하다.

프로그램의 목표가 아무리 고상한 것이라고 하더라도 이것이 구체적인 교실수업 또는 학습 장면에서 학습자의 활동을 통해 구체화되지 않으면 아무런 의미가 없다. 교수설계는 어떻게 하면 소정의 프로그램 목표를 달성할 수 있을 것인지,

다시 말하면 학습자에게 어떤 체험을 언제 어떤 방법으로 하도록 할 것인지를 교수공학적인 방법과 절차를 동원하여 해결하고자 하는 과정이다. 학습 프로그램은 학습조직이 전략적 의사결정과 이슈들을 해결하고 나아가 현재 실행 중인 행동을 위한 사용경영자들의 명확하고 구체적인 토픽들이다.

그리고 평생교육 프로그램 개발에서 교수설계단계는 교수공학과 평생교육 분야에서 전문적인 훈련을 받은 평생교육 프로그램 기획자가 전문성을 발휘하는 단계이기도 하다. 이 단계에서는 요구와 관심 분석결과를 고려하고 구체화된 프로그램과 코스의 목표를 달성하기 위한 콘텐츠를 선정하게 된다. 이 단계에서 가장 중요한 것은 이 콘텐츠를 학습대상자의 특성과 기관의 상황을 고려하여 어떠한 방식으로 조직하고 제시하여 학습자들로 하여금 의미 있는 학습경험을 하도록 할 것인가에 있다.

프로그램의 개발자는 학습사회의 변화와 혁신을 위해서 학습조직의 운영, 행정체계 및 실천수단의 성격들을 지속적으로 평가해야만 한다. 평생교육 프로그램 개발의 필요성과 타당성 분석, 외부환경 분석, 학습참여자와의 소통 분석, 학습자의 요구 분석 등을 성찰 접근해야 한다.

1) 프로그램 개발의 필요성과 타당성 분석

학습기관들의 활동과 관련한 운영정책은 권한과 책임배분을 비롯해 업무의 과정과 절차에 대한 기본 틀을 제공하는 것이어서 프로그램은 가능한 모호하지 않고 명확해야 한다. 더구나 학교사회 전체의 학습활동 및 관리의 잠재력을 합법적으로 극대화시키는 동시에 현재 시·도교육청이 유지하고 있는 제도와 활동들을 활성화시키고 개선할 수 있어야 한다.

따라서 프로그램 개발 결정은 조직의 의사결정권자의 새로운 도전의식에도 영향을 받는다. 의사결정권자가 조직의 이념과 목적에 맞는 프로그램을 독창적으로 개발하기보다는 선행된 프로그램을 답습함으로써 실패에 대한 위험부담을 줄이려는 소극적인 태도는 프로그램 개발을 어렵게 만든다.

프로그램 개발의 타당성 분석은 문제해결에 대한 다양한 전략을 도출해 내고 이러한 대안이 현실적으로 실행 가능함을 밝혀내는 포괄적인 과정으로서 프로그램이 개발될 핵심적인 이유를 찾는 과정이다. 또한 프로그램 개발의 타당성은 환경 분석 및 참여자 분석과 밀접한 관계성을 유지한다.

결국 평생교육 프로그램은 학습사회 내에서 자주 일어나고 있는 모순구조들과 관련해 문제의 정확한 인식과 해결하는 지식으로 작용하고, 의사결정과 정책시스템 실현을 위해서 제공되며, 관리자들의 지침으로 정책결정을 돕고 학습공동체 내지 관련 기관에 대한 신속한 전파로 이어져 궁극적으로 학습목표를 달성하려는 것이다.

2) 외부환경 분석

세계 환경 변화는 거대하고 다양하며 불확실성 그 자체이다. 무엇보다 많은 사람들이 심각하게 사회에서 무슨 일이 일어나고 있는지를 확실하게 지속적으로 관찰하지 못하고 있다. 그것이 우리에게 어떤 의미가 있는지를 객관적으로 파악하지 못한다. 습관적으로 아니면 판에 박힌 관성적인 생각 속에 대안을 내고 있는 수준에 머물러 있을 뿐이다. 그래서 경외감을 느낄 정도로 많은 조직들의 경우 다운사이징(downsizing), 리스트럭처링(restructuring), 벤치마킹(benchmarking), 리엔지어링(reengineering) 예측기법 등 수많은 경영혁신방법들을 내놓고 있다.

따라서 평생교육 프로그램 역시 이런 세상 변화에 맞추며 대안을 찾아야 한다. 평생교육 프로그램을 통해 학습조직의 발전과 교육기법들을 지원해야 하기 때문이다. 조직은 프로그램 개발과정에 조직의 임무와 목적을 반영시킴으로써 조직이 지향하려는 철학을 달성할 때 물적 및 인적 자원 지원을 지속하거나 확대해 나갈 수 있을 것이다.

조직 분석의 주요한 도구로는 기업의 환경 분석(SWOT, strength, weakness, opportunity, threat)이 활용된다. 어떤 기업 내부환경을 분석하여 강점과 약점을 발견하고 외부환경을 분석하여 기회와 위협을 찾아내 이를 토대로 강점은 살리고 약점은 보완하여 기회를 활용하고 위협을 억제하는 마케팅 전략이다. 평생교육 프로그램 역시 이런 기법을 동원하면 될 것이다. 교육공동체가 우수한 학습활동 기관으로 작용하기 위해서는 학습현장의 문제를 포착해 개선하고 대응하는 것이지만 무엇보다 교육정책을 수립하고 집행하는 것을 돕는 프로그램이어야 한다. 평생교육 프로그램 개발에서 조직 분석은 자원의 활용적 측면은 물론 조직 내부의 역학관계 등 모든 변화요인을 고려하여 다양한 차원에서 세심하게 이루어져야 한다는 뜻이다.

그리고 평생교육 프로그램은 지역사회와의 협력적 관계 설정이 중요하다. 평생교육 프로그램은 정부, 지방자치단체, 지원기관 및 주민집단의 후원을 받아야 하고 지역사회 공통의 관심사항 속에서 지역사회의 발전을 위한 수단으로 존중될 때 개발될 가능성이 높다. 물론 대부분의 평생교육기관이 교육 프로그램 제공만을 위해서 설립되기보다는 복합적인 기능을 수행할 목적으로 설립되었기 때문에 개발과정에서 조직 내의 타 기능과의 협력, 의사소통이 매우 중요하다.

3) 학습참여자와의 소통 분석

프로그램 개발은 학습 참여자와의 상호작용을 통해서 학습목적을 달성하는 의도적인 활동이다. 학습참여자들은 사회적 · 문화적 · 경제적 차원에서 자신들의 학습기회의 가능성을 확대하려고 다양한 학습기회를 찾는다. 평생교육 프로그램은 학습자 참여의 폭을 확대할 수 있도록 개방적이면서 학습자의 요구가 충분히 반영되도록 개발되어야 한다.

따라서 학습참여자에 대한 다층적 분석은 프로그램 개발과 실행에 있어 성공적인 요인이다. 학습참여자의 분석은 참여자의 연령, 학력, 성별 및 지역, 경제적 수준, 참여 가능시간, 사회문화적 배경, 참여목적, 참여장애요인, 학습 스타일 등을 기초로 하여 참여 가능 수를 예측하는 것이다.

같은 맥락에서 복잡한 시스템을 갖추고 있는 현대사회조직들 중에서 공통된 관심과 의사소통을 나누는 학습조직으로서 이들 집단 내 구성원들은 독특한 규범과 제도, 그리고 통제의 메커니즘을 가지면서 환경 변화에 끊임없이 대응하는 자기조직화와 적응, 혼돈 속에서 생존해가기 위해 구성원들 간의 끊임없는 의사소통 분석이 필요하다.

4) 요구 분석

궁극적으로 모든 개인이나 조직들은 오류를 줄이고 예측하지 못했던 상황이 발생하면서 다양한 요구가 생기게 된다. 마찬가지로 학습과정에서도 학습자나 관리자들은 어떤 요구를 해 오기 마련이다. 인간의 요구는 요구하는 주체에 따라 학습자 자신으로부터 발현된 인식 요구와 외부의 전문가 등 제3자로부터 나온 귀속 요구, 요구의 수준에 따라 개인 차원의 개인적 요구, 국가나 사회적 차원의 사회적 요구 및 하나의 기관단위 차원의 조직적 요구, 타인과의 비교에서 나오는 비교 요구, 전문가 또는 자격증과 같이 객관적인 기준과의 차이로부터 나온 규범적 요구 등 다양하게 나타난다.

프로그램 개발은 다양한 계층과 다양한 요구를 지닌 학습자를 대상으로 실행되기 때문에 프로그램 개발자가 학습자의 요구를 정확히 분석해서 파악하는 것이 매우 중요하다. 학습자의 요구에 대한 적절한 반응 정도는 프로그램의 성공과 실패에 직접적인 요인이기 때문이다.

따라서 학습사회 구성원들이 추구하는 목표들에 대해 달성할 시기, 목표설정의 기준, 추진 엘리트들의 창의성, 보고체계 등이 시스템적으로 작동되어야 한다는 사실이다.

3. 학습내용 선정 및 구성

좋은 프로그램이 되기 위해서는 학습목표에 적합한 교육내용의 도출과 내용 제시 전략이 필요하다. 그러나 많은 경우 프로그램 개발자들이 세운 학습목표가 형식적인 경우가 많기 때문에 학습자들이 학습목표달성에 적합한 교육내용을 도출하기보다는 교수자가 필요하다고 생각되는 내용을 단순히 나열하고 있는 실정이다.

프로그램 개발자는 프로그램의 학습목표를 달성하기 위하여 학습내용과 그와 관련된 여러 자료를 수집하여 분석하여야 한다. 먼저 목표에 적합한 내용 선정을 위해 기존의 유사 프로그램 및 타 기관의 프로그램을 참조하고 또한 개발하고자 하는 목표의 내용에 대하여 잘 알고 있는 현장의 전문가들로부터 자문을 얻는 것도 필요하다. 일단 내용과 관련된 자료가 수집되면 학습자의 요구와 학습목표에 맞는 최종내용을 선정한다. 학습목표를 달성하기 위한 내용 선정에 있어서는 먼저 프로그램 목표를 달성하는 데 기여를 많이 할 수 있는 내용을 선정하여야 한다.

1) 학습내용의 선정

평생교육 프로그램은 구성원들에 대한 지속적인 학습(learning)이 필요하다는 것을 전제로 교육정책 및 실천방안에 대해 제시하는 것이다. 여기서 학습이란 상호협력과 교류의 수단으로서 조직의 목표, 행동, 실습, 모의실험과정을 말하고 있으나 이때는 반드시 환류장치(feedback mechanism)를 거쳐서 늘 재평가되어야 한다는 점이 강조된다.

학습내용은 프로그램 내용과 동일한 의미를 갖는다. 학습내용은 파머(Farmer, 1972)의 분류기준으로 학습목적에 따라 내용 전달형, 요구 중심형, 문제 중심형으로 구분되고, 블라니(Blaney, 1974)의 분류기준으로는 학습내용 결정권자의 의도에 따라 기관형, 공유형, 개인형으로 구분되며 학습내용도 다르게 구성된다.

이를테면 전달형은 프로그램 참여자에게 지식, 기술, 태도에 관한 정보를 일방적으로 제공할 의도로 내용이 구성된다. 전달형에는 교양강좌 및 취업설명회 등이 있다. 요구 중심형은 학습자의 자기 주도적 책임하에 학습내용은 스스로 구성하는 것이다.

대표적 예로는 원격교육 프로그램이 있다. 문제 중심형은 현재 직면한 문제를 해결하기 위한 내용으로 구성된다. 새로운 기계 도입으로 인한 작업기술과 환경적응 프로그램 등이 해당된다. 기관형은 평생교육 프로그램 내용이 전적으로 실행기관에 의해서 선정되는 것을 말하고 개인형은 요구 중심형과 유사하게 학습자가 학습내용의 선정에서부터 평가에 이르기까지 모든 사항을 결정한다. 그리고 공유형은 개인형과 기관형을 절충한 형태다.

그러므로 학습내용의 선정은 학습자들이 실제로 배우고 경험한 내용을 선정하는 과정으로 학습자의 요구를 충족시켜 줄 수 있도록 하는 것이 중요한데, 특별히 학습내용을 선정할 때는 다음과 같은 몇 가지 기준을 활용하는 것이 바람직하다

(기영화, 2001).

첫째, 학습자의 사전경험과의 관계성이다. 학습자는 새로운 학습을 경험할 때 자신의 사전경험과 연관성을 찾아 학습 효과를 높이려 한다.

둘째, 학습목적과의 관계성이다. 평생교육 프로그램은 다양한 요구의 내용을 기관의 목적과 부합하도록 선정하여 기관의 이념과 교육철학을 실현하는 수단이다. 따라서 학습내용의 선정 또한 이러한 목적의 범주에 포함되도록 해야 한다.

셋째, 실현 가능성과의 관계다. 실행 가능성은 학습자들의 수준, 일상생활에서의 활용 가능, 물적 및 인적 자원의 지원 여부 등에 대한 고려다.

넷째, 자발성과 흥미의 여부다. 평생교육 프로그램은 학습자들의 내적 자발성에 많이 의존하고 강의 중심 내용으로 구성되어 지루하지 않도록 흥미롭게 구성되는 것이 필요하다.

프로그램 내용의 선정은 참여자에게 직접적인 영향을 미치고 프로그램의 질과 상관성이 있다. 사소한 내용일지라도 큰 결과를 가져올 수 있다. 그러므로 많은 학습 관련 정보자료들을 발견(find)하고 증가(raise)시키거나 감소(reduce)하고 제거(eliminate)하여 창조(create)되는 과정을 거친다. 많은 자료들을 카테고리로 묶어 기술적·기능적·이익적 측면을 정밀히 분석하면 좋은 교육정책과 개선된 학습 프로그램이 도출될 수 있을 것이다. 이런 측면에서 프로그램 개발에 관계된 이해 당사자들과의 충분한 협의와 의사소통과정이 필요하다.

2) 학습내용의 구성과 교육기법 개발

교육 프로그램은 자료의 단순한 확실성만이 아니라 맥락 속의 정확성으로 인식할 때 올바른 프로그램을 만들어 낼 수 있다. 프로그램 작성과정에서는 자원과 시간을 효율적으로 사용하지 못하고, 욕심만으로 진행한다면 생산적이고 혁신적인 결과를 가져올 수 없다. 높은 이상과 새로운 개념, 능력, 기술일지라도 어설픈 예측만 가지고 진행하면 실패의 위험이 클 수밖에 없을 것이다.

선정된 학습내용을 어느 범위에서 어떻게 구성하여 실행할 것인가와 같은 학습내용의 조직은 평생교육 프로그램 개발전문가에게는 또 다른 중요한 의사결정과정이다. 학습내용조직은 제한된 인적 및 물적 자원, 환경을 적절히 활용하여 학습자의 요구가 충분히 반영되는 방향으로 계열화될 필요가 있다.

평생교육 프로그램 개발자가 프로그램 작성 시 나타나는 오류 및 불확실성을 대비하지 않는 경우가 많다. 프로그램의 실패를 줄이고 학습자의 특성과 능력이 고려된 학습내용을 조직할 때는 다음의 몇 가지 원리에 유념하는 것이 바람직하다(기영화, 2001; 김진화, 2001; 김지혜, 2006).

- **프로그램 목적과 부합성**: 학습목적은 잠재적 학습자의 요구, 가용 자원의 활용 가능성과 기관의 특성 등을 기초하여 결정되기에 학습내용을 조직할 때 프로그램의 목적을 고려하는 것이 바람직하다.
- **학습내용의 통합성**: 학습자들은 주 관심과 부수적인 관심 분야를 동시에 갖고 있기 때문에 다양한 분야의 통찰력을 넓힐 수 있도록 고려해야 한다.
- **학습내용의 독창성**: 평생교육기관이 증가함에 따라 유사 또는 중복내용을 다루는 프로그램은 자원의 낭비는 물론 장기적인 생존에 어려움을 초래할 수 있기 때문에 학습내용조직이 창의적이고 독창적으로 이루어져야 한다.
- **학습내용의 시간 제한성**: 학습내용의 종류에 따라 학습시간은 다양하다. 그러나 시설과 장비, 진행자 등의 가용성은 제한되어 있어 학습내용이 제한된 가용성 내에서 달성될 수 있도록 구성되어야 한다. 보통 프로세스는 업무시간(task time)과 시스템 내에서 시간(time in system)을 허비해 버리면 결국 프로그램 자체의 효용성이 상실된다.
- **학습내용의 계열성**: 새로운 학습내용이 과거의 학습경험과 연계되어 양적 및

질적 확대를 촉진할 수 있도록 계열적으로 구성되어야 한다.

- **학습내용의 반복성**: 중요한 학습내용은 일회적이기보다는 반복적 학습이 가능하도록 구성되어야 한다.
- **학습내용의 시대성**: 평생교육은 개인의 요구는 물론 사회적 요구를 반영하는 것이 중요하므로 시대적 혹은 당면한 사회적 요구와 현상의 반영이 고려 되어야 한다.

또한 프로그램 개발자는 조직된 학습내용을 바탕으로 참여자들에게 학습내용이 효과적으로 전달될 수 있는 방법을 고려해야 한다. 교수기법은 학습활동의 진행방법과 교수매체를 포함해서 학습내용의 효과적인 전달방법을 모색하는 것이다. 학습내용과 학습자의 참여태도 등에 따라 적용 가능한 방법이 무수히 많으므로 가능한 한 참여기회를 확대하여 학습자들이 흥미를 느끼면서 성취감을 높일 수 있도록 교수기법이 설계되어야 한다.

프로그램 개발 측면에서 전략적 요구 진단의 경우 학습자 또는 조직의 요구를 주의 깊게 경청하고 그들의 요구가 객관적 혹은 주관적인지를 고려하여 프로그램 제공기관의 철학과 실행 가능성과 연계해서 생각해야 한다. 그리고 교수기법은 학습자의 자아욕구, 학습자료, 학습조직, 학습목표, 지도력 등에 따라 구성된다.

평생교육 프로그램은 학습공동체에 대한 새로운 능력평가, 학습능력의 극대화를 위한 계획이다. 교육효과 향상을 위한 열쇠는 가능한 한 양질의 프로그램에 달려 있다. 그러므로 학습책임자가 평가해야 하는 것은 새로운 아이디어의 유효성, 새로운 개념의 이해와 그 적용의 가능성, 새로운 교재개발에 대한 투자 대 효과, 그리고 새로운 능력을 추구하는 교수자들과 행정 담당자 차원의 평가 등이 따라야 한다. 실제로 교육장들은 예상되는 교육환경에서 떠오르는 경제적·정치적·기술적 요소들을 분석한다는 맥락에서 이러한 평가를 소홀히 해서는 안 된다.

4. 평생교육 프로그램 평가

평생교육 프로그램의 실천 및 영향평가는 사용자 입장에서 왜(Why)에서 시작해 그것이 결국 무엇이냐(so what)라는 평가이다. 여기서 So what이란 현재 진행 중인 프로그램 의미가 어떻게 산출됐는가에 대한 평가작업이다. 다른 교육기관과 전문적인 교육훈련내용들과 비교하거나 자체 목적에 따라 어떤 성과가 있었는가를 분석하는 단계이다. 그리고 그 결과에 따라 계속적인 변화 촉진과 개선, 그리고 지식의 축적을 위해 교육의 내용을 개선하며 학습자들에 대한 만족을 향상시키고, 조직의 업무 향상과 효율성을 증대시키는 자료가 된다.

따라서 평생교육에서 프로그램 평가는 매우 중요하고 복합적인 과정이다. 평가는 일회적인 과정이기보다는 프로그램 개발의 참여자로부터 관리자, 의사결정권자, 학습참여자 등에 관련된 모든 사항을 측정하는 과정이기 때문이다. 평생교육 프로그램 평가는 보다 좋은 프로세스 능력 등 지식정보조직으로 발전시켜 가자는 것이다. 나아가 교육훈련 뒤에는 사후관리를 통해 학습 효과를 현장에서 적용토록 해 업무 개선에 참여하게 함으로써 비용 대 효과의 문제를 해결할 수 있도록 하는 일이다.

그러나 학습사회의 구성원들이 프로그램 평가의 중요성과 활용가치가 있음에도 다수의 기관과 프로그램 개발자들은 평가를 실시하는 데 소극적이다. 교육환경의 변화와 현재와 불확실한 미래에 대비할 필요성을 늘 느끼면서도 이에 잘 대응하지 못하고 있다. 보통 정부나 기업조직들은 어떤 문제의 '인지-대응-대비 전략(shape - respond - prepare system)'을 수립해 불확실한 미래에 대비하고 있지만 교육현장은 그렇지 못한 상태이다. 이러한 원인에 대해서 레스-이트와 프레스킬(Russ-Eft & Preskill, 2001)이 밝힌 이유를 요약하면 다음과 같다.

- 의사결정권자들이 평가의 목적과 기능에 대해서 정확히 인식하지 못하고 있다.
- 프로그램 개발자 등 관계자가 평가결과에 대한 두려움을 가지고 있다.
- 평가에 대한 전문성이 부족하거나 교육을 받지 못하고 있다.
- 평가는 부차적 과정이며 평가결과는 이용될 확률이 낮다는 인식이 존재한다.

그리고 프로그램에서 나타난 내용이 사실이라면 △작성자 자신의 판단인가 혹은 가설인가, △문제해결방안이 창의적이며 사용할 시 위험성은 없는가, △프로그램이 중복, 누락, 착오 없이 논리적으로 접근했는가를 검토할 때 프로그램 자체의 오류를 발견할 수 있다. 특별히 프로그램이 잘 구성되고 현장에서 실천 가능성이 있는가를 성찰하기 위해서는 〈표 9-1〉과 같은 경험적 요소와 분석적 시각을 참고할 필요가 있다.

〈표 9-1〉 경험적 시스템과 분석적 시스템 비교

경험적 시스템	분석적 시스템
• 전체적인 관점 • 활동적: 기쁨 고통에 기초한 감정 • 관념적인 관계 • 과거의 경험으로 행동 • 분명한 이미지 은유 속에 현실을 의식 • 빠른 처리과정: 즉각적인 반응 • 변화에 느리게 반응(강열한 경험에 의한 변화) • 단순한 통합: 분열적이고 감정 중시 • 단순한 구별법: 일반화 경향 • 수동적 경험주의. 감성에 의존 • 자기 확증 경험 중시	• 분석적 관점 • 논리적: 합리성에 근거한 인식 • 논리적인 관계 • 사건에 대한 의식적 평가를 통한 행동 • 추상적인 기호 언어로 현실을 반영 • 느린 처리과정(섣부른 행동을 자제) • 변화에 더 빠르게 반응(생각의 속도에 의한 변화) • 고차원적인 통합- 상호 관련성 중시 • 세련된 판단 구분 • 적극적 경험주의. 사고력에 의지 • 논리와 증거에 의한 정당화

출처: Epstein, Seymour. "Cognitive- Experiential Self-Theory: An Integrative Theory of Personality" in R.C, Curtis, *The Relational Self: Theoretical Convergence in Psychoanalysis and Social Psychology*(ed) (New York: Guilford Press, 1991), 111-137.

평생교육 프로그램 평가는 실행 후에 나타날 효과측정 및 학습집단의 학습요구와 관심을 파악하는 계기가 된다. 학습자들에 대한 동기유발을 위해 개인적인 성장(자기 잠재력을 일깨워 주는 기회), 운영상의 자치적 업무환경(자기측정, 부여된 임무수행), 효과창출(개인 업적보다 학습 효과)에 기여하도록 하기 위한 프로그램 평가이다. 이를 위해서는 다음과 같은 프로그램 평가의 유형, 평가의 준거, 평가절차, 피드백 등을 살펴보아야 한다.

1) 평가의 유형

평가의 유형은 평가시기에 따라 총괄평가(summative evaluation)와 형성평가(formative evaluation)로 구분된다. 총괄평가는 프로그램 개발과정에서 설정한 목표가 효과적으로 달성되었는가에 대한 정보를 제공한다. 총괄평가는 한 집단에서 비용과 효과의 관계, 교육의 결과를 측정하는 데 관심을 둔 양적인 측정이다.

따라서 형성평가의 결과는 프로그램의 지속개발 또는 종결 여부를 결정하는 의사결정자료로 활용된다. 학습결과를 측정하는 또 다른 평가로 학습자평가가 있다. 학습자평가와 총괄평가는 동일한 집단 안에서 학습의 성취결과를 양적으로 측정한다는 점에서 동일하다. 그러나 학습자평가가 학습자 개별의 성취결과에 중점을 둔다면, 총괄평가는 집단 전체의 성취결과에 관심을 둔다. 예를 들면, 동일한 집단에서 모든 학습자가 A분야에서는 모두 만족스러운 학습결과를 보였으나 B분야에서 미흡한 결과를 보였다면, 프로그램 설계자는 B분야의 학습과정 등을 재검토해야 한다.

또한 평생교육 프로그램에서 일반적으로 사용되는 총괄평가에서는 다시 4단계 평가가 있는데, 그것은 반응평가(reaction evaluation), 학습평가(learning evaluation), 행동평가(behavior evaluation), 결과평가(result evaluation)가 있다. 반응평가는 프로그램에 대한 기대 부응, 인적 및 물적 자원에 대한 만족도, 학습내용에 대한 가치 등의 긍정적인 정도를 학습자로부터 확인하는 것이다. 학습평가는 프로그램 과정에서 학습자들이 달성한 학습의 정도를 측정하는 것이다. 행동평가는 프로그램을 이수한 후 학습자들이 학습한 내용을 실제 현장에서 적용하는 정도를 측정하는 것이다. 결과평가는 행동평가의 수준을 넘어 프로그램 이수자들이 타 분야에까지 교육의 효과가 미치는 정도를 확인하는 것이다.

2) 평가의 준거

프로그램 평가는 복합적인 과정으로 평가의 판단준거의 설정이 중요하다. 평가의 준거는 평가자가 평가의 내용을 측정할 때 적용하게 될 이상적으로 판단되는 행동에 대한 규칙, 표준, 규범 등이다. 실제 프로그램이 해결해야 할 문제가 무엇인가에 대한 정보를 평가의 준거를 통해서 얻을 수 있다. 프로그램 평가의 준거는 가치 있는 프로그램의 틀을 제시하는 데 유용하게 사용된다.

일반적으로 프로그램 평가의 준거로는 효과성(efficiency), 효율성(effectiveneess), 적정성(adequacy), 형평성(equity), 대응성(responsiveness), 적절성(appropriativeness) 등이 있다(신용주, 2004). 효과성은 프로그램이 가치 있는 결과를 산출했는가에 대한 측정이다. 효율성은 프로그램 투입 비용과 얻은 수익에 대한 분석이다. 적정성은 프로그램이 문제해결에 적절하게 활동되었는가에 대한 측정이다. 형평성은 프로그램의 참여기회와 자원의 분배가 집단 간에 어느 정도 균형적이었는가에 대한 결과다. 대응성은 개인 또는 집단의 요구에 어느 정도 만족하게 대응하였는가에 대한 측정이다. 적절성은 평가 준거의 전반에 대한 측정으로 프로그램 개발목적 등이 전체적으로 타당했는가에 대한 분석이다.

3) 평가의 절차

평가는 일회성이 아니라 지속적이고 반복되는 과정으로 객관적·체계적으로 수행되어야 한다. 평가의 과정에는 프로그램 개발자, 외부 전문가, 교수자, 학습자 등이 참여하여 객관성을 확보해야 한다. 평가과정은 평가의 기법에 따라 다른 접근법을 필요로 하나 평가과정의 기준의 설정, 기준에 대한 증거 확보, 비교를 통한 해석 등으로 실행한다. 기준의 설정은 평가의 대상과 방법을 밝히는 것이다. 증거의 확보는 수행의 결과에 대한 실제 자료를 수집하는 과정이다. 해석은 설정된 기준과 확보된 증거의 비교를 통해서 성과를 밝혀내고 차후 활동에 적용할 수 있도록 보고하는 과정을 의미한다.

그리고 평가는 공식적인 과정 외에도 비공식적이고 가시적이지 않은 경우도 있다. 비공식적 평가는 공개적으로 표출하기 어려운 사실적 내용을 얻을 수 있기 때문에 프로그램 평가자가 비공식 평가과정도 중요하게 고려해야 한다.

4) 피드백

피드백에는 네거티브 피드백(negative feedback)과 포지티브 피드백(positive feedback)이 있다. 전자는 조직활동을 안정시키는 요소로서 잘못된 방향이나 행동이 다른 각도로 움직일 때 안정을 찾도록 압력을 가하는 것이고, 후자는 의도된 방향으로 잘 가는 것으로 현재의 상황을 계속 유지하며 변화를 증폭시키는 것이다.

리처드 윌리엄스(R. Williams)의 《피드백 이야기》에서는 출력(결과)에 의해 입력을 변화시키는 피드백이 잘못되거나 없을 때 바로 소통의 부재를 가져온다고 지적한다. 가족 혹은 직원 간의 문제 역시 바로 피드백을 잘하지 못한 결과이다. 그가 말하는 피드백 형태로는 △어떤 행동이 긍정적으로 반복되도록 하는 지지적 피드백, △행동의 변화를 일이키는 교정적 피드백, △상대방으로 하여금 모멸감을 갖는 학대적 피드백, △형식적으로 하나마나하고 무의미한 피드백 등으로 나누고 있다. 여기서 입맛에 쓰더라도 삼켜야 할 피드백으로 지지적 피드백이나 교정적 피드백을 강조한다. 피드백은 일생을 꽃 피울 수 있는 관계의 기술이요 미학적인 도구라고 전해준다(Williams, 2007).

▣ 기억하기

- 평생교육기관들은 학습활동에 있어서 최소한의 자원으로 학습 효과를 높여야 하고, 어느 시기 어느 곳에 누구에게 사용하는가, 그 결과 이익은 무엇이고 무엇을 분석평가 했는가를 통해 성인들의 다양한 학습요구를 반영하는 교육 프로그램 개발이 필요하다.
- 평생교육 프로그램 작성자가 실제 작업에 들어가기 전에 염두에 두어야 할 중요 요소는 교육현장의 문제들과의 관련성(relevance), 적시성(timely), 정확성(accuracy), 완전성(completeness)을 갖추도록 하고 해야 한다.
- 학습 프로그램 작성에서는 △목적의식적 학습계획 제목의 설정, △문제파악, 분석설계, 분석진행, 작성범위, 보고시기 및 보고서 형태, 가치판단, 영향력, △기존 계획서 자료의 평가 적합성, 타당성 검토판단 △부족한 자료, 추가 필요한 자료, 특수자료 발굴 등 정보시장 조사 △작성과정에서 조직 내 의견교환, 관련 보고서 비교, 사용자 욕구충족 가능성 등을 고려하여 작성한다.
- 평생교육 프로그램 평가는 실행 후에 나타날 효과측정 및 학습집단의 학습요구와 관심을 파악하는 계기가 된다. 학습자들에 대한 동기유발을 위해 개인적인 성장(자기 잠재력을 일깨워 주는 기회), 운영상의 자치적 업무환경(자기측정, 부여된 임무수행), 효과창출(개인 업적보다 학습효과)에 기여하도록 하기 위한 프로그램 평가이다.

평 생 교 육 론

PART

4

평생교육의 실제

10

CHAPTER

청소년 평생교육

개요

현대의 청소년은 과거보다 사회적 요구와 관심이 증대되고 있다. 성인의 준비 단계인 청소년기의 역할 및 과제가 복잡해지고 있으며 학교교육은 급변하는 사회의 다양한 교육적 요구를 수용하기에는 한계를 지니고 있다. 이 장에서는 먼저 청소년의 발달적 특성과 권리 및 책임에 대해 알아보고 기본학제의 보완적 기능과 사회교육의 성격을 지닌 특별학제의 형식적 교육과 학교교육의 보완적 역할을 하는 검정고시, 학원, 청소년시설 및 단체 등에서 이루어지는 비형식교육을 살펴보고자 한다.

학습목표

1. 청소년의 발달적 특성에 대해 알 수 있다.
2. 청소년의 권리와 책임에 대해 이해한다.
3. 형식교육으로서의 청소년 평생교육을 알 수 있다.
3. 비형식교육으로서의 청소년 평생교육을 알 수 있다.

1. 청소년의 발달적 특성

청소년기는 성적 성숙의 시작(약 11~14세)과 함께 시작해서 성인기의 시작(약 18~21세)까지 지속되는 발달의 기간이다(김규태 외, 2016). 한편, 「청소년 기본법」(법률 제14839호, 2017. 7. 26) 제2조에 따르면, 청소년은 9세 이상 24세 이하인 사람, 즉 초등학생부터 대학생까지를 말한다. 청소년의 발달적 특성은 신체적 및 성적·인지적·정서적·사회적·영성적 측면 등으로 구분될 수 있으며, 이에 대해 간략히 제시하면 〈표 10-1〉과 같다(천정웅, 김민, 김진호, 박선영, 2011).

〈표 10-1〉 청소년의 발달적 특징

구분	발달적 특징
신체적·성적 발달	• 신장과 체중의 급격한 변화 • 생식기관의 성숙과 성적 상징의 발달 및 성적 욕구 증가
인지적 발달	• 형식적 조작기 특징 – 추상적 개념 – 조합적 사고 및 상위인지 발달 – 자신과 타인의 역할과 관계 등에 대한 사회적 인지 등 • 자기중심적 특징 – 상상적 청중: 자신이 배우라고 생각하고 다른 사람들은 자신을 보는 청중이라고 생각하는 것(외모나 행동에 신경을 씀) – 개인적 우화: 자신이 스타로서 비상한 능력과 특권을 가지고 있거나 자신만의 독특한 경험이 있다고 믿는 경향(첫사랑에 실패한 소녀가 슬픈 사람은 이 지구상에 자기밖에 없다고 생각하는 것)
정서적 발달	• 정서적 불안정 및 기복 심함 • 자아의식과 정체성 발달
사회적 발달	• 친밀감과 대인관계 욕구 • 우정과 또래집단 형성 • 부모로부터의 독립과 자립 욕구
영성적 발달	• 삶의 의미와 목표 설정 • 진로 설정 및 준비

출처: 김규태 외(2016)와 천정웅 외(2011)를 참고하여 제시

2. 청소년의 권리와 사회의 책임

1) 청소년의 권리와 책임

청소년들은 사회구성원의 일원이므로 그들이 행사할 수 있는 권리와 책임이 있다. 「청소년 기본법」 제5조에는 청소년의 권리와 책임에 대해 다음과 같이 규정하고 있다.

첫째, 청소년의 기본적 인권은 청소년활동 · 청소년복지 · 청소년보호 등 청소년 육성의 모든 영역에서 존중되어야 한다.

둘째, 청소년은 인종 · 종교 · 성별 · 나이 · 학력 · 신체조건 등에 따른 어떠한 종류의 차별도 받지 아니한다.

셋째, 청소년은 외부적 영향에 구애받지 아니하면서 자기 의사를 자유롭게 밝히고 스스로 결정할 권리를 가진다.

넷째, 청소년은 안전하고 쾌적한 환경에서 자기발전을 추구하고 정신적 · 신체적 건강을 해치거나 해칠 우려가 있는 모든 형태의 환경으로부터 보호받을 권리를 가진다.

다섯째, 청소년은 자신의 능력을 개발하고 건전한 가치관을 확립하며 가정 · 사회 및 국가의 구성원으로서의 책임을 다하도록 노력하여야 한다.

또한 「청소년 기본법」 제5조의2에는 청소년의 자치권 확대를 규정하고 있다.

첫째, 청소년은 사회의 정당한 구성원으로서 본인과 관련된 의사결정에 참여할 권리를 가진다.

둘째, 국가 및 지방자치단체는 청소년이 원활하게 관련 정보에 접근하고 그 의사를 밝힐 수 있도록 청소년 관련 정책에 대한 자문 · 심의 등의 절차에 청소년을 참여시키거나 그 의견을 수렴하여야 한다.

셋째, 국가 및 지방자치단체는 청소년과 관련된 정책 수립 절차에 청소년의 참여 또는 의견 수렴을 보장하는 조치를 하여야 한다.

2) 청소년에 대한 사회의 책임

「청소년 기본법」 제7조에는 청소년에 대한 사회의 책임을 규정하고 있다.

① 모든 국민은 청소년이 일상생활에서 즐겁게 활동하고 더불어 사는 기쁨을 누리도록 도와주어야 한다.

② 모든 국민은 청소년의 사고와 행동양식의 특성을 인식하고 사랑과 대화를 통하여 청소년을 이해하고 지도하여야 하며, 청소년의 비행을 바로잡는 등 그 선도에 최선을 다하여야 한다.

③ 모든 국민은 청소년을 대상으로 하거나 청소년이 쉽게 접할 수 있는 장소에서 청소년의 정신적·신체적 건강에 해를 끼치는 행위를 하여서는 아니 되며, 청소년에게 유해한 환경을 정화하고 유익한 환경이 조성되도록 노력하여야 한다.

④ 모든 국민은 경제적·사회적·문화적·정신적으로 어려운 상태에 있는 청소년들에게 특별한 관심을 가지고 이들이 보다 나은 삶을 누릴 수 있도록 노력하여야 한다.

3. 형식교육으로서의 청소년 평생교육

청소년들이 받을 수 있는 평생교육은 학교 형태로 이루어지는 형식적 교육과 청소년단체나 학원 등으로 이루어지는 비형식 교육으로 구분될 수 있다. 여기서는 학교 형태의 청소년 평생교육에 대해서 살펴보고, 다음 절들에서 비형식교육으로 이루어지는 검정고시, 학원과 청소년단체 등을 통한 평생교육을 살펴보고자 한다.

1) 각급학교에서의 평생교육

각급학교에서는 청소년들을 대상으로 평생교육을 실시하고 있다. 「평생교육법」(법률 제14160호, 2016. 5. 29) 제29조제1항에는 「초·중등교육법」 및 「고등교육법」에 따른 각급학교의 장은 평생교육을 실시함에 있어서 평생교육의 이념에 따라 교육과정과 방법을 수요자 관점으로 개발·시행하도록 하며, 학교를 중심으로 공동체 및 지역문화 개발에 노력하여야 한다. 또한 제2항에는 각급학교의 장은 해당 학교의 교육여건을 고려하여 학생·학부모와 지역 주민의 요구에 부합하는 평생교육을 직접 실시하거나 지방자치단체 또는 민간에 위탁하여 실시할 수 있다. 다만, 영리를 목적으로 하는 법인 및 단체는 제외한다. 제2항에 따른 학교의 평생교육을 실시하기 위하여 각급학교의 교실·도서관·체육관, 그 밖의 시설을 활용하여야 한다.

또한 「평생교육법」 제30조에는 학교 부설 평생교육시설에 대해 규정하고 있다. 즉, 각급학교의 장은 학생·학부모와 지역주민을 대상으로 교양의 증진 또는 직업교육을 위한 평생교육시설을 설치·운영할 수 있으며, 대학의 장은 대학생 또는 대학생 외의 자를 대상으로 자격취득을 위한 직업교육과정 등 다양한 평생교육과정을 운영할 수 있다.

2) 특별학제로서의 학교 형태 평생교육

학교 형태의 청소년 평생교육을 살펴보려면 학교제도(학제)의 유형은 기본학제와 특별학제를 이해할 필요가 있다(김규태, 강유정, 권민석, 최경민, 2017). 기본학제는 초등학교, 중학교, 고등학교, 대학 및 대학원 등의 정규학교교육에 대한 제도를 의미한다. 특별학제는 기본학제의 보완적 기능을 수행하거나 사회교육의 성격을 지니고 정규학교의 교육과정에 준하는 교육을 실시하는 학제를 가리킨다. 방송통신고, 방송통신대, 기술대, 산업대, 공민학교, 고등공민학교, 고등기술학교, 각종 학교 등이 포함된다. 이 중에서 청소년 관련 학교 형태 평생교육은 바로 특별학제에 해당된다고 볼 수 있다. 아래에서는 특별학제에 해당되는 학교 형태 평생교육기관과 그 특징을 제시해 보고자 한다.

(1) 초등학교과정

「초·중등교육법」 제40조에 따라 공민학교는 초등교육을 받지 못하고 취학연령을 초과한 자에 대하여 국민생활에 필요한 교육을 하는 것을 목적으로 한다. 공민학교의 수업연한은 3년으로 한다.

(2) 중학교과정

특별학제로서 중학교과정의 교육기관으로 방송통신중학교와 고등공민학교가 있다. 방송통신중학교는 고등학교 단계인 방송통신고등학교에서 같이 다루며, 여기서는 고등공민학교를 소개하고자 한다. 고등공민학교는 「초·중등교육법」(법률 제14603호, 2017. 3. 21) 제44조와 같이 중학교과정의 교육을 받지 못하고 제13조 제3항에 따른 취학연령을 초과한 사람 또는 일반 성인에게 국민생활에 필요한 중등교육과 직업교육을 하는 것을 목적으로 하며, 수업연한은 1년 이상 3년 이하로 한다. 고등공민학교에 입학할 수 있는 사람은 초등학교 또는 공민학교를 졸업한 사람, 제27조의2제1항에 따라 초등학교를 졸업한 사람과 동등한 학력이 인정되는 시험에 합격한 사람, 그 밖에 법령에 따라 이와 동등 이상의 학력이 있다고 인정된 사람으로 규정하고 있다.

(3) 고등학교과정

특별학제의 고등학교과정의 교육기관으로 방송통신중·고등학교, 근로청소년을 위한 특별학급, 고등기술학교 등이 있다. 방송통신중·고등학교는 공립 중학교와 일반계 고등학교에 부설하여 인터넷수업, 출석수업 등의 방식으로 중학교 또는 고등학교를 졸업하지 못한 자에게 교육의 기회를 제공하고 있다. 근로청소년을 위한 특별학급은 산업체에 근무하는 청소년에 대한 고등학교과정의 교육을 위하여 산업체에 인접한 고등학교에 야간수업을 주로 하는 특별학급을 말한다. 고등기술학교는 국민생활에 직접 필요한 직업기술교육을 하는 것을 목적으로 하는 학교로서, 수업연한은 1년 내지 3년이다.

① 방송통신중·고등학교

방송통신중·고등학교는 「초·중등교육법」 제43조의2 및 제51조에 따른 방송통신중학교 및 방송통신고등학교 설치기준령(대통령령 제24423호, 2013. 3. 23)에 그 설치·교육과정·교육방법·수업연한·입학자격 및 학력인정과 그 운영에 관한 사항이 자세히 규정되고 있다. 방송통신중·고등학교는 국공립 일반 중학교와 고등학교에 방송통신중학교와 방송통신고등학교로 부설로 설치 운영되고 있는 학교이다. 교육과정은 「초·중등교육법 시행령」 제43조를 준용하고 있다. 또한 학교 외 학습경험을 과목 이수로 인정하고 있다. 수업은 방송·정보통신을 통한 수업과 출석수업(통상 24일, 월 2회, 일요일)으로 하고 있으며, 수업연한은 3년으로 하며, 이를 수료한 사람에게는 중학교와 고등학교 학력을 인정하고 있다. 그리고 방송·정보통신을 통한 수업은 한국교육개발원에 위탁하여 실시하고 있다.

▣ 방송통신중·고등학교의 학교 외 학습경험의 인정사항

1. 「평생교육법」 제23조에 따라 평가인정된 학습과정을 통한 학습경험
2. 방송통신중학교 또는 방송통신고등학교 입학 전에 「초·중등교육법」 제60조의3에 따른 대안학교에서의 과목 이수
3. 방송통신중학교 또는 방송통신고등학교 입학 전에 「초·중등교육법 시행령」 제97조제1항 제1호 또는 제98조제1항제1호에 따른 검정고시에서의 과목 합격
4. 「자격기본법」 제12조제1항 또는 제19조제1항에 따른 국가자격이나 국가의 공인을 받은 민간자격의 취득
5. 「근로자직업능력 개발법」 제2조제3호에 따른 직업능력개발훈련시설에서의 학습경험
6. 「학원의 설립·운영 및 과외교습에 관한 법률」에 따른 학원 중 학교교과교습학원을 제외한 학원에서의 학습경험
7. 그 밖에 교육부장관 또는 교육감이 정하는 범위에서 해당 방송통신중학교의 장 또는 방송통신고등학교의 장이 학칙으로 정하는 학교 외 학습경험

② 근로청소년을 위한 특별학급

근로청소년을 위한 특별학급은 「초·중등교육법」(법률 제14603호, 2017. 3. 21) 제52조에 따라 근로청소년을 위한 특별학급의 설치 목적을 규정하고 있는데, 그것은 산업체에 근무하는 청소년이 중학교·고등학교과정의 교육을 받을 수 있도록 하기 위하여 산업체에 인접한 중학교·고등학교에 야간수업을 주로 하는 특별학급을 둘 수 있다고 되어 있다. 또한, 제2항에는 하나의 산업체에 근무하는 청소년 중에서 중학교 또는 고등학교 입학을 희망하는 인원이 매년 2학급 이상을 편성할 수 있을 정도가 될 것으로 예상되는 경우 그 산업체는 희망하는 청소년이 교육을 받을 수 있도록 하기 위하여 중학교 또는 고등학교(이하 "산업체 부설 중·고등학교"라 한다)를 설립·경영할 수 있다. 그리고 둘 이상의 산업체에 근무하는 청소년 중에서 입학을 희망하는 인원이 매년 2학급 이상을 편성할 수 있을 정도가 될 것으로 예상되는 경우에는 제2항에도 불구하고 그 둘 이상의 산업체가

공동으로 하나의 산업체 부설 중·고등학교를 설립·경영할 수 있다.

③ 고등기술학교

고등기술학교는 「초·중등교육법」(법률 제14603호, 2017. 3. 21)에 따라 국민생활에 직접 필요한 직업기술교육을 하는 것을 목적으로 하며, 수업연한은 1년 이상 3년 이하로 한다. 또한, 고등기술학교에는 고등학교를 졸업한 사람 또는 법령에 따라 이와 같은 수준 이상의 학력이 있다고 인정된 사람에게 특수한 전문기술교육을 하기 위하여 수업연한이 1년 이상인 전공과(專攻科)를 둘 수 있다. 그리고 공장이나 사업장을 설치·경영하는 자는 고등기술학교를 설립·경영할 수 있다.

④ 학교 형태의 평생교육시설

학교 형태의 평생교육시설은 「평생교육법」(법률 제14160호, 2016. 5. 29) 제31조에 따라 운영되고 있다. 학교 형태의 평생교육기관은 교육과정 및 시설·설비 등이 중학교 또는 고등학교와 유사한 시설이다. 경제적 이유 등 개인 사정으로 중·고등학교 또는 대학에 진학하지 못한 근로청소년, 성인 등을 대상으로 하는 평생교육시설로, 중학교, 고등학교, 전문대학의 졸업자와 동등한 학력 및 학위가 인정된다. 「평생교육법」 제31조는 학교 형태의 평생교육시설을 규정하고 있다. 우선, 학교 형태의 평생교육시설을 설치·운영하고자 하는 자는 대통령령으로 정하는 시설·설비를 갖추어 교육감에게 등록하여야 한다. 교육감은 제1항에 따른 학교 형태의 평생교육시설 중 일정 기준 이상의 요건을 갖춘 평생교육시설에 대하여 이를 고등학교 졸업 이하의 학력이 인정되는 시설로 지정할 수 있다. 그리고 학교교육을 담당하는 교원을 둘 수 있으며, 교원의 복무·국내연수와 재교육에 관하여는 국·공립학교의 교원에 관한 규정을 준용한다. 또한 「초·중등교육법」 제54조 제4항에 따라 전공과를 설치·운영하는 고등기술학교는 교육부장관의 인가를 받아 전문대학 졸업자와 동등한 학력 · 학위가 인정되는 평생교육시설로 전환 · 운영할 수 있다.

(4) 고등교육기관

특별학제의 고등교육기관으로는 산업대학, 원격대학, 방송통신대학, 기술대학, 원격대학 등이 있다.

산업대학은 「고등교육법」 제37~40조에서 규정하고 있다. 산업대학은 산업사회에서 필요로 하는 학술 또는 전문적인 지식이나 기술의 연구와 연마를 위한 교육을 계속하여 받으려는 사람에게 고등교육의 기회를 제공하여 국가와 사회의 발전에 이바지할 산업인력을 양성함을 목적으로 한다. 산업대학의 수업연한과 재학연한은 제한하지 아니한다. 산업대학(전문대학 · 원격대학을 포함한다. 이하 이 조에서 같다)은 산업체(산업체를 구성원으로 하는 단체를 포함한다. 이하 이 조에서 같다)로부터 위탁받아 교육을 실시하거나 산업체에 위탁하여 교육을 실시할 수 있다.

원격대학은 「고등교육법」 제52~54조에서 규정하고 있다. 원격대학은 국민에게 정보 · 통신 매체를 통한 원격교육(遠隔敎育)으로 고등교육을 받을 기회를 제공하여 국가와 사회가 필요로 하는 인재를 양성함과 동시에 열린 학습사회를 구현함으로써 평생교육의 발전에 이바지함을 목적으로 한다. 원격대학에는 대통령령으로 정하는 바에 따라 전문학사학위과정과 학사학위과정을 둘 수 있고, 그 수업연한은 전문학사학위과정의 수업연한은 2년으로 하고, 학사학위과정의 수업연한은 4년으로 하고 있다.

기술대학은 「고등교육법」 제55~58조에서 규정하고 있다. 기술대학은 산업체 근로자가 산업현장에서 전문적인 지식 · 기술의 연구 · 연마를 위한 교육을 계속하여 받을 수 있도록 함으로써 이론과 실무능력을 고루 갖춘 전문인력을 양성함을 목적으로 한다. 기술대학에는 전문학사학위과정과 학사학위과정을 두며, 수업연한은 각각 2년으로 한다.

방송통신대학은 한국방송통신대학교 설치령에 따라 1972년에 개교하여 현재까지 운영되는 학교로서, 대학교육을 받지 못한 사람들에게 원격교육을 통하여 다양한 영역에 걸친 대학수준의 교육 프로그램을 제공함으로써 사회교육의 확대발전과 국가가 필요로 하는 분야별 인재 양성을 목적으로 설립 운영되고 있다. 수학연한은 4년이고, 교육방법은 방송강의, 녹음강의, 보충강의, 출석수업 등으로 이루어진다. 이 중 방송대학은 TV를 이용한 방송강의가 주를 이룬다. 녹음강의는 녹음테이프를 이용한 강의이고, 보충강의는 PC통신이나 케이블TV 등을 이용한 강의이다. 출석수업은 원격교육의 단점을 보완하기 위해 대학본부나 시·군학습관에서 교수와 학생의 직접 대면으로 이루어지며 매 학년 6일 이상 실시해야 한다. 출석수업이 어려운 자는 출석수업 대체시험으로 대신할 수 있다. 또한 성적이 'F'가 나온 교과목을 대상으로 정규 학기와는 별도로 학점을 재취득할 수 있는 기회를 부여하기 위하여 계절수업을 실시하고 있다(한국민족문화대백과, 한국학중앙연구원).

4. 비형식교육으로서의 청소년 평생교육

1) 검정고시

검정고시는 초, 중, 고등학교의 입학자격 또는 특정한 자격에 필요한 지식과 학력 유무를 검정하기 위해 실시하는 국가수준의 시험이며, 초등학교 졸업학력 검정고시, 중학교 졸업학력 검정고시, 고등학교 졸업학력 검정고시가 있다. 이들 검정고시는 각 교육청별로 연 2회 실시되고 있다. 응시자격 및 응시과목은 다음과 같으며, 100점 만점으로 결시 없이 평균 60점 이상 취득자면 전 과목합격이 되며, 과목합격은 과목당 60점 이상 취득과목에 한해서 이루어진다. 검정고시와 관련된 자세한 사항은 서울시교육청 등 지역교육청 홈페이지 검정고시 안내를 참고하기 바라며, 〈표 10-2〉의 자료는 서울시교육청 홈페이지에서 소개한 내용임을 밝힌다.

〈표 10-2〉 검정고시 응시자격 및 응시과목

구분	응시자격	응시과목
초등학교	만 11세 이상(2017년 1월 1일 기준)인 자로서 초등학교 교육과정을 이수하지 아니한 자 [단, 초등학교(특수학교 포함) 재학생은 응시할 수 없음]	국어, 수학, 사회, 과학 【필수 : 4과목】 도덕, 체육, 음악, 미술, 실과, 영어 【선택 : 2과목】
	초등학교(특수학교 포함) 재학생 중 만 11세 이상인 자로서 「초·중등교육법」 시행령 제29조의 규정에 의하여 학적이 정원외로 관리되는 자	
	「보호소년 등의 처우에 관한 법률 시행령」 제69조제1호에 해당하는 자	
중학교	초등학교 졸업자 및 이와 동등 이상의 학력이 있는 자	국어, 수학, 영어, 사회, 과학 【필수 : 5과목】 도덕, 기술·가정, 체육, 음악, 미술 【선택 : 1과목】
	초등학교 졸업학력 검정고시 합격자	
	「초·중등교육법 시행령」 제29조의 규정에 의하여 학적이 정원외로 관리되는 자	
	「보호소년 등의 처우에 관한 법률 시행령」 제69조제2호에 해당하는 자	
	3년제 고등공민학교 및 중학교에 준하는 각종 학교의 졸업자 또는 졸업예정자	국어, 수학, 영어 【총 3과목】
	1992년 9월 3일 이전 「사회교육법 시행령」 제7조제1항의 규정에 의한 중학교 교육과정에 상응하는 사회교육 과정을 이수한 자	
	만 18세 이후에 「평생교육법」 제23조제2항에 따라 평가 인정한 학습과정 중 고시과목에 관련된 과정을 교육부장관이 정하는 바에 따라 과목당 90시간 이상 이수한 자	국어, 수학, 영어 【3과목와 미이수 과목

구분	응시자격	응시과목
고등학교	중학교 졸업자	국어, 수학, 영어, 사회, 과학, 한국사 【필수 : 6과목】 도덕, 기술 · 가정, 체육, 음악, 미술 【선택 : 1과목】
	중학교 졸업학력 검정고시 합격자	
	「초 · 중등교육법 시행령」 제97조, 제101조 및 제102조 해당자	
	「보호소년 등의 처우에 관한 법률 시행령」 제69조제3호의 규정에 의한 자	
	고등학교에 준하는 각종 학교 졸업자 또는 졸업예정자	국어, 수학, 영어 【총 3과목】
	중학교 또는 동등 이상의 학력이 있는 자를 대상으로 하는 3년제 직업훈련과정의 수료자	
	고등학교에 준하는 각종 학교 졸업자 또는 졸업예정자와 중학교 또는 동등 이상의 학력이 있는 자를 대상으로 하는 3년제 직업훈련과정의 수료자 해당자로서 1989년 11월 22일 이후 「국가기술자격법」에 의한 기능사 이상의 자격 취득자	국어, 수학 또는 영어 【총 2과목】
	고등학교에 준하는 각종 학교 졸업자 또는 졸업예정자와 중학교 또는 동등 이상의 학력이 있는 자를 대상으로 하는 3년제 직업훈련과정의 수료자 해당자로서 1989년 11월 21일 이전 「국가기술자격법」에 의한 기능사 이상의 자격 취득자	수학 또는 영어 【총 1과목】
	「국가기술자격법」에 의한 기능사 이상의 자격 취득자	국어, 수학, 영어, 사회, 과학, 한국사 선택 【총 7과목】
	만 18세 이후에 「평생교육법」 제23조제2항에 따라 평가인정한 학습과정 중 고시과목에 관련된 과정을 교육부장관이 정하는 바에 따라 과목당 90시간 이상 이수한 자	국어, 수학, 영어 【3과목와 미이수 과목

2) 학원

청소년들이 자주 이용하는 평생교육시설은 학원이라고 할 수 있다. 학원은 「학원의 설립운영 및 과외교습에 관한 법률」(약칭: 학원법)에 의해 운영되고 있다. 이 법의 제2조에는 학원을 "대통령령으로 정하는 수 이상의 학습자 또는 불특정다수의 학습자에게 30일 이상의 교습과정(교습과정의 반복으로 교습일수가 30일 이상이 되는 경우를 포함한다. 이하 같다)에 따라 지식·기술(기능을 포함한다. 이하 같다)·예능을 교습(상급학교 진학에 필요한 컨설팅 등 지도를 하는 경우와 정보통신기술 등을 활용하여 원격으로 교습하는 경우를 포함한다. 이하 같다)하거나 30일 이상 학습장소로 제공되는 시설"로 규정하고 있다. 또한 과외교습은 "초등학교·중학교·고등학교 또는 이에 준하는 학교의 학생이나 학교 입학 또는 학력인정에 관한 검정을 위한 시험 준비생에게 지식·기술·예능을 교습하는 행위"로 규정하고 있다.

또한 제2조의2에는 학원의 종류를 학교교과교습학원과 평생직업교육학원으로 구분하고 있다. 학교교과교습학원은 「초·중등교육법」 제23조에 따른 학교교육과정을 교습하거나 다음 각 목의 사람을 대상으로 교습하는 학원을 말한다. 평생직업교육학원은 학원 외에 평생교육이나 직업교육을 목적으로 하는 학원을 말한다. 그렇다면 청소년 평생교육 범위는 무엇인가? 협의의 평생교육, 즉 학교교육을 제외한 교육으로 보면 평생직업교육학원에 국한되어야 할지도 모른다. 하지만 평생교육이 요람에서 무덤까지를 고려할 때 학교교과교습학원과 평생직업교육학원 모두를 청소년의 평생교육으로 포함하는 것이 타당할 것으로 판단된다.

학원에서 교습을 담당하는 강사는 학습자가 학습과정을 능률적으로 극대화할 수 있는 자가 되어야 할 것이다. 학원강사의 자격기준은 「학원의 설립운영 및 과외교습에 관한 법률 시행령」 제12조제2항에 제시되고 있으며, 그것은 다음과 같다.

〈표 10-3〉 학원강사의 자격기준(제12조제2항 관련)

구분	자격기준
학교교과 교습학원	1. 「초·중등교육법」 제21조에 따른 교원의 자격이 있는 사람 2. 전문대학 졸업자 또는 이와 같은 수준 이상의 학력이 있는 사람 3. 「국가기술자격법」에 따라 교습과목과 같은 종목의 기술사·기능장·기사 및 산업기사의 자격을 취득한 사람 4. 「국가기술자격법」에 따라 교습과목과 같은 종목의 기능사 자격을 취득한 후 3년 이상의 실무경력이 있는 사람 5. 「자격기본법」이나 그 밖의 다른 법령에 따라 면허증 또는 자격증 등을 취득한 사람으로서 제3호 또는 제4호에 상응한다고 교육감이 인정하는 사람 6. 고등학교 졸업자 또는 이와 같은 수준 이상의 학력이 있는 사람으로서 교습하려는 부문에 2년 이상 전임(專任)으로 교습한 경력이 있는 사람 7. 국가 또는 지방자치단체 등 공공기관이 주관하거나 후원하는 전국 규모의 각종 기능경기대회에서 교습하려는 부문에 입상한 실적이 있는 사람 8. 국가무형문화재 보유자(시·도무형문화재 보유자를 포함한다) 등 기능 또는 예능 보유자로서 교육감이 인정하는 사람 9. 대학 졸업 이상의 학력이 있는 외국인으로서 「출입국관리법」 제10조 및 같은 법 시행령 제12조에 따른 해당 체류자격이 있거나 같은 법 제20조 및 같은 법 시행령 제25조에 따라 해당 교습활동에 관한 체류자격 외 활동허가를 받은 사람
평생직업 교육학원	1. 고등학교 졸업자 또는 이와 같은 수준 이상의 학력이 있는 사람 2. 학교교과교습학원 강사의 자격기준 중 제3호부터 제5호까지 또는 제7호부터 제9호까지의 어느 하나에 해당하는 사람

3) 청소년시설 및 단체

학교 이외에도 청소년들은 청소년시설이나 단체를 통해 평생학습과정에 참여할 수 있다. 여기서 말하는 청소년시설은 청소년활동·청소년복지 및 청소년보호에 제공되는 시설을 말한다. 국가 및 지방자치단체는 청소년시설을 설치·운영하여야 한다(「청소년 기본법」 제18조). 또한 청소년시설의 적합성·공공성·안전성에 대한 국민의 신뢰를 확보하고, 그 설치와 운영을 지원하기 위하여 필요한 지도·감독을 할 수 있다(제19조).

▣ 청소년활동시설(「청소년활동 진흥법」 제2조)

- 청소년활동시설: 청소년수련활동, 청소년교류활동, 청소년문화활동 등 청소년활동에 제공되는 시설
- 청소년수련활동: 청소년이 청소년활동에 자발적으로 참여하여 청소년 시기에 필요한 기량과 품성을 함양하는 교육적 활동으로서 「청소년 기본법」 제3조제7호에 따른 청소년지도자(이하 "청소년지도자"라 한다)와 함께 청소년수련거리에 참여하여 배움을 실천하는 체험활동
- 청소년교류활동: 청소년이 지역 간, 남북 간, 국가 간의 다양한 교류를 통하여 공동체의식 등을 함양하는 체험활동
- 청소년문화활동: 청소년이 예술활동, 스포츠활동, 동아리활동, 봉사활동 등을 통하여 문화적 감성과 더불어 살아가는 능력을 함양하는 체험활동
- 청소년수련거리: 청소년수련활동에 필요한 프로그램과 이와 관련되는 사업
- 숙박형 청소년수련활동: 19세 미만의 청소년(19세가 되는 해의 1월 1일을 맞이한 사람은 제외한다. 이하 같다)을 대상으로 청소년이 자신의 주거지에서 떠나 제10조제1호의 청소년수련시설 또는 그 외의 다른 장소에서 숙박·야영하거나 제10조제1호의 청소년수련시설 또는 그 외의 다른 장소로 이동하면서 숙박·야영하는 청소년수련활동
- 비숙박형 청소년수련활동: 19세 미만의 청소년을 대상으로 제10조제1호의 청소년수련시설 또는 그 외의 다른 장소에서 실시하는 청소년수련활동으로서 실시하는 날에 끝나거나 숙박 없이 2회 이상 정기적으로 실시하는 청소년수련활동

▣ 청소년활동시설의 종류

1. 청소년수련시설
   가. 청소년수련관: 다양한 청소년수련거리를 실시할 수 있는 각종 시설 및 설비를 갖춘 종합수련시설
   나. 청소년수련원: 숙박기능을 갖춘 생활관과 다양한 청소년수련거리를 실시할 수 있는 각종 시설과 설비를 갖춘 종합수련시설
   다. 청소년문화의 집: 간단한 청소년수련활동을 실시할 수 있는 시설 및 설비를 갖춘 정보·문화·예술 중심의 수련시설
   라. 청소년특화시설: 청소년의 직업체험, 문화예술, 과학정보, 환경 등 특정 목적의 청소년활동을 전문적으로 실시할 수 있는 시설과 설비를 갖춘 수련시설

마. 청소년야영장: 야영에 적합한 시설 및 설비를 갖추고, 청소년수련거리 또는 야영편의를 제공하는 수련시설

바. 유스호스텔: 청소년의 숙박 및 체류에 적합한 시설·설비와 부대·편익시설을 갖추고, 숙식편의 제공, 여행청소년의 활동지원(청소년수련활동 지원은 제11조에 따라 허가된 시설·설비의 범위에 한정한다)을 기능으로 하는 시설

2. 청소년이용시설: 수련시설이 아닌 시설로서 그 설치 목적의 범위에서 청소년활동의 실시와 청소년의 건전한 이용 등에 제공할 수 있는 시설
3. 청소년활동시설: 청소년수련활동, 청소년교류활동, 청소년문화활동 등 청소년활동에 제공되는 시설

청소년의 평생교육은 YMCA, 컵스카우트, 걸스카우트 등과 같은 청소년단체를 통해 실시되고 있다. 청소년단체는 학교교육과 서로 보완할 수 있는 청소년활동을 통한 청소년의 기량과 품성 함양, 청소년복지 증진을 통한 청소년의 삶의 질 향상, 유해환경으로부터 청소년을 보호하기 위한 청소년보호 업무수행 등을 도모하고 있다(제28조).

또한 학교의 정규교육으로 보호할 수 없는 시간 동안 청소년의 전인적(全人的) 성장·발달을 지원하기 위하여 다양한 방과 후 활동 프로그램 등을 제공하는 종합적인 지원방안을 마련하여야 한다(제48조의2). 「청소년 기본법 시행령」(대통령령 제27751호, 2016. 12. 30) 제33조의4는 청소년 방과 후 활동 지원 주체로서 여성가족부장관과 시·도지사 및 시장·군수·구청장 등을 제시하고 있다. 이들이 실시할 수 있는 방과 후 사업은 다음과 같다.

- 청소년의 역량 개발 지원
- 청소년의 기본학습 및 보충학습 지원
- 청소년의 안전하고 건강한 방과 후 활동을 위한 급식, 시설 지원 및 상담

- 청소년의 안전하고 건강한 방과 후 활동을 위한 학부모 교육, 청소년의 방과 후 활동을 지원하는 기관 및 단체 등의 개발 및 연계
- 그 밖에 청소년의 방과 후 활동을 지원하기 위해 필요한 활동

▣ 기억하기

- 「청소년기본법」 제2조에서 청소년은 9세 이상 24세 이하인 사람, 즉 초등학생부터 대학생까지를 말한다.
- 청소년의 발달적 특성은 신체적 및 성적 · 인지적 · 정서적 · 사회적 · 영성적 측면 등으로 구분될 수 있다.
- 「청소년기본법」 제5조에서 청소년의 권리와 책임, 제7조에서는 청소년에 대한 사회의 책임을 규정하고 있다.
- 청소년들이 받을 수 있는 평생교육은 정규 학교교육의 기본학제와 기본학제의 보완적 기능을 수행하거나 사회교육의 성격을 지닌 특별학제의 형식적 교육과 검정고시, 학원, 청소년 시설 및 단체 등에서 이루어지는 비형식교육으로 구분될 수 있다.

CHAPTER 11

성인 평생교육

개요

성인은 생식할 수 있는 연령, 투표권과 운전면허 가능, 결혼 가능, 전일제 노동, 배우자가 있고 부모가 된 사람을 가리킨다. 성인교육은 안드라고지(Andragogy)라 불린다. 이 장에서는 성인학습자의 특성과 성인교육에 대한 현황을 중심으로 성인교육에 대해 살펴볼 것이다.

학습목표

1. 성인학습자의 특성에 대해 이해한다.
2. 성인의 평생학습 실태에 대해 알 수 있다.

1. 성인학습자의 특성[1)]

성인학습자는 20~80세 이상에 이르기까지 매우 다양한 사회심리학적 · 신체적 발달단계의 위치에 있으며, 복잡한 문제해결 전략과 풍부하고도 다양한 생애경험을 가지고 있다. 따라서 성인학습자에 대한 일반화는 매우 어렵다.

그러나 학자들의 통상적인 견해는 성인의 학습능력은 25세에 정상에 이르렀다가 그후 점차 감소하나 학습자의 지능, 동기, 속도, 태도, 준비도, 창의력 등에서 비슷한 경향을 갖는다고 보고 있다. 다시 말해서 유추, 수열, 추리, 수량적 기술 등은 연령이 높아질수록 떨어지는 경향이 있으나, 반면 언어 이해력 및 유창성, 어휘능력, 경험, 노하우, 통찰, 분석, 판단력 등은 반대 경향을 보인다고 한다(곽삼근, 2000; Merriam & Caffarella, 1999).

이러한 성인의 학습능력에 대한 일반적인 경향을 따르면, 방송고 성인학습자들은 수학, 과학 등 수량적 · 추리적 능력을 요구하는 학습내용보다는 국어, 사회, 경제 등 성인학습자의 생활과 문제에 밀접한 연관성을 지니는 학습내용을 선호할 가능성이 높아 보인다. 또한 수업방법에 있어서는 일제식, 지식전달수업보다는 자신의 학습경험을 토대로 한 발표 토론식 수업을 더 선호할 것으로 예상된다.

성인학습이론가들이 제시하고 있는 성인의 학습특성을 종합 요약하여 보면 다음과 같다. 첫째, 성인은 자신의 잠재력을 개발하여 끊임없이 자아를 실현시키기 위해 특정 목적이나 외부적 압력과는 상관없이 스스로 학습한다. 둘째, 성인은 여러 가지의 발달과업을 수행 또는 사회적 요구에 부응하기 위해서 학습한다. 셋째, 성인은 삶을 통하여 풍부한 경험을 축적함으로써 정체성을 확립해 나가고 학습환경, 학습 형태에 대한 뚜렷한 선호를 가지고 있고, 또한 그 경험을 학습자원으로

1) 이 절은 최상근, 김규태(2004)의 논문과 신명호(2012)의 박사논문에서 제시된 성인학습자 관련 내용을 발췌한 것임

활용한다. 넷째, 성인은 독립적인 자아개념을 가지고 있어서 자신의 학습욕구에 의해서, 자신에게 필요한 학습과제를 자신이 선호하는 학습형태로 학습하는 자기 주도적인 경향을 보인다(권대봉, 2003; Merriam & Caffarella, 1999; Darkinwald & Merriam, 1982).

브룩필드(Brookfield, 1986)에 의하면 성인학습자가 학습을 의미 있는 것으로 인정하는 조건으로 학습이 선행경험 또는 현재 관심사에 직접적인 연관성을 지니는가, 둘째, 자신이 당면한 문제와 도전에 직면할 때 해결하기 위한 학습인가, 셋째, 학습자의 배경, 능력, 학습스타일, 경험과 필요와 요구에 부합하는가에 달려 있다.

성인학습은 성인학습자 자신에게 있기 때문에, 전달적 기법보다는 경험적 기법–집단토론, 모의활동, 문제해결활동, 사례적 방법, 실험실 활동, 동료 간의 상호 협력적 활동을 강조한다(Knowles, et. al, 1998). 놀스(Knowles et al., 1998)는 〈표 11-1〉과 같이 알고자 하는 욕구(the need to know), 학습자의 자아개념(the learner'self- concept), 경험의 역할(the role of learners experience), 학습준비도(Readiness to learn), 학습성향(Orientation to learning), 동기(Motivation) 등의 차원에서 일반 학생과 성인학습자의 학습특성을 비교 분석하였다.

종합해 보면, 성인학습자들은 일반 학생들보다 자기 자신의 결정과 삶에 대한 책임을 진다는 독립적인 자아개념을 가지고 있고, 질적으로나 양적으로 훨씬 풍부한 생활직업 학습경험을 가지고 교육활동에 참여하는 경향이 높다고 본다. 또한 이들은 생활 중심적, 과업 중심적, 문제 중심적 학습성향을 지니고 있어 그들의 삶의 현장에서 부딪히는 문제들을 해결하고 과업들을 수행하는 데 학습이 도움을 줄 것이라고 인식하는 만큼 학습에 그들의 에너지를 투자하는 경향이 높을 것으로 예상된다(Darkenwald & Merriam, 1982).

<표 11-1> 일반 학생과 성인학습자의 학습특성

구분	안드라고지	페다고지
학습욕구	• 학습 시작 전 학습 필요성 점검 • 학습결과에 대한 이해관계 분석	• 학습내용의 현실과의 비연관성 • 교사 지도사항 중시
자기개념	자기주도성	의존성
경험 역할	직접 경험을 통해 얻는 지식과 기술 중시 (실험, 토의, 문제해결, 현장학습 등)	외부에서 주어진 경험 습득 (강의, 전달식 수업 등)
학습내용	• 실제 생활의 문세, 상황 해결을 위한 학습 • 이질성, 다양성	• 사회에서 규정된 학습 강요 • 동질성, 통일성
학습 지향성	미래생활, 실용, 문제해결	미래생활 대비(지식습득, 교과 중심)
학습동기	• 외재적 동기(직업, 승진, 봉급 등) • 내재적 동기(직업만족감, 자존감, 생활의 질)	외재적 동기(학점, 교사인정 등)

출처: Knowles, M.(1990). *The adult learner: A neglected species*(4th ed.). Houston: Gulf Publishing Company

성인학습자들이 학습에 참여하는 동기와 장애가 되는 요인에 대한 학자들의 견해는 다양하다. 모르스테인과 스미드(Morstein & Smart, 1974)는 성인들의 학습참여 동기를 타인과의 관계를 계발 개선, 사회적 기능 개선을 위한 사회적 관계, 교육활동 참여에 대한 외부의 지시, 추천기대 등에 순응을 위한 외부 기대, 타인, 공동체, 인류에 봉사할 수 있는 능력 향상, 준비, 공동체 작업에의 참여를 위한 사회적 복지, 직업의 과업수행 및 지위향상, 경쟁력 제고(유용한 지식, 학위, 직무 관련 기술 습득 등)를 위한 전문성 신장, 일상생활의 구딘힘, 지루함, 죄절상항에서의 탈피와 지적 자극 등을 위한 회피/자극, 지식 그 자체 추구, 학습자체 추구를 위한 인지적 흥미 등 6개 유형으로 구분 제시한 바 있다.

다큰월드와 바큰타인(Darkenwald & vakntine, 1985)은 성인학습 참여에 대한 장애요인으로 낮은 자신감, 코스 적합성 부족, 시간, 낮은 우선순위, 비용, 개인적 문제 등으로, 헤이스와 다큰월드(Hayes & Darkenwald, 1998)는 낮은 자신감, 사회적 불인정, 상황적 방해물, 수업에 대한 소극적 자세, 낮은 개인 선호도 등으로 제시하였다.

2. 성인의 평생학습 실태[2)]

1) 평생학습 참여율

한국 성인의 평생학습 참여율은 지난 1년간 만 25~64세까지 한국 성인 인구 중에서 형식교육 또는 비형식교육에 참여한 성인의 비율을 말한다.

$$\text{평생학습 참여율(\%)} = \frac{\text{형식교육참여자} + \text{비형식교육참여자} - \text{동시참여자}}{\text{만 25~64세 한국의 성인}} \times 100$$

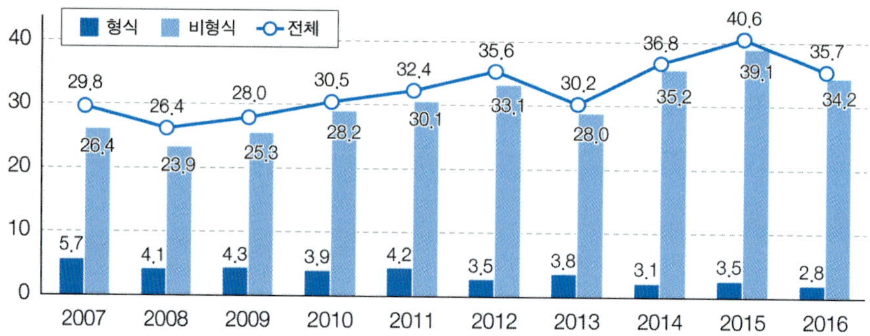

[그림 11-1] 평생교육 참여율

2) 여기서 제시된 실태자료는 한국교육개발원(2016)의 한국 성인의 평생학습 참여 실태 보고서를 발췌한 것이다. 본 조사는 2010년 인구주택총조사 결과이며, 전국 17개 시·도(세종특별자치시 포함)의 전체 표본조사구에서 추출된 711개 조사구별로 할당된 가구에서 만 25~64세 가구원 1만 679명의 자료를 분석한 결과이다(참여 가구 수 : 6,434가구, 가구당 평균 1.66명).

2) 직업 관련 비형식교육 참여

직업 관련 비형식교육 참여율은 1년간 만 25~64세까지 한국 성인인구 중에 직업과 관련하여 비형식교육에 참여한 성인의 비율이다. 이것은 비형식교육 프로그램(학력보완교육, 성인기초 및 문자해득교육, 직업능력향상교육, 인문교양교육, 문화예술스포츠 교육, 시민참여교육 영역 내의 모든 프로그램 대상) 중에 현재 혹은 차후 희망 직업과 관련된 목적(① 취업, 이직, 창업에 도움, ② 일하는 데 필요한 기능 습득, ③ 성과급, 연봉 등 소득 증대, ④ 고용안정)으로 참여하는 비율이다. 2016년 현재 17.3%에 달하고 있으며, 이는 2007년 대비 6.8% 증가한 것이다.

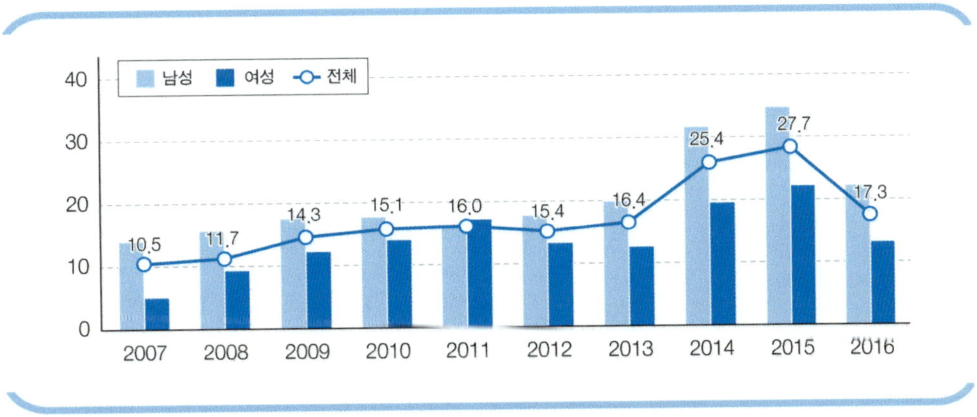

[그림 11-2] 직업 관련 비형식교육 참여율

3) 평생학습 참여시간

평생학습 참여시간은 지난 1년간 만 25~64까지 성인인구 중 형식교육과 비형식교육 참여자들의 연평균 참여시간을 말한다. 여기서 형식교육은 학교 안에서 이루어지는 방식의 학교교육으로 졸업장이나 학위 취득이 가능한 정규교육과정을 말한다. 또한 비형식교육은 정규교육 이외의 구조화된 학습활동으로, 공식적인 학위나 졸업장 취득을 우선 목적으로 하지 않으며 평생교육기관에서 운영하는 프로그램이나 교육과정을 통해 이루어지는 교육(예: 고등학력보완교육(학점은행제, 독학학위제 등), 직장에서 받은 직무연수나 특강, 학원 수강, 대학 평생교육원이나 평생 학습관 프로그램 수강, 주민자치센터나 백화점 문화센터, 복지회관 프로그램 참여, 영농교육, TV 및 인터넷 강의 수강, 학습 동아리, 개인교습 등)을 말한다. 2016년 현재 형식교육 참여시간은 530시간, 비형식교육 참여시간은 87시간인 것으로 나타났다.

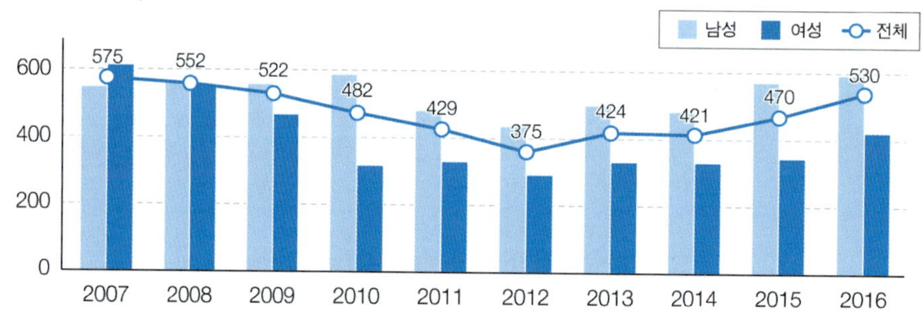

[그림 11-3] 형식교육 참여시간

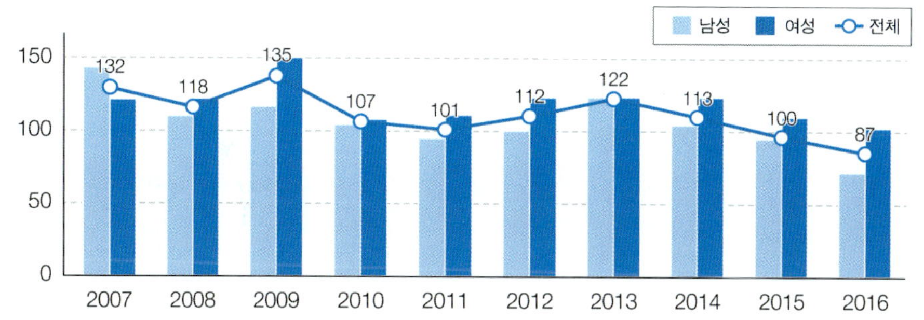

[그림 11-4] 비형식교육 참여시간

4) 배경변인별 평생학습 참여 현황

우리나라 성인의 평생학습 참여율을 성별로 살펴보면 형식교육은 남성이, 비형식교육은 여성이 더 높았다. 연령별로는 연령대가 높아질수록 참여가 감소하는 것으로 나타났으며, 특히 형식교육은 저연령층(25~34세)의 참여가 두드러지게 높게 나타났다. 우리나라 성인은 학력이 높을수록 평생학습 참여율이 높은 것으로 조사되었다. 특히, 대졸 이상 학력 소지자(45.3%)가 중졸 이하 학력 소지자(20.0%)보다 약 2배 이상 더 평생학습에 참여하는 것으로 나타났다.

형식교육은 취업자(1.3%)보다 실업자(13.5%)와 비경제활동인구(6.1%)의 참여율이 높으며, 비형식교육은 실업자(42.9%)의 참여율이 가장 높은 것으로 나타났다.

경제활동상태에 따라 살펴보았을 때 2016년 전체 평생학습 참여율은 실업자(50.4%)가 월등하게 높았다. 우리나라 성인의 월 가구소득에 따른 참여율을 살펴보면 가구 소득이 높을수록 참여율이 높았으며, 500만 원 이상(42.7%)과 150만 원 미만(21.1%)의 참여율 격차가 큰 것으로 나타났다. 특히, 비형식교육에서 저소득 가구(150만 원 미만 17.2%)와 고소득 가구(500만 원 이상 41.5%)의 참여율 격차가 컸다.

지역에 따라서는 중소도시와 농어촌의 참여율(각각 38.6%, 37.5%)이 비슷하고, 서울 및 광역시(32.7%)가 가장 낮은 것으로 나타났다.

[표 11-2] 학습영역별 평생학습 참여율 (단위 : %)

구분		전체 (형식 · 비형식)	영역		
			형식교육	비형식교육	직업 관련*
전체		35.7	2.8	34.2	17.3
성	남성	34.4	3.5	32.4	21.8
	여성	37.1	2.0	36.1	12.6
연령	25~34세	46.6	8.4	41.7	25.5
	35~44세	39.1	1.9	38.0	18.6
	45~54세	31.6	1.0	31.2	15.5
	55~64세	26.5	0.6	26.4	10.4
학력	중졸 이하	20.0	0.4	19.6	7.5
	고졸	29.1	3.4	27.0	12.5
	대졸 이상	45.3	2.8	44.1	24.0
경제활동상태	취업	34.9	1.3	34.3	21.2
	실업	50.4	13.5	42.9	29.3
	비경제활동	36.9	6.1	33.0	5.1
월가구소득	150만 원 미만	21.1	5.3	17.2	8.0
	150만~300만 원 미만	31.3	2.7	29.8	15.5
	300만~500만 원 미만	34.8	2.4	33.3	16.7
	500만 원 이상	42.7	2.9	41.5	21.3
고용 형태	임금근로자(정규직)	40.7	1.3	40.1	26.6
	임금근로자(비정규직)	24.2	1.2	23.7	11.9
	비임금근로자	27.1	1.1	26.6	13.9
지역	서울 및 광역시	32.7	2.6	31.4	13.5
	중소도시	38.6	2.9	36.7	20.1
	농어촌	37.5	2.9	36.1	21.6

주: 2016년 평생학습 개인실태조사 참여자 전체에 대한 현황임
* 2016년 평생학습 개인실태조사 참여자 중 직업 관련된 목적으로 비형식교육에 참여한 응답자를 대상으로 함

5) 비형식교육 프로그램 참여

성인학습자들이 참여하는 비형식교육 프로그램을 분류하면 다음과 같다.

[표 11-3] 비형식교육 프로그램의 분류

영역	프로그램
학력보완교육	• 고등학력보완교육(학점은행제, 독학학위제 등) • 검정고시 강좌(초·중·고등학교) • 진학 준비 강좌(편입, 대학원 준비 등)
성인기초 및 문자해득교육	문해교육(저학력·비문해대상 한글교실, 산수교실 등)
직업능력향상교육	• 외국어 자격증강좌(토익, 토플 등) • 컴퓨터 자격증강좌(컴퓨터활용능력, 워드프로세서 등) • 자격증인증과정(공인중개사, 각종 지도사, 요리기능사, 요양보호사, 평생교육사, 피부관리사 등) • 취업 및 창업 준비과정(공무원 시험 대비반 등) • 직무능력 향상교육과정(직무연수, 경력개발, 워크숍, 세미나 등)
인문교양교육	• 경제·경영강좌(펀드, 재무설계, 부동산 등) • 외국어강좌(생활 외국어 등) • 컴퓨터강좌(정보 인터넷 소양교육 등) • 종교교육강좌(성경/불경 모임 등) • 인문교양강좌(역사강좌, 철학강좌, 미술사 강좌, 문학강좌 등) • 가정생활강좌(요리, 유아·아동·청소년교육, 꽃꽂이, 예절교육 등) • 건강 및 의료강좌(보건교육, 금연교육, 생활의료교육 등)
문화예술스포츠교육	• 음악강좌(피아노, 플룻, 노래교실 등) • 미술강좌(풍선아트강좌, 사진, 공예, 천연염색 등) • 스포츠강좌(수영, 댄스, 에어로빅, 요가, 배드민턴 등)
시민참여교육	• 지도자과정(마을리더, 주민자치위원 교육 등) • 시민참여교육강좌(시민교육, 인권교육, 평화교육, 환경교육 등) • 환경생태강좌(자연과학, 환경, 생태강좌 등)

전체 응답자 중 일정 장소에서 강사가 강의하는 강좌 형태의 비형식교육에 참여한 비율이 가장 높았고, 직장 내 직무 연수 프로그램, 기타 강좌 및 개인교습 순으로 나타났다. 남성은 직장 내 직무 연수 프로그램(15.3%) 형태에 가장 많이

참여한 반면 여성은 일정 장소에서 강사가 강의하는 강좌(20.5%)에 가장 많이 참여하였다.

[표 11-4] 비형식교육 참여형태별 참여율

		일정 장소에서 강사가 강의하는 강좌	직장 내 직무 연수 프로그램	원격/사이버 강좌 수강	전문적인 세미나 및 워크숍	학습 동아리	기타 강좌 및 개인교습
전체		16.2	11.4	3.8	3.7	0.9	7.5
성	남성	12.1	15.3	4.3	4.6	0.9	5.3
	여성	20.5	7.4	3.3	2.8	0.8	9.6
연령	25~34세	18.0	15.4	6.6	4.1	1.5	7.8
	35~44세	17.2	14.0	4.3	4.6	1.1	7.9
	45~54세	15.0	10.2	3.1	3.9	0.4	7.1
	55~64세	14.0	6.1	1.5	2.1	0.7	7.0
학력	중졸이하	13.5	3.5	0.5	0.9	0.2	3.9
	고졸	13.7	6.9	1.9	1.6	0.8	7.1
	대졸이상	19.1	17.3	6.3	6.2	1.2	8.6
경제활동상태	취업	14.2	15.4	4.0	4.7	0.7	6.0
	실업	21.3	3.3	15.1	1.7	3.0	9.4
	비경제활동	21.5	0.7	2.4	1.1	1.3	11.5
월가구소득	150만원 미만	8.5	3.8	3.5	1.0	0.9	3.1
	150~300만원 미만	15.5	8.9	3.0	3.1	0.6	6.2
	300~500만원 미만	15.8	11.0	3.5	3.2	0.7	7.3
	500만원 이상	18.9	15.0	5.0	5.3	1.4	9.2
지역	서울 및 광역시	14.3	9.1	3.2	3.1	0.6	8.0
	중소도시	16.5	14.2	4.5	3.8	1.3	7.6
	농어촌	21.6	11.0	4.0	5.2	0.6	5.5

주: 2016년 평생학습 개인실태조사 참여자 전체에 대한 현황임

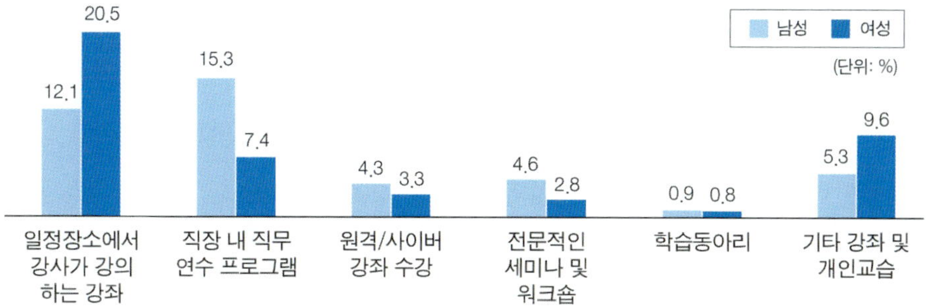

주: 1) 비형식교육에 참여한 응답자의 참여 프로그램 응답 수에 대한 현황임
2) 한 사람의 응답자가 '6가지 비형식교육 영역별'로 최근 참여한 프로그램을 3개까지 응답(최대 18개의 참여프로그램)할 수 있으며, 비형식교육 참여자 1인당 약 1.35개 프로그램에 참여한 것으로 나타남

[그림 11-5] 비형식교육 프로그램별 참여율(상위 7위)

비형식교육에서 가장 많이 참여한 프로그램은 직무능력향상교육과정(39.9%)이고, 그 다음으로 스포츠강좌(21.2%), 자격증인증과정(5.1%) 순으로 나타났다.

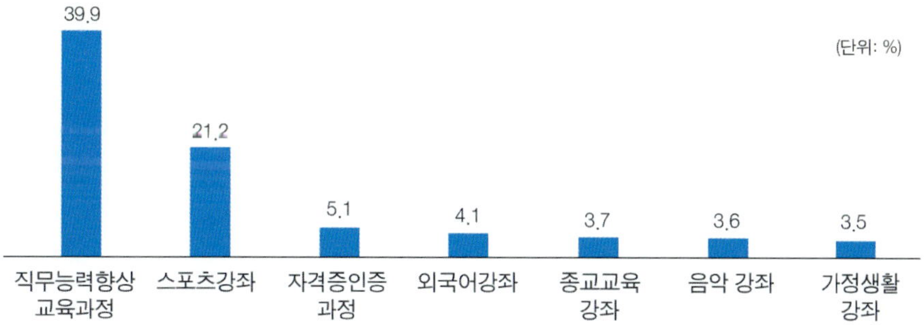

[그림 11-6] 비형식교육 참여 형태별 참여율

6) 평생학습 참여목적

형식교육 참여목적은 직업과 관련된 경우가 56.7%, 직업과 무관한 경우가 43.3%로 나타났다. 직업 관련한 이유 중에는 '취직, 이직, 창업에 도움'이 41.9%로 가장 높은 비율을 차지하였고, 직업과 무관한 경우는 '교양 함양이나 지식습득 등 자기계발'이 35.8%로 가장 높았다.

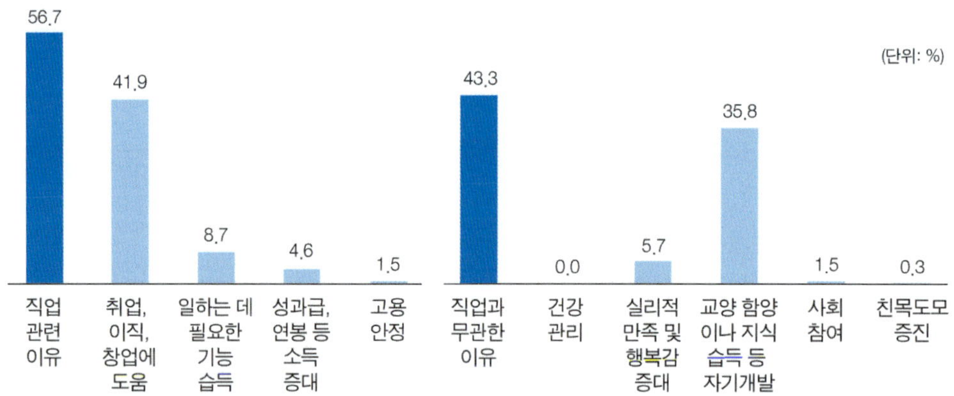

주: 2016년 평생학습 개인실태조사 참여자 중 형식교육에 참여한 응답자에 대한 현황임

[그림 11-7] 형식교육 참여목적

7) 비형식교육 주요 수강시간

비형식교육의 주요 수강시간은 평일 낮이나 저녁인 것으로 나타났다.

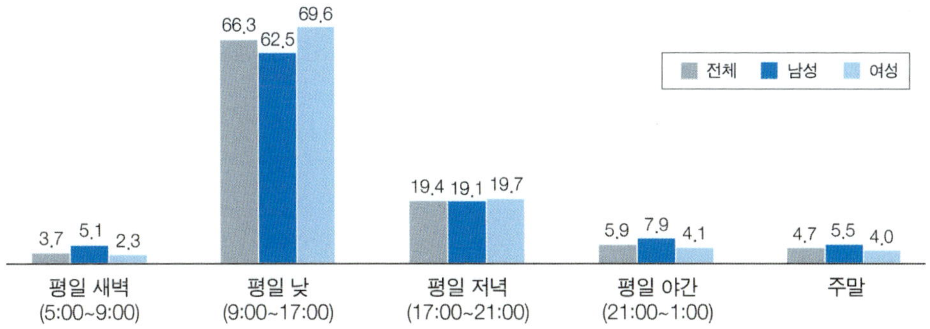

주: 비형식교육에 참여한 응답자의 참여 프로그램 응답 수에 대한 현황임(1인당 약 1.35개 프로그램 참여)

[그림 11-8] 비형식교육 수강시간대(성별)

기억하기

- 성인의 학습특성은 첫째, 자신의 잠재력 개발과 자아실현을 위해 스스로 학습한다. 둘째, 발달과업 수행과 사회적 요구에 부응하기 위해 학습한다. 셋째, 학습환경과 학습형태에 대한 뚜렷한 선호를 가지고 있고, 경험을 학습자원으로 활용한다. 넷째, 학습과제를 자신이 선호하는 학습 형태로 학습하는 자기주도적인 경향을 보인다.
- 성인학습은 성인학습자 자신에게 있기 때문에, 전달적 기법보다는 경험적 기법–집단토론, 모의활동, 문제해결활동, 사례적 방법, 실험실 활동, 동료 간의 상호 협력적 활동을 강조한다.
- 성인학습 참여에 대한 장애요인으로는 낮은 자신감, 사회적 불인정, 상황적 방해물, 수업에 대한 소극적 자세, 낮은 개인 선호도 등이 있다.

12

CHAPTER

노인 평생교육

개요

인간의 평균수명이 점차 증가하면서 일생에서 노년기가 차지하는 비중은 갈수록 늘어나고 있다. 한국사회는 65세 이상의 노인인구 비율의 급격한 증가로 다른 선진국들보다 훨씬 빠르게 고령화 사회로 진입했다. 이와 같은 고령인구의 증가는 공적연금제도의 붕괴, 세대 간의 갈등, 자아정체감 위기 등 당사자인 개인과 그 가족뿐만 아니라 국가적인 차원에서 이해하고 대처해야 할 문제이다. 따라서 이 장에서는 노인의 정의와 특성에 대해 알아보고 노인문제의 해결책으로 평생교육을 살펴보고자 한다.

학습목표

1. 노인의 개념에 대해 알 수 있다.
2. 노인의 신체적·심리적 특성에 대해 이해한다.
2. 노인의 평생교육방법과 유형에 대해 설명할 수 있다.

1. 노인의 정의와 특성

1) 노인의 개념

노인은 나이가 들어 늙은 사람을 뜻하는 사전적 의미가 있으나 현재는 어르신이라는 단어를 사용하고 있다. 시니어, 늙은이, 실버, 고령자 등의 단어로도 사용한다. 노인이란 인간발달과정의 최종단계로 정신·신체적, 사회적인 측면에서 각각 적응성과 능력이 퇴화되는 특징을 나타낸다. 또한 노인이란 개념은 단순히 몇 살이라는 숫자에 의해 규정될 수 있는 것이 아니라 심리·생물학적, 사회학적 측면과 연관된 복합적 개념으로 받아들여져야 한다.

1951년에 열린 제2회 국제노년학회(International Association of Gerontology)에서는 노인이란 노화과정에서 나타나는 환경적·심리적·생리적 행동의 변화가 복합적인 형태로 상호작용하는 과정에 있는 사람이라고 의학적인 견지에서 정의하고 이를 세분화하여 설명하고 있다.

① 환경 변화에 적응할 수 있는 여러 기능과 기관에서 결핍을 가진 사람
② 자신을 통합하려는 능력이 감소되는 시기에 있는 사람
③ 인체의 조직, 기능, 기관 등에서 감퇴현상이 나타나는 시기에 있는 사람
④ 인생의 적응에서 정신적으로 기능이 감소되어 가고 있는 사람
⑤ 인체의 조직과 기능의 노화와 소모로 적응감퇴 상태에 있는 사람

브린(Breen, 1960)은 노화의 개념에는 생물학적·심리적·생리적인 개념 외에 사회적노화의 개념도 포함되어야 한다고 주장하고 있다. 그는 노인의 정의를 생물학적·생리적 측면에서 퇴화하고 있는 사람, 심리적인 면에서는 성격과 정신기능이 변화되고 있는 사람, 마지막으로 사회적인 면에서 지위 및 역할이 상실되어

가는 사람이라고 하였다.

우리나라의 전통에서 보면 만 60세가 될 때를 환갑이라고 하여 노인으로 인식하기 시작하였으며, 70세가 되면 고희라고 하여 장수를 기원하며 후하게 대접하였다. 현재 우리나라에서 법적으로 노인을 연령으로 정의하는 것을 살펴보면 「고령자고용촉진법」은 55세 이상, 「국민연금법」에서는 만 60세 이상, 「국민기초생활보장법」 및 「노인복지법」은 65세 이상인 자, 그리고 유료노인 복지주택과 유료노인전문요양시설, 유료노인요양시설의 경우에는 60세 이상으로 연령에 따라 구분하고 있다. 특히, 「생활보호법」 제3조에서는 65세 이상의 국민을 생활보호대상 노인으로 규정하고 있으며, 노인회에 가입할 수 있는 연령도 65세로 하고 있다.

또한 비생산적 연령(post-productive age)을 노인의 시작으로 보기도 하며 그 기준은 나라마다 각기 차이가 있다. 미국, 프랑스, 네덜란드, 스웨덴은 정년퇴직의 시기를 기점으로 하고, 60세 전후에 정년퇴직이 결정되고 있는 일본의 경우에는 다른 나라들보다 비교적 사회적 의미의 노년기가 일찍 시작되고 있다. 국가별로 노인의 규정이 다르다는 것은 단순하게 65세 이상이라고 하는 연령적인 구분보다는 퇴직과 실질적인 경제활동능력을 상실하는 사람들을 노인이라고 볼 수 있다는 것이다. 이러한 내용들을 살펴볼 때, 노인의 기준은 연령뿐만 아니라 정신적·신체적·사회적 특성의 다양한 측면에서 그 개념을 찾아볼 수 있으며, 최종적으로 정신적, 신체적 및 사회적 역할과 기능의 능력이 감소하고 퇴화하는 현상을 겪고 있는 사람이라고 볼 수 있겠다.

2) 노인의 특성

노인이 된다는 것은 노화가 진행되어간다는 것을 의미한다. 노인이 되어가는 과정인 노화에 관한 이론은 다음의 두 가지로 나누어 볼 수 있다. 첫 번째는 우리 몸 안의 어딘가에 생체시계가 있어 사람마다 미리 정해진 시간표에 따라 태어나서부터 죽을 때까지 신체의 성장 및 발달과 노화과정이 조절되어 노화가 진행된다는 것이고, 또 다른 하나는 외부환경과 주위환경의 영향에 의해 세포나 신체기관이 마모 및 손상되어 몸이 점진적으로 제 기능을 잃어가는 과정이라는 것이다.

(1) 노인의 신체적 특성

노인은 연령이 증가함에 따라 신체를 구성하고 있는 세포조직의 재생능력이 퇴화하면서 신체적 기능이 저하된다. 이것은 여러 가지 질병의 원인이 되기도 하고, 근육이나 골격이 위축되어 신장이 줄어들고 등이나 허리가 굽어지며 피하지방 또한 감소하여 전신이 마르고 체중도 줄어 주름이 많아진다. 신경계에서는 자극에 대한 반응도 늦어지고 내장기관도 면역력이 저하됨으로써 관절염, 고혈압, 당뇨병, 심장질환, 폐질환 등 만성질환의 질병에 대한 감염도도 높고 소화기의 기능도 떨어지게 된다.

노화가 진행되면서 신체적으로 겪게 되는 특징은 건강 관련 체력인 근지구력, 근력, 유연성, 심폐지구력 등과 더불어 전신반응시간, 민첩성, 평형성 등의 기능과 관련된 체력 그리고 체지방량 증가 및 근육감소 등의 신체조성 차원의 변화가 급격하게 진행되며, 감각기능의 저하와 함께 체력손실 및 균형감각과 같은 자세 유지를 담당하는 중추신경계 기능이 저하되어 넘어짐을 경험하기 쉽다. 이러한 신체 노화현상과 활동의 저하로 인해 발생한 근력약화는 다시 노인의 운동성을 제한하게 되며 이로 인해 노인의 근육과 골격은 더 빠르게 퇴화되고 이는 다시 근력 약화를 초래하는 악순환의 고리가 형성되어 노인들의 일상생활에 영향을 주게 되어 결국에는 삶의 질을 떨어뜨리게 된다.

신체는 내장기관이나 기관에 따라 노화의 정도와 속도도 다르고 건강상태는 개인 차이가 있지만, 나이가 들어가고 노화가 진행됨에 따라서 시력 · 청력 · 언어기능 등에 각종 장애가 발생됨과 동시에 노인들은 전반적으로 약화되고 각종 질병,

특히 만성질환을 앓는 경우가 많다. 그리고 청장년기와는 달리 노년기에는 역할상실 · 노화현상 등의 이유로 낮잠과 휴식시간의 증대 등이 나타나고 야간에 수면시간이 단축되기도 한다.

노인건강수준 및 실태조사인 질병상태조사에서도 알 수 있듯이 노인의 88.5%는 만성질환이 있고, 만성질환이 2개 이상인 만성복합 이환율은 68.3%, 3개 이상은 44.3%로 우리 사회에서 노인들이 만성질환을 앓는 신체적 불편함과 함께 건강상의 문제가 가장 큰 문제인 것을 알 수 있다.

(2) 노인의 심리적 특성

노인이 되면 노화, 체력 저하 등의 신체적인 변화뿐만 아니라 정신적 · 심리적 변화도 함께 나타나게 된다. 활동성 감소와 인내력 부족, 정력부족, 흥미를 가지는 범위가 좁아지게 되고 자기중심적으로 변하기 쉽다. 특히, 감각능력과 지각능력의 쇠퇴는 지적 · 인지능력의 감소 원인이 되며 문제해결능력에 있어서도 영향을 미친다.

노인에게 나타나게 되는 심리성격에 대하여 살펴보면 다음과 같은 특성들이 있다.

첫째, 우울증 경향이 증가한다. 우울증은 어느 한 시점에 발생된다기보다는 노년기 전반에 걸쳐 발생 가능성이 증가하게 되는데, 신체적 질병이나 배우자와의 사별, 경제능력의 약화와 가족 · 사회로부터의 소외 및 고립으로 인해 자기통제기능 상실, 역할상실로 인한 상실감, 과거에 대한 회상 등 다양한 원인이 있다.

둘째, 수동성과 내향성이 증가한다. 노년기에는 자신의 감정 및 사고에 의존해서 사물과 사건들을 판단하는 일이 증가하고, 누군가의 도움을 받아 문제를 해결하려고 하는 의존적이고 수동적인 성향이 증가하게 된다.

셋째, 경직성이 증가한다. 새로운 환경에 대한 적응을 힘들어하고 이로 인해 학습능력 및 문제해결능력이 눈에 띄게 저하된다.

넷째, 조심성이 증가하게 된다. 노인은 본인의 의지로 변화보다 정확성을 중요시하는 경향이 늘어나기 때문에 조심성이 증가한다.

다섯째, 의존성이 증가하게 된다. 신체적 · 경제력으로 모든 부분의 기능이 저하되는 시기이기 때문에 여러 가지 상황에서 자신의 의지가 약해지고 타인, 특히 가족에게 의지하는 의존성이 증가한다.

여섯째, 사물에 대한 애착심이 강해진다. 자신이 오랫동안 사용한 물건은 과거에 대한 기억과 연결되어 마음의 안정을 준다. 애착이 심한 경우 물건을 사용하지 못할 정도가 되어도 집착을 버리지 못하는 경우가 있다.

마지막으로 노인은 유산과 업적을 남기려고 한다. 건강한 노인일수록 자신의 삶을 증명할 수 있는 업적이나 자손들에게 사후에 자기 자신을 추억할 수 있는 자취를 남기고자 하는 경향이 있다.

그 외에도 노인은 청력과 시력의 퇴화로 행동범위가 좁아지거나 외부자극이 적어지면서 고립화된다. 그 결과 일방적으로 사물을 해석하려 하거나 의심, 또는 왜곡된 생각을 하기가 쉽다. 또한 만성퇴행성질환의 증가로 건강에 대해 지나친 염려증이 나타나고 우울증 경향이 증가하며 내향성 및 의존성이 증가한다. 이러한 변화는 노인의 우울증 및 자살, 기능적 정신장애 등과 깊은 관련성을 가지고 있다.

2. 노인 평생교육의 방법과 유형

1) 노인교육의 방법

노인교육은 아동 중심의 교육학인 페다고지(pedagogy), 성인 중심의 교육학인 안드라고지(andragogy)와 함께 교육학의 3대 체계를 구축하고 있다. 노인교육은 단순히 아동, 성인, 노인이라는 연령에 따른 대상의 구분이 아니라 연령, 지위, 성별에 관계없이 각자의 관심과 이해에 따라 여러 세대가 한 데 모이고 상호작용을 함으로써 그 속에서 서로 간에 정보들을 교환하고 새로운 지식을 만들어 내는 적극적인 과정으로서, 제3의 교육학 또는 초세대적인 교육의 의미를 갖는 '트라이고지(trigogy)'를 의미한다(한정란, 2001). 이러한 노인교육을 피터슨(Peterson, 1983)은 "노인을 위한, 그리고 노인과 노화에 관한 교육적 노력의 실천과 연구"라고 하였으며 자비스(Jarvis, 1990)는 "노인을 위한 교육, 노인과 노화에 관한 교육, 그리고 노인과 관련된 직업을 가진 이들을 위한 교육의 세 분야를 포함하는 교육적 노력의 연구와 실천"으로 규정하고 있다. 한정란(2001)은 여기에 각기 다른 연령계층 또는 여러 세대의 집단이 함께 교육적인 활동을 하는 세대통합교육을 추가하였다. 따라서 노인교육의 방법을 노인에 의한 교육과 노인에 관한 교육, 노인을 위한 교육, 세대공동체 교육방법으로 분류하면 다음과 같다(권중돈, 2013).

(1) 노인에 의한 교육

노인에 의한 교육방법은 노인의 지혜와 경험을 교육적으로 활용하는 노인교육방법으로 교실학습을 통해 다양한 경험과 실질적인 교육의 제공, 전통의 전수, 대인관계의 확대, 노인의 사회 참여를 목적으로 한다. 그리고 교육의 내용은 전통적 가치와 윤리, 역사적 증언과 회상, 전통적 기술과 전통예절, 전통음식, 민속 및 전통예술, 지역사회 안에서의 봉사활동, 기타 전문 주제에 관한 교육 등과 같은 직접적인 교육활동에서부터 간접적인 교육 효과를 기대할 수 있는 사회 전반의 모든 영역의 활동에 이르기까지 매우 다양하게 접근할 수 있다. 그러나 교수자로서 서비스를 제공하는 노인과 서비스를 받는 젊은 세대 수혜자 사이의 학습에서 지위와 역할 차이만 나타나는 것이 아니라 세대 차이로 인한 교수자와 학습자의 경계선이 상하관계 또는 주종관계로 변질될 위험성이 내재되어 있기 때문에 교육과정에서 상호 간의 호혜적 관계를 형성하고 유지하는 것이 매우 중요하다.

(2) 노인에 관한 교육

노인에 관한 교육은 아이들에서 노인들의 어느 연령집단에 이르기까지 노인과 관련된 직업에 종사하는 사람들이나 퇴직을 준비하는 이들과 같이 어떠한 상황에 놓인 사람들을 대상으로 하여 일반적인 퇴직준비교육과 노인에 대한 이해교육, 노인전문교육을 실시하는 것을 말한다. 이러한 교육은 노인 및 노화에 대한 잘못된 선입견을 바로잡고 이해를 확장시키며, 노화에 대한 준비와 적응, 그리고 세대 간 이해를 넓히는 것을 목적으로 실시된다. 교육의 주요 내용은 노년기의 생리적·심리적·사회적인 변화, 노화에 대한 준비, 노년기의 발달 및 적응, 노후생활을 설계하고 노인과 함께 살아가는 방법 배우기, 고령화 사회의 영향과 성공적인 노화사례 탐구 등으로 구성될 수 있다. 그리고 교육의 방법은 강의뿐만 아니라 노인들 자신의 자서전 작성하기 등의 실천방법을 활용할 수도 있다.

(3) 노인을 위한 교육

노인을 위한 교육은 학습자인 노인을 대상으로 하는 연구 및 실천을 통하여 노인의 강점을 찾아 그 역량을 강화하기 위한 교육활동이다. 교육의 목적으로는 사회적응 및 노화에 대한 적응, 능동적인 삶의 고취와 자기계발, 사회참여 촉진, 자립, 대인관계 확대를 큰 틀로 삼아서 노후 경제생활, 여가, 건강 등의 전반적인 노후생활의 내용, 노인권리와 노인복지, 취업, 생존과 일반교양, 죽음에 대한 준비와 영성에 대한 다양한 내용을 교육한다. 그리고 상호존중의 원리와 융통성의 원리, 의미 있는 학습원리, 자기 지향적 학습원리, 학습자인 노인 중심의 원리 등에 근거하여 노인의 특성 및 노화의 특성에 적합한 교육방법을 활용한다.

〈표 12-1〉 노인교육의 범위

구 분	노인에 의한 교육	노인에 관한 교육	노인을 위한 교육
학습자	모든 연령의 학습자	모든 연령의 학습자	노인
교수자	노인	노인을 포함한 모든 연령이 가능	노인을 포함한 모든 연령이 가능
목적	세대 간 이해확장, 사회봉사, 사회참여 등	노년기 준비, 직업준비, 노인의 이해 등	사회적응, 여가활용, 재교육, 직업준비 등
주요 내용	노인의 지혜와 경험이 기여할 수 있는 전통지식과 기능, 역사적 사실, 각종 봉사활동 등	노인의 특성, 노화과정에 적응하기 위한 지식과 기능, 수요자로서의 노인의 특성 등	노년기에 필요한 건강, 여가, 직업기술, 노인의 특성 등

〈표 12-2〉 노인교육 프로그램의 내용별 분류

분 류	프로그램의 예
지적 욕구영역	은퇴생활에 필요한 지식과 생활 배우기, 세대차 및 사회 변화 이해, 건강증진을 위한 폭넓은 지식 갖추기, 정치·경제·사회·문화의 최신 동향 알기
정서적 욕구영역	취미와 여가의 습득, 적극적 생활태도의 유지, 건전한 오락, 소외감 및 허무감 극복, 죽음에 대한 심리적 적응과 준비, 독신생활에의 적응
사회적 욕구영역	어른 구실하기, 동년배와의 친교 유지, 자녀 및 손자녀들과의 원만한 관계 유지, 사회봉사활동 참여, 가정과 직장에서 일과 책임을 계승, 화목한 가정 유지
건강 욕구영역	규칙적인 운동, 노년병에 대한 기본지식과 건강관리법, 체력과 건강유지, 식이요법에 관한 지식, 지병 및 쇠약의 적절한 대처 및 처방
경제적 욕구영역	재산관리, 공동작업과 재취업 등 수익사업 관련 교육, 정년 등에 의한 수입감소에 적응하기, 생계비 및 용돈 마련과 관련한 교육

출처: Harris, D. K., & Cole, W. E. (1985). *Sociology of Aging*. 최신덕(역). 노년사회학. 서울: 경문사.

2) 노인교육의 유형

시릴 훌(Cyril Houle)은 성인기를 독립적인 성인기, 초기 중년기, 초기 노년기, 후기 노년기의 4단계로 나누었다. 시릴 훌이 특히 초점을 맞춘 두 단계는 초기 노년기(55~75세)와 후기 노년기(75세 이상)이다. 먼저 초기 노년기에 있어서 교육은 성공적으로 노년기에 적응할 수 있는 전략을 계획하는 데 도움이 되며, 은퇴로 인해 감소된 일하는 시간이 새로운 활동참여와 관심 분야의 능력 개발 등으로 연결되어 새로운 직업을 시작하는 것을 가능하도록 해준다. 또한 교육은 노인들이 여가를 활용하는 데 좋은 방향제기가 될 수 있다. 다음으로 후기 노년기에서의 학습과 교육은 주로 개인적인 욕구와 관계가 깊다. 그 욕구는 만족스러운 시간을 보내거나 자신이 속해 있는 사회에 지속적으로 공헌하는 것 등을 포함하고 있으며, 많은 노인들에게 다른 세대들과 교류하고 관계를 지속할 수 있는 기회 및 지역사회 활동참여의 기회를 제공해 준다. 또한 노년기의 학습은 노인 자신들의 정신과 육체에 생명력을 불어넣는 데에도 공헌함이 크다(Harris & Cole, 최신덕 역, 1985).

김종서 등(1982)은 《사회교육의 개념》에서 인생의 각 발달단계에서 발달과업으로서 반드시 학습해야 할 과제들을 구체적으로 제시하고 있다. 특히, 60세 이후 노년기에 해당하는 발달과업을 살펴보면 다음과 같다(최성재, 장인협, 2006).

(1) 지적 영역

① 사회 변화와 세대 간의 차이를 이해하기
② 은퇴 이후와 노후생활에 필요한 지식습득 및 생활 배우기
③ 사회, 경제, 문화, 정치 등에 대한 최신 동향에 관심 가지기
④ 건강의 유지 및 증진을 위한 폭넓은 지식 갖기

(2) 정의적 영역

① 적극적으로 생활하고 일하려는 태도를 유지하기
② 여가를 즐겁게 보내고 자신만의 취미생활을 만들어 유지하기
③ 정년퇴직에 따른 수입의 감소에 적응하고 계획 세우기

④ 배우자와의 사별, 자녀의 독립 후의 생활에 적응하기
⑤ 가족과 동료를 비롯한 자신의 죽음에 대하여 심리적으로 준비하기

(3) 사회적 영역

① 동년배 노인들과의 친교를 확장하고 유지하기
② 가정과 직장에서 자신의 역할을 인지하고 일과 책임을 합당하게 물려주기
③ 가정과 사회에서 어른으로서의 위치와 역할에 충실하게 행동하기
④ 자녀와 손자녀들과의 원만한 관계를 유지하기

(4) 신체적 영역

① 노화로 인한 체력 저하와 건강에 적응하기
② 노년기에 필요한 간단하고 규칙적인 운동하기
③ 건강 유지에 필요한 알맞은 섭취 생활을 하기
④ 건강저하 및 지병에 대한 올바른 대처와 처방에 따르기

이러한 노년기의 발달과업에 따라 현재 우리나라에서 실시되고 있는 노인교육은 ① 노인교육 전담기관, ② 학구단위 노인교육, ③ 대학교에서의 노인교육, ④ 사회단체에서의 노인교육, ⑤ 시설 중심의 노인교육 등으로 분류된다. 그리고 노인교육이 이루어지는 장소로는 독자적인 교육시설도 있지만 그 밖에도 교회 혹은 단체나 지역사회의 기관·시설 등도 있다. 노인학교시설은 사회복지기관에서 운영하는 시설, 종교단체에서 운영하는 시설, 그리고 지역사회 독지가들에 의해 운영되는 시설들이 많았으나 1990년대부터는 어린이 프로그램을 실시하는 대부분의 교회와 성당에서도 노인학교 프로그램을 병행하여 실시하는 시설들도 증가하고 있다(최태복, 2011).

2011노인실태조사에서 나타난 노인교육 제공기관을 보면 노인복지관이 45.8%로 가장 많으며 지역별 노인복지기관들이 17.9%, 종교기관이 15.7% 순으로 나타났다. 프로그램 유형은 여가 및 취미가 43.3%로 가장 많았으며 일반교양 20.6%, 건강관리·운동 부문이 20.1%로 나타났다. 노인을 대상으로 하는 교육기관과 프로그램들을 자세히 살펴보면 [그림 12-1]과 같다.

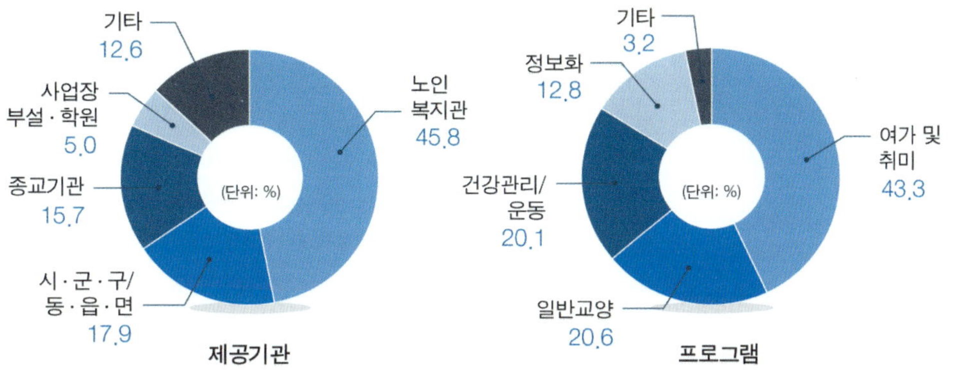

주: 제공기관 중 기타에는 경로당, 대학(원) 부설, 노인교실, 사업체 부설, 학원 등이, 프로그램 기타에는 취업 및 직업교육, 자원봉사자교육, 노후준비교육, 대학 이상의 고등교육이 포함됨

출처: 정경희 외(2012). 2011 노인실태조사. 보건복지부·한국보건사회연구원

[그림 12-1] 노인대상의 평생교육 제공기관 및 프로그램

이상과 같이 노인을 대상으로 하는 노인교육은 주로 노인복지관에서 실시되고 있으며 여가 및 취미생활 위주의 교육이 많이 진행되고 있음을 알 수 있다.

노인복지관의 노인교육영역과 세부 프로그램을 살펴보면 〈표 12-3〉과 같다.

〈표 12-3〉 노인복지관 교육영역 및 세부 프로그램

<table>
<tr><th>대상</th><th colspan="2">영역</th><th>세부 프로그램</th></tr>
<tr><td rowspan="13">노인</td><td colspan="2">평생교육 지원</td><td>교양교실, 정보화교육, 한글교실, 외국어교실, 예비노인 은퇴준비 프로그램, 역사교실 등</td></tr>
<tr><td colspan="2">취미여가 지원</td><td>미술(서예, 수공예, 풍선아트), 음악(노래교실, 민요풍물교실, 댄스교실 등), 연극, 레크리에이션, 운동, 원예, 다도교실, 당구, 탁구, 바둑, 장기</td></tr>
<tr><td colspan="2">고용 지원</td><td>고령자취업알선, 노인일자리사업, 공동작업장, 은퇴준비교육, 취업자 사후관리</td></tr>
<tr><td rowspan="4">건강생활지원</td><td>기능회복 지원</td><td>작업치료, ADL훈련, 운동재활, 물리치료, 양한방진료 등</td></tr>
<tr><td>건강증진 지원</td><td>건강교실(건강체조, 기체조, 요가 등), 건강상담, 건강교육, 이미용, 노인건강운동, 독거노인지원사업(기존 재가사업) 등</td></tr>
<tr><td>급식 지원</td><td>밑반찬도시락배달, 경로식당(중식서비스), 푸드뱅크</td></tr>
<tr><td>요양서비스</td><td>주간·야간단기보호, 그룹홈, 치매중풍환자 프로그램, 장제서비스</td></tr>
<tr><td colspan="2">정서생활 지원</td><td>복지정보 및 상담, 접수상담, 노인문제상담, 전문상담(법률, 경제, 성 등), 심리상담, 죽음준비교육, 노인자살예방사업, 종교행사 등</td></tr>
<tr><td colspan="2">사회참여 지원</td><td>교통안전봉사, 동아리클럽 활동 지원, 지역봉사활동, 교통편의서비스, 노인자원봉사 활성화사업 등</td></tr>
<tr><td colspan="2">경로당혁신 프로그램</td><td>경로당주거환경개선사업, 경로당활성화사업, 경로당임원리더십강화사업 등</td></tr>
<tr><td colspan="2">주거 지원</td><td>주거환경 개선사업, 주택수리사업</td></tr>
<tr><td colspan="2">소득 지원</td><td>은퇴 후 경제생활 적응, 경제교육, 후원금 연결 등</td></tr>
<tr><td rowspan="2">가족</td><td colspan="2">가족기능 지원</td><td>방문간호, 노인돌봄서비스사업, 가정봉사원파견 등</td></tr>
<tr><td colspan="2">가족통합 지원</td><td>가족관계 프로그램, 가족상담, 세대통합 프로그램, 가족캠프 등</td></tr>
<tr><td rowspan="3">지역사회</td><td colspan="2">지역자원 개발</td><td>후원자 개발, 자원봉사자 발굴 및 관리, 외부 재정지원기관 사업 수탁</td></tr>
<tr><td colspan="2">지역복지 연계</td><td>지역협력사업(경로행사, 나들이 등), 지역복지기관 연계 등</td></tr>
<tr><td colspan="2">노인권익증진사업</td><td>노인인권, 옹호, 정책건의, 노인인식개선사업, 노인소비자 피해예방교육, 편의시설 설치 등</td></tr>
<tr><td rowspan="3">노인복지관 조직</td><td colspan="2">운영관리</td><td>인사관리, 재정관리, 시설관리 등</td></tr>
<tr><td colspan="2">사업관리</td><td>프로그램의 개발, 실행, 점검, 평가, 보완 등</td></tr>
<tr><td colspan="2">연구개발</td><td>조사연구, 실습지도, 사업기획, 홍보, 자문(운영)위원회, 출판 등</td></tr>
</table>

출처: 보건복지부(2012). 2012 노인보건복지 사업안내.

3) 평생교육으로서의 노인교육

(1) 활동적 고령화와 노년교육

① 인적 자본으로서의 육성

고령화사회에서 인구의 비율이 높아진 고령자들의 실업문제와 이와 관련된 사회적 부담 등의 문제를 극복하기 위해서는 우선적으로 고령자들의 근로능력을 배양시켜 경쟁력이 있는 인력으로 육성해야 한다.

② 사회적 자본의 확충

사회 각 계층 간의 네트워크 구축과 신뢰 등 사회적 자본의 확충과 필요성이 높아지고 있으며, 이러한 측면에서 해결책으로 노년교육의 사회적 역할이 중요하다고 할 수 있다. 즉, 노년교육이 연령을 초월한 시민교육, 세대공동체 교육, 자원봉사활동교육 및 노인의 사회참여 등은 우리 사회의 집단 및 계층 간의 갈등해소와 네트워크 구축 및 신뢰회복 등의 사회적 자본 형성에 중요한 역할을 한다는 것이다.

③ 정체성 자본의 확립

노년기 삶을 지속적인 생산활동을 하는 것으로 선택할 경우에는 생산적인 노동력이 노년기의 역할로 규정될 것이며, 사회통합에 기여하는 것을 선택한다면 사회와 후세대를 위한 자원봉사와 공헌이 노년기의 주된 역할이 될 것이다. 그 외에 여가 중심의 풍요로운 삶을 선택하면 적극적인 여가활동을 통한 자기계발의 시기로 노년기를 보내게 될 수 있을 것이다.

기억하기

- 노인의 개념은 단순히 나이라는 숫자에 의해 규명될 수 있는 것이 아니며, 국제노년학회(International Association of Gerontology)에서는 노화과정에서 나타나는 환경적 · 심리적 · 생리적 행동의 변화가 복합적인 형태로 상호작용하는 과정에 있는 사람을 노인이라 정의하고 있다.
- 노인의 신체적 특성으로는 근육 · 골격이 위축되어 신장이 줄어들고 등이나 허리가 굽어지며 피하지방 또한 감소하여 전신이 마르고 체중도 줄어 주름이 많아진다. 신경계에서는 자극에 대한 반응도 늦어지고 내장기관도 면역력이 저하됨으로써 관절염, 고혈압, 당뇨병, 심장질환, 폐질환 등 만성질환의 질병에 대한 감염도도 높아진다.
- 노인의 심리적 특성으로 첫째, 우울증 경향이 증가한다. 둘째, 수동성과 내향성이 증가한다. 셋째, 경직성이 증가한다. 넷째, 조심성이 증가하게 된다. 다섯째, 의존성이 증가하게 된다. 여섯째, 사물에 대한 애착심이 강해진다. 마지막으로 노인은 유산과 업적을 남기려고 한다.
- 노인교육은 아동 중심의 교육학인 페다고지(pedagogy), 성인 중심의 교육학인 안드라고지(andragogy)와 함께 교육학의 3대 체계를 구축하고 있다. 노인교육은 '노인을 위한 교육', '노인에 관한 교육', '노인에 의한 교육'으로 구성된다.

평생교육론

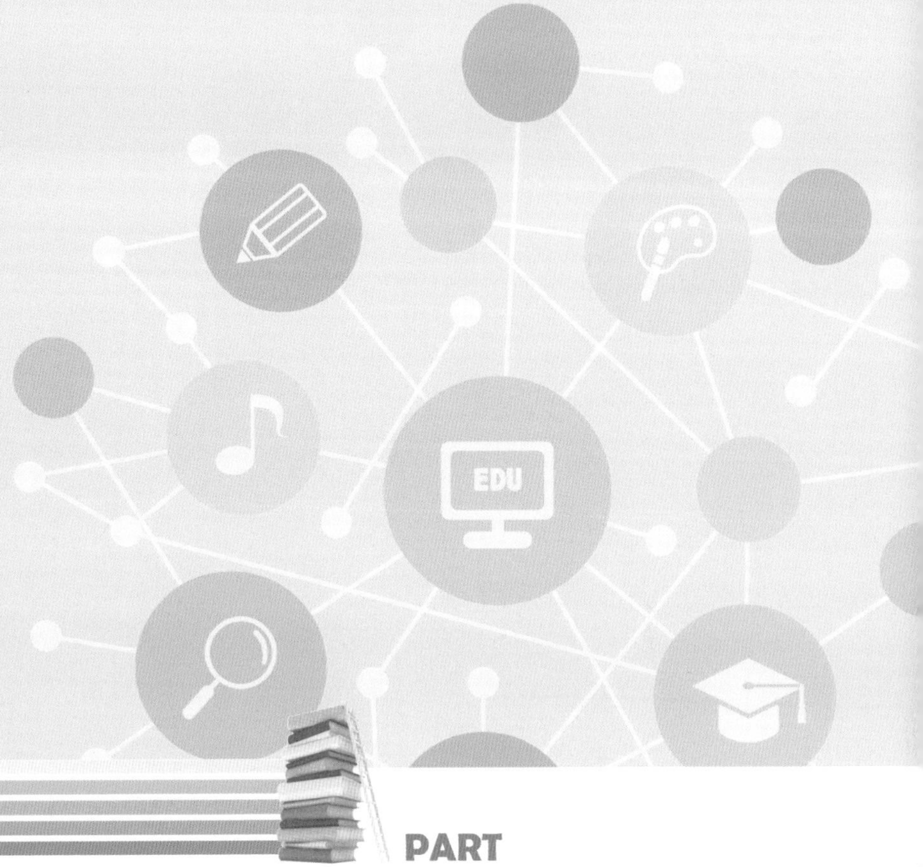

PART

5

평생학습시대에서의 자기계발

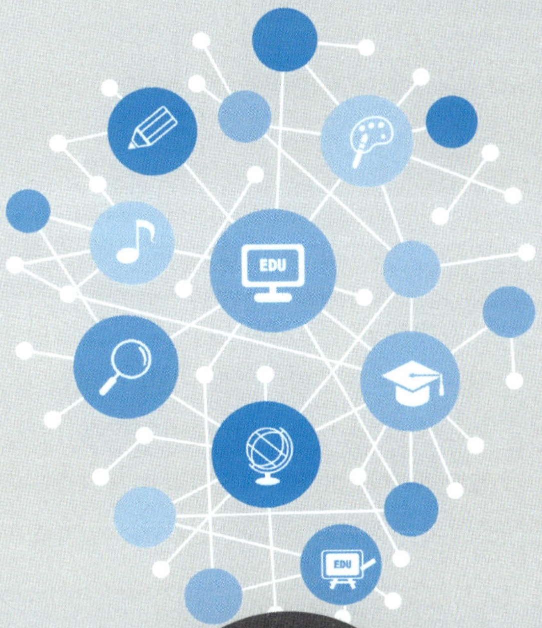

13

CHAPTER

평생학습시대의 자기계발

개요

21세기 급격한 사회 변화는 학교교육만으로 일생 동안 직장이나 사회를 살아갈 수 없게 되었다. 이제는 모든 사람이 평생학습을 통해 지속적으로 직장과 사회에서 원하는 지식과 기술의 습득을 통해 개인의 역량 강화함으로써 경쟁력을 높일 수밖에 없다. 이 장에서는 평생학습시대에서의 자기계발과 관련된 개인의 직무와 직장에서 필요한 변인들을 살펴보고자 한다.

학습목표

1. 평생학습시대에서의 자기계발과 관련된 개인의 직무와 직장에서 필요한 변인들을 이해하고 설명할 수 있다.
2. 디지털 역량을 이해하고 설명할 수 있다.
3. 핵심역량을 이해하고 설명할 수 있다.
4. 직업기초능력을 이해하고 설명할 수 있다.
5. 고용 가능성을 이해하고 설명할 수 있다.
6. 문제해결능력을 이해하고 설명할 수 있다.
7. 창의성을 이해하고 설명할 수 있다.
8. 학습동기를 이해하고 설명할 수 있다.
9. 자기주도학습을 이해하고 설명할 수 있다.
10. 학습전략을 이해하고 설명할 수 있다.
11. 학습양식을 이해하고 설명할 수 있다.

1. 디지털 역량

디지털 역량은 일, 여가, 참여, 학습, 사회활동, 소비활동 등에서 과업을 수행하고, 문제를 해결하며, 의사소통하고, 정보를 관리하고, 협업하고, 콘텐츠를 창조하고 공유하며, 지식을 효과적으로, 효율적으로, 적절하게, 비판적으로, 창조적으로, 자율적으로, 신축적으로, 윤리적으로, 반성적으로 구축하기 위해 ICT와 디지털 미디어를 활용할 때 요구되는 일련의 지식, 기술 및 태도를 말한다(Ferrari, 2012).

① **지식(knowledge)** : 주요 컴퓨터 애플리케이션의 기능에 대한 이해, 인터넷 및 온라인 커뮤니케이션의 위험에 대한 이해, 창조성과 혁신을 지원함에 있어서의 테크놀로지 역할에 대한 이해, 온라인 정보의 타당성과 신뢰성에 대한 이해, 협업적 도구의 활용에 따른 법적·윤리적 원리에 대한 이해

② **기술(skill)** : 정보관리능력, 현실세계와 가상세계를 분간하고 그 영역 간의 관계를 파악할 수 있는 능력, 인터넷 기반 서비스를 사용하는 능력, 비판적 사고, 창조성 및 혁신을 위해 테크놀로지를 활용하는 능력

③ **태도(attitude)** : 정보에 대한 비판적이고 성찰적인 시민윤리, 온라인 커뮤니티와 네트워크에 대한 관심과 책임 있는 사용

디지털 역량은 정보, 커뮤니케이션, 콘텐츠 창조, 안전과 보안, 문제해결 등의 요인으로 구성되며, 그 특징은 다음과 같다(European Commission, 2014).

① **정보** : 적절성과 목적을 고려하면서 디지털 정보의 확인, 탐색, 저장, 조직 및 분석

② **커뮤니케이션** : 디지털 환경에서의 소통, 온라인 도구를 통한 자원 공유, 다

른 사람과의 연락, 디지털 도구의 협력, 공동체와 네트워크와의 상호작용 및 참여

③ **콘텐츠 창조** : 새로운 콘텐츠의 창조와 편집, 선행 지식과 콘텐츠의 재구성, 창조적 표현 창출, 미디어 산출과 프로그래밍

④ **안전** : 개인정보 보호, 데이터 보안, 사생활 보호

⑤ **문제해결** : 디지털 필요와 자원 확인, 필요나 목적에 부합되는 디지털 도구 선택, 디지털 도구를 통한 문제해결, 기술적 문제해결

디지털 역량은 다차원성, 장기적 성과, 역량 연계성, 맥락성 등의 특징을 지니고 있다(Cartelli, Dagiene, & Futschek, 2010). 우선, 디지털역량은 인지적 · 관계적 · 사회적 능력과 기술의 통합을 의미하는 점에서 다차원적(multidimensional)이다. 둘째, 디지털 역량은 다양한 요인들이 복합적으로 구성되어 있어서 장기적이고 다면적인 측정을 필요로 한다. 셋째, 디지털 역량은 읽기, 셈하기, 문제해결, 추리능력 등과 같은 다른 핵심 역량과 별개가 아니라는 점에서 역량과 밀접하게 연계되어 있다. 넷째, 디지털 역량은 시간과 맥락에 따라 변화한다는 점에서 사회문화적 맥락적이다.

〈표 13-1〉 디지털 역량의 변천

단계	1단계 텍스트 기반	2단계 시각 기반	3단계 컴퓨터 기반	4단계 인터넷 기반			5단계 모바일 기반
	과거 이래	1950년	1970년	1990년대			2000년대
유형	3R's	시각	컴퓨터	정보	미디어	ICT	디지털
개념	읽고 쓰고 셈하는 능력	이미지로부터 의미를 구성하는 능력	컴퓨터의 하드 및 소프트웨어 등 이해와 활용하여 문제해결할 수 있는 능력	정보가 필요할 때를 알고, 주어진 문제나 이슈를 다루기 위해 필요한 정보를 확인, 접근, 평가, 관리, 활용하는 능력	미디어에 접근하여 미디어의 성격과 그 내용을 이해하고 비판적으로 평가하여 다양한 맥락에서 의사소통하는 능력	정보 접근, 관리, 통합, 평가, 창조를 위하여 디지털 테크놀로지, 커뮤니케이션 툴, 그리고 네트워크를 사용하는 능력	디지털 자료를 확인, 접근, 관리, 통합, 평가, 분석과 종합하여 새로운 지식을 구성하고 미디어 표현을 창조하고 다른 사람과 소통하기 위한 디지털 도구를 적절히 활용하는 능력
특징	• 기본기능 • 연속성	• 이미지 구성을 위한 탐구, 비평, 성찰 • 사고와 학습을 위한 표현 • 이미지 생성과 소통	• 컴퓨터 이해 지식 • 컴퓨터 활용 능력 • 컴퓨터에 대한 태도 • 컴퓨터가 미치는 영향	• 정보 정의와 결정 • 정보 검색과 탐색 • 정보 평가 • 정보 조직과 관리 • 정보 생성과 활용 • 정보에 대한 법적·윤리적 쟁점 인식	• 인쇄매체와 비인쇄매체(시각, 이미지, 동영상 등 콘텐츠) • 미디어에 내재된 메시지에 해석과 창조 • 미디어 경제와 다원화 이해 • 저작권 이해	• 정보 확인 및 정의 • 정보 수집 및 검색 • 정보 조직 및 관리 • 정보 해석 및 통합 • 정보 비판 및 평가 • 정보 생성 및 창조 • 정보 전달과 소통	• 디지털 기본역량, 활용, 창조 강조 • 문제/과제진술, 디지털 자료 확인, 접근, 평가, 해석, 조직, 통합, 분석, 종합, 창조, 소통, 확산, 성찰
역량	기본역량	학문적 탐구력, 비판적 사고력 의사소통능력, 드레젠테이션 문제해결력		비판적 사고력, 학문적 탐구력, 의사소통능력, 표현력, 문제해결력, 체제적 분석력, 종합적 사고력, 창조능력, 프레젠테이션, 문화적 수용력, 시민적 윤리의식			
출처	한정선 외(2006)			ALA(2000) Bundy(2004)	EC(2007) Koltay(2011)	ETS(2007)	Koltay(2011) Lankshear & Knobel(2006) Martin & Grudziecki (2006)

디지털 역량 설문지 – 총 37문항

- 이애화(2016)가 개발한 척도임
  - 디지털 도구활용(1~19), 디지털 정보관리 (20~26), 디지털 보안과 윤리(27~37)

내용	전혀 그렇지 않다	그렇지 않다	보통 이다	그렇다	매우 그렇다
1. 나는 컴퓨터 운영에 필요한 기본 프로그램이나 소프트웨어를 설치 또는 제거할 수 있다.	①	②	③	④	⑤
2. 나는 컴퓨터에서 파일 및 폴더를 생성, 복사, 이동, 삭제할 수 있다.	①	②	③	④	⑤
3. 나는 컴퓨터 사용 시 문제가 발생했을 때 컴퓨터 성능관리 및 제어판 등을 통해 복원 및 해결을 시도할 수 있다.	①	②	③	④	⑤
4. 나는 스마트폰으로 교재나 자료 등에서 제시된 QR코드를 스캔하여 각종 정보를 제공받을 수 있다.	①	②	③	④	⑤
5. 나는 스마트 기기에서 필요한 앱을 설치, 업데이트, 삭제할 수 있다.	①	②	③	④	⑤
6. 나는 스마트 기기에서 3G, 유무선 Wifi 등 네트워크 환경을 설정할 수 있다.	①	②	③	④	⑤
7. 나는 웹브라우저의 다양한 보안설정기능을 활용하여 유해사이트, 스팸메일, 팝업 및 툴바 등의 관리를 할 수 있다.	①	②	③	④	⑤
8. 나는 학습과제나 문제에 필요한 자료를 인터넷에서 손쉽게 찾을 수 있다.	①	②	③	④	⑤
9. 나는 프로젝트에 필요한 자료를 학술전문정보 사이트를 이용하여 수집할 수 있다.	①	②	③	④	⑤
10. 나는 스마트기기를 이용해 저장한 사진, 동영상, 오디오 등의 자료를 컴퓨터로 이동할 수 있다.	①	②	③	④	⑤
11. 나는 네이버밴드나 카카오스토리에서 #특정핵심어 검색방법인 해시태그를 사용하여 학습 관련 자료를 검색할 수 있다.	①	②	③	④	⑤

내용	전혀 그렇지 않다	그렇지 않다	보통이다	그렇다	매우 그렇다
12. 나는 검색한 자료의 날짜, 출처, 내용에 대한 의견들을 종합하여 자료의 신뢰성을 판단할 수 있다.	①	②	③	④	⑤
13. 인터넷에서 다운로드받은 사진, 문서 등이 어디에 위치해 있는지 알며 이를 저장, 관리, 삭제할 수 있다.	①	②	③	④	⑤
14. 나는 네이버 클라우드, 구글 드라이브와 같은 클라우드 컴퓨팅 시스템으로 자료를 저장하고 관리할 수 있다.	①	②	③	④	⑤
15. 나는 인터넷으로 재학증명서 및 성적증명서 발급과 같은 민원행정서비스를 이용할 수 있다.	①	②	③	④	⑤
16. 나는 학교에서 웹 또는 소셜네트워크로 공지하는 각종 안내를 확인하고 참여할 수 있다.	①	②	③	④	⑤
17. 나는 학습활동을 위해 온라인 강좌 서비스를 이용할 수 있다.	①	②	③	④	⑤
18. 나는 워드, 엑셀, 파워포인트와 같은 응용 프로그램을 이용하여 보고서를 작성할 수 있다.	①	②	③	④	⑤
19. 나는 스마트폰으로 촬영한 사진 또는 동영상을 자료에 삽입하기 위해 파일변환을 할 수 있다.	①	②	③	④	⑤
20. 나는 다양한 디지털 콘텐츠(텍스트, 이미지, 동영상 등) 파일을 제작하여 소셜네트워크로 공유할 수 있다.	①	②	③	④	⑤
21. 내가 작성한 보고서에 디지털서명 또는 기관 로고를 워터마크로 삽입할 수 있다.	①	②	③	④	⑤
22. 나는 백신 프로그램을 설치하여 악성코드(바이러스, 스파이웨어 등)의 검사와 치료를 할 수 있다.	①	②	③	④	⑤
23. 나는 카카오톡 그룹채팅, 네이버 밴드 등을 이용하여 프로젝트 과제를 협업활동으로 수행할 수 있다.	①	②	③	④	⑤
24. 나는 네이버오피스, 구글문서 도구와 같은 웹기반 문서저작도구를 이용하여 자료를 제작할 수 있다.	①	②	③	④	⑤

내용	전혀 그렇지 않다	그렇지 않다	보통이다	그렇다	매우 그렇다
25. 나는 네이버 폼 또는 구글설문조사 도구를 이용하여 온라인설문을 실시하고 그 결과를 요약 제시할 수 있다.	①	②	③	④	⑤
26. 나는 소셜미디어(블로그, 포스트, 페이스북 등)를 생성하고 운영할 수 있다.	①	②	③	④	⑤
27. 나는 저작권법에 의하여 보호받는 저작물이 무엇인지 알 수 있다.	①	②	③	④	⑤
28. 나는 인터넷에 게시된 글, 사진, 동영상 등을 무단으로 배포한 적이 있다(R).	①	②	③	④	⑤
29. 나는 유료 소프트웨어 또는 콘텐츠를 불법으로 다운로드받은 적이 있다(R).	①	②	③	④	⑤
30. 나는 학습 및 프로젝트 수행 시 디지털 저작물의 출처를 명시하고 작업한다.	①	②	③	④	⑤
31. 나는 디지털 콘텐츠 이용 시 원저작물에 표기된 CCL(저작물이용허락표시)의 의미를 파악할 수 있다.	①	②	③	④	⑤
32. 나는 작성한 보고서를 표절검사도구로 검증한 후 제출할 수 있다.	①	②	③	④	⑤
33. 나는 익명이라 하더라도 온라인에 접하는 사람들을 존중하며, 악성댓글과 같이 네티켓에 어긋나는 행동은 하지 않는다.	①	②	③	④	⑤
34. 나는 온라인상에서 타인의 개인정보를 유출하여 프라이버시나 명예를 훼손시키는 행위를 하지 않는다.	①	②	③	④	⑤
35. 나는 개인정보 또는 중요한 문서의 보안유지를 위해 암호를 설정할 수 있다.	①	②	③	④	⑤
36. 나는 비밀번호를 주기적으로 변경하고 사이트별로 비밀번호를 관리하고 있다.	①	②	③	④	⑤
37. 나는 스팸, 스미싱 및 보이스피싱 등 사이버 범죄에 대처하는 방법을 알고 있다.	①	②	③	④	⑤

* (R)은 역채점 문항(예: 5는 1점, 1은 5점).

2. 핵심 역량

핵심 역량은 특정한 과제 수행을 위해서 요구되는 인지적이고 비인지적 능력(백평구, 2013), 탁월한 학습이나 개인성공과 경쟁우위를 확보하기 위한 특성이나 능력(이애화, 최명숙, 2014), 학습자가 보유하고 있는 차별화되고 독특한 능력이기보다는 교육을 통해 누구나가 길러야 할 기본적이고 보편적이며 공통적인 능력(박성미, 2011)이라고 할 수 있다.

OECD에서는 1997년부터 7년간 DeSeCo프로젝트를 진행하면서, 12개 국가의 정치, 사회, 경제, 교육 등 여러 분야의 전문가들의 의견을 수렴하였다. 이 프로젝트는 '성공적인 삶과 올바로 기능하는 사회를 위해 필요한 핵심 역량은 무엇인가?'라는 물음에서 출발하였다(조윤동, 윤용식, 2014). OECD(2005)는 이 프로젝트를 통해 역량의 중요성을 다시 한 번 더 강조하게 되었으며, 미래의 성공적인 삶과 지속적인 사회발전을 위해 모든 인간은 지식을 창조하고 활용하는 고차원적인 능력을 갖춰야 하며, 이러한 성공적인 삶을 살아가기 위해 필요한 능력이 바로 핵심역량이라고 정의를 내렸다. OECD에서는 핵심역량을 세 가지 영역으로 범주화하였다. 첫째, 사회적으로 이질적인 집단에서의 상호작용 역량(인간관계 역량, 협업 역량, 갈등관리 및 해결 역량), 둘째, 자율적인 행동 역량(전체 조직 내에서 협력적·자율적으로 행동할 수 있는 역량, 자신의 인생계획 프로젝트를 구상 실행하는 역량, 자신의 권리, 필요 등을 옹호 주장하는 역량), 셋째, 여러 도구를 상호작용적으로 활용하는 역량(언어, 상징, 텍스트 등 다양한 소통도구 활용 역량, 지식과 정보를 상호작용적으로 활용하는 역량, 새로운 기술 활용 역량)이다. OECD가 제시한 핵심 역량은 인지적·비인지적 능력을 모두 포함하는 삶의 다양한 측면이 모두 고려되어 있음을 알 수 있다(강명희 외, 2013).

국내에서도 핵심 역량에 대하여 다양한 하위범주를 제안하고 있다. 진미석, 손유미, 주휘정(2009)은 인지적 역량으로 의사소통 역량, 자원정보기술의 활용역량, 종합적 사고역량, 글로벌 역량, 비인지적 역량으로 자기관리 역량, 대인협력관계 역량 등을 제시했다. 또한 백평구(2013)는 대학생의 핵심역량은 대학교육의 결과로 기대되는 전공 지식, 논리적 사고력, 의사소통능력, 자기주도 학습능력, 리더십, 문제해결능력, 협동능력 또는 분석적 사고능력, 문제해결능력, 의사소통능력, 팀 일원으로 활동하는 능력 등으로 제시했다. 김안나, 이병식(2003)은 대학생의 핵심능력을 전공 분야에 대한 지식, 사고력, 의사소통능력, 자기주도적 학습능력, 리더십, 문제해결력, 협동능력 등으로 보았다.

핵심 역량은 영역-일반(domain-general)의 특성을 지닌 것으로 학습에 의한 전이가능성(transferability by learning)을 내포하고 있다. 아담스(Adams, 2013)는 3R's와 같은 기본 지식이나 전공지식 등 하드스킬(hard skills)은 문제해결력, 책임감, 창의성 같은 소프트스킬(soft skills)과 연계될 때 전이 가능성이 높아진다고 하였다. 빌링(Billing, 2007)도 비인지적 역량은 인지적 학습 스킬과 연계되어 전이가능성을 촉진한다고 보았다. 그런데 전이 가능성은 학습자 개인의 인지적 · 정서적 · 사회적 특성에 의해 결정되는 경향이 높다(Schunk, 2006). 가너(Garner, 2010)는 정서적 역량은 학습자 개인의 인지적 학습 역량과 밀접한 관련이 있고 학습결과와도 강한 상관을 보인다고 하였다. 따라서 직업기초능력은 학습자의 특성에 의해 그 계발 정도가 결정된다고 할 것이다.

핵심 역량 조사지 – 총 28문항

- 김연희, 정재삼, 이종경, 이유진(2010)의 대학생 핵심 역량 조사지
  - 의사소통/대인관계(1~7), 전문지식(8~11), 창의성(12~13), 자기주도성(14~18), 직무/직업소양(19~22), 국제감각(23~25), 문제해결/사고력(26~28)

문항	전혀 그렇지 않다	그렇지 않다	보통 이다	그렇다	매우 그렇다
1. 타인의 의견을 경청하고 존중한다.					
2. 상대방이 나의 의견을 이해하는지 확인할 수 있다.					
3. 상호 의견교환 시 자신의 의견만을 내세우지 않는다.					
4. 팀 내에 갈등 발생 시 중재자로서 대립되는 의견을 치우침 없이 수렴한다.					
5. 조직 내에서 자신의 역할과 위치를 파악한다.					
6. 조직의 구성원들과 협력하여 과업을 효과적으로 달성한다.					
7. 다른 사람의 상황과 마음을 이해하려 관심을 갖는다.					
8. 학교 수업 중 전문 지식 축적을 위해 관련 학과 공부에 최선을 다한다.					
9. 자신이 가지고 있는 전문적인 지식을 타인에게 설명할 수 있을 만큼의 실력을 가지고 있다.					
10. 자신의 관심 분야에 대한 심도 있는 자료들을 확보하고 있다.					
11. 전문지식을 문제상황에 맞게 전략적으로 적용하여 해결할 수 있다.					
12. 다양한 방식으로 사고한다.					

문항	전혀 그렇지 않다	그렇지 않다	보통이다	그렇다	매우 그렇다
13. 상황을 다각도로 바라보고 분석할 수 있다.					
14. 스스로 학습목표를 설정할 수 있다.					
15. 학습목표달성을 위한 일정을 계획한다.					
16. 스스로 동기부여를 할 수 있다.					
17. 학습목표달성을 위해 중간중간에 점검하여 수정한다.					
18. 자신이 해야 할 일을 명확히 알고 있다.					
19. 직업에 대한 명확한 생각을 버리고 실제 그 직업에 필요한 실무능력이 무엇인지 조사한다.					
20. 관련 분야에 대한 인턴십 제도 등을 통해 직업에 대한 경력 및 능력을 축적한다.					
21. 내가 원하는 직업을 가지기 위해 필요한 역량에 대해 생각해 본 적이 있다.					
22. 주어진 직무에 필요한 능력을 파악하고 이를 계발한다.					
23. 다른 나라의 언어를 구사할 수 있다.					
24. 외국인과의 원활한 의사소통을 위해 그 나라의 언어를 배우고 있거나 배운 적이 있다.					
25. 관심 분야의 세계적인 동향을 파악하고 수시로 확인한다.					
26. 주어진 문제의 해결방안을 다각도로 분석할 수 있다.					
27. 문제해결과정에서 그 해결과정에 적합한 정보를 이끌어 낸다.					
28. 해결책 적용 이후를 예상하여 적합한 해결책을 선택, 적용한다.					

3. 직업기초능력

직업기초능력은 직종이나 직위에 관계없이 대부분의 직종에서 직무를 성공적으로 수행하는 데 공통적으로 필요한 지식, 기술, 태도, 경험 등을 포함하는 능력이다. 직업기초능력은 의사소통능력, 수리능력, 문제해결능력, 자기개발능력, 자원관리능력, 대인관계능력, 정보능력, 기술능력, 조직이해능력, 직업윤리 등으로 구성되어 있다. 또한 미래 직업세계에서 성공적인 직무수행과 경쟁우위의 확보 여부를 확인하는 직업기초능력 진단도구들도 개발 활용되고 있다(김선연, 유호정, 2013; 박동렬, 김대영, 2006).

직업기초능력 조사지(4) – 총 35문항

- 김선희, 권영심, 신지숙(2012). 전문대학 재학생의 직업기초능력 증진을 위한 운영 방안 연구. 기업경영연구, 42, 57-77.
  - 문제해결능력(1~6), 기술(정보)활용 능력(7~11), 대인관계능력(12~18), 의사소통능력(19~25), 직업윤리(26~29), 자기개발(30~35)

문항	전혀 그렇지 않다	그렇지 않다	보통이다	그렇다	매우 그렇다
1. 문제가 발생했을 때 원인을 모색한다.					
2. 문제해결을 위해 참신하고 독특한 아이디어를 제시한다.					
3. 문제를 해결하기 위한 실현 가능한 목표나 방향을 설정한다.					
4. 어떤 문제라도 해결할 수 있다는 긍정적인 태도를 보인다.					
5. 문제해결을 위해 자신의 활동을 수시로 모니터링한다.					
6. 문제해결을 하는 데 필요한 단계들이 있을 때 우선순위를 설정한다.					
7. 업무 수행 시 필요한 컴퓨터 활용능력(예: 소프트웨어나 인터넷 활용)을 가지고 있다.					
8. 기자재(도구나 장비)를 특성에 맞게 선택하여 활용한다.					
9. 업무와 관련된 정보를 적극적으로 수집한다.					
10. 업무수행 시 항상 기록하는 습관을 가지고 있다.					
11. 수집한 정보를 적극적으로 활용한다.					
12. 실습기관에서 다양한 배경을 가진 사람들과 잘 어울린다.					

문항	전혀 그렇지 않다	그렇지 않다	보통이다	그렇다	매우 그렇다
13. 다른 사람에게 피해가 가지 않도록 배려한다.					
14. 필요하다면 다른 사람에게 도움을 요청하기도 하고 도움을 주기도 한다.					
15. 혼자 일하기보다 사람들과 일하는 것을 좋아하며 타인과 유대관계를 형성한다.					
16. 업무 추진을 위해 팀 구성원들과 협력한다.					
17. 업무를 달성하기 위해 타인을 리드하고 다른 사람에게 의견이나 방향을 제시한다.					
18. 팀 작업 시 타인의 의견이나 행동에 적절한 반응을 보인다.					
19. 대화할 때 자신의 의사를 상대방이 이해할 수 있도록 조리 있게 말한다.					
20. 보고서를 작성할 때 본인이 전달하고자 하는 내용을 명확하게 작성한다.					
21. 적절한 프레젠테이션 능력을 가지고 있다(목소리 톤, 억양, 적절한 어휘구사, 눈 맞춤 등).					
22. 상사나 동료의 의견을 잘 청취하고 정확하게 이해한다.					
23. 공문이나 보고서 등의 문서내용을 정확하게 이해한다.					
24. 제스처 등의 비언어적 표현능력을 이해한다.					
25. 대상자 수준에 맞는 대화능력을 가지고 있다.					
26. 직업생활에 필요한 근무태도와 자질을 갖추고 있다.					
27. 직업에서 요구되는 건전한 윤리의식(도덕성)을 가지고 있다.					
28. 자신의 직업에 대한 자부심을 가지고 있다.					

문항	전혀 그렇지 않다	그렇지 않다	보통이다	그렇다	매우 그렇다
29. 일에 대한 소명의식을 가지고 있다.					
30. 자신의 능력에 있어서 장단점을 정확하게 파악하고 있다.					
31. 업무와 관련된 새로운 지식이나 기술을 배우려는 태도를 가지고 있다.					
32. 자신이 알고 있는 지식과 기술을 업무에 창의적으로 활용한다.					
33. 자신의 부족한 점을 알고 보완하기 위해 노력한다.					
34. 실습 담당자를 멘토로 활용한다.					
35. 진로에 대한 뚜렷한 비전을 가지고 있다.					

4. 고용 가능성

고용 가능성은 사전적으로 개인의 고용을 가능하게 하는 능력을 말한다. 김성남, 정철영(2010)은 "노동시장 및 직업 세계의 변화에 유연하게 대응하면서 고용을 획득하고 지속적으로 유지하며, 이를 통해 자신의 직업적 성공이 가능할 수 있도록 개인에게 요구되는 역량"으로 정의하였다. 김재현(2011)도 "개인이 노동시장의 변화에 대처하기 위해 전 생애에 걸쳐 고용을 획득하고 지속적으로 유지시키기 위한 역량"으로 정의하였다. 고용 가능성은 구직준비도(구직목표 설정, 구직정보탐색, 구직기술습득, 구직경력 준비)와 고용적합능력(의사소통능력, 자원활용능력, 문제해결능력, 대인관계능력, 변화대처능력)의 두 가지 요인으로 구성된다고 보았다(김성남, 정철영, 2010). 구직준비도는 대학 졸업 후 노동시장 진입을 위해 구직목표를 설정하고, 이에 대한 정보를 탐색하며, 이를 바탕으로 구직을 위한 전략을 수립하고 실행한 정도를 말한다. 고용적합능력은 고용환경 전반에 적합한 능력으로서의 고용의 획득, 유지, 발전 및 적응에 공통적으로 요구되는 것을 말한다.

대학생 고용 가능성 진단도구 – 총 77문항 5점 척도

- 김성남(2009). 대학생의 고용 가능성 진단도구 개발. 박사학위논문, 서울대학교.
  - 구직준비도 : 구직목표(1~9), 구직정보(10~21), 구직기술(22~34), 구직경력(35~42)
  - 고용적합능력 : 의사소통(43~50), 자원활용(51~56), 문제해결(57~61), 대인관계(62~71), 변화대처(72~77)

문항	전혀 그렇지 않다	그렇지 않다	보통이다	그렇다	매우 그렇다
1. 나는 구직을 위한 목표로 설정하기 위해 내가 가지고 있는 흥미 분야에 대해 충분히 탐색해 보았다.					
2. 나는 구직을 위한 목표를 달성하기 위해 내가 다른 사람들에 비해 잘하는 분야가 어떤 것인지를 충분히 탐색해 보았다.					
3. 나는 구직을 위한 목표를 설정하기 위해 내가 가지고 있는 성격적 특성이 어떠한지를 충분히 검토해 보았다.					
4. 나는 구직에 있어서 내가 가지고 있는 강점 및 약점이 무엇인지를 구체적으로 분석해 보았다.					
5. 나는 구직목표를 설정하기 위해 산업 및 경제 상황의 변화에 대해 꾸준히 관심을 유지하고 있다.					
6. 나는 구직목표를 설정하기 위해 우리나라 채용 시장의 흐름에 대해 꾸준히 관심을 유지하고 있다.					
7. 나는 내가 가지고 있는 특성들에 근거하여 선택 가능한 직업적 대안들을 충분히 검토하였다.					
8. 나는 졸업 후 구직을 위해 현실적이고 실행 가능한 단기목표들을 가지고 있다.					

문항	전혀 그렇지 않다	그렇지 않다	보통이다	그렇다	매우 그렇다
9. 나는 실행하는 데 필요한 시간과 비용을 충분히 고려하여 구직을 위한 목표들을 설정하였다.					
10. 나는 졸업 후 진출을 고려하고 있는 직업 분야에서 요구하는 지식과 기술에 대해 구체적으로 알고 있다.					
11. 나는 졸업 후 진출을 고려하고 있는 직업 분야에서 요구하는 성격 및 자질에 대해 구체적으로 알고 있다.					
12. 나는 졸업 후 진출을 고려하고 있는 직업 분야에서 이루어지는 주요 직무활동에 대해 구체적으로 알고 있다.					
13. 나는 졸업 후 진출을 고려하고 있는 직업 분야의 전반적인 직무환경에 대해 구체적으로 알고 있다.					
14. 나는 졸업 후 진출을 고려하고 있는 직업 분야에서 어떠한 방식으로 필요한 인력을 선발하고 있는지 구체적으로 알고 있다.					
15. 나는 졸업 후 진출을 고려하고 있는 직업 분야에서 요구되는 자격요건에 대해 정확하게 알고 있다.					
16. 나는 졸업 후 진출을 고려하고 있는 직업 분야의 최근 고용현황과 흐름을 구체적으로 파악하고 있다.					
17. 나는 졸업 후 진출을 고려하고 있는 직업 분야의 임금 수준에 대해 정확하게 알고 있다.					
18. 나는 졸업 후 진출을 고려하고 있는 직업 분야의 향후 일자리 전망에 대해 객관적으로 판단하고 있다.					

문항	전혀 그렇지 않다	그렇지 않다	보통이다	그렇다	매우 그렇다
19. 나는 나의 구직목표와 관련하여 보다 구체적인 정보를 얻는 데 도움을 줄 수 있는 사람들과 정기적으로 연락하고 있다.					
20. 나는 나의 구직목표와 관련하여 유용한 정보를 얻을 수 있는 기관들과 정기적으로 접촉 한다.					
21. 나는 나의 구직목표와 관련하여 유용한 정보를 얻을 수 있는 사이트에 정기적으로 접속하여 정보를 탐색한다.					
22. 나는 이력서 작성 시, 채용공고에 맞는 자격요건 사항 위주로 나의 직무능력을 제시하는 방법을 잘 알고 있다.					
23. 나는 이력서 작성 시, 나의 강점이 잘 드러나도록 나의 경력을 객관적인 성과 위주로 작성하는 방법을 잘 알고 있다.					
24. 나는 지원한 기업이 원하는 인재상을 정확히 파악하고, 이를 고려하여 자기소개서를 작성하는 방법을 잘 알고 있다.					
25. 나는 자기소개서 작성 시, 직무와 관련된 구체적인 경험과 경력을 강조하는 방법을 잘 알고 있다.					
26. 나는 자기소개서 작성 시, 참신한 문구를 활용하여 내가 가지고 있는 강점과 능력을 효과적으로 전달하는 방법을 잘 알고 있다.					
27. 나는 모범적인 자기소개서들을 검토하여 이를 토대로 나만의 자기소개서 작성요령을 가지고 있다.					
28. 나는 자기소개서 작성에 유용하게 활용할 수 있는 자료들(예: 연설문, 기사, 명언 등)을 지속적으로 수집한다.					

문항	전혀 그렇지 않다	그렇지 않다	보통이다	그렇다	매우 그렇다
29. 나는 면접에서 자주 제시되는 질문들을 파악하고, 그에 대해 나름대로의 답변을 준비한다.					
30. 나는 면접에 대비하여 질문자의 의도를 명확하게 파악하고, 그에 따라 적절히 답변하는 스킬을 익히고 있다.					
31. 나는 면접에 유용한 화법의 형태를 확실하게 몸에 익히고 있다.					
32. 나는 면접상황에서 돌발적인 상황이 발생하더라도 순발력 있게 대처한다.					
33. 나는 주어진 주제의 핵심을 명확히 파악하고 제한된 시간 내에 프레젠테이션을 실행한다.					
34. 나는 프레젠테이션 내용을 효과적으로 전달하기 위해 다양한 매체(파워포인트, OHP 등)를 활용하여 자료를 작성한다.					
35. 우리 대학은 내가 졸업 후 진출을 고려하고 있는 분야에서 충분한 경쟁력을 가지고 있다.					
36. 내 전공은 내가 졸업 후 진출을 고려하고 있는 분야에서 충분한 경쟁력을 가지고 있다.					
37. 나는 졸업 후 진출을 고려하고 있는 분야에서 요구하는 직무 관련 지식과 기술을 습득하기 위해 끊임없이 학습한다.					
38. 나는 졸업 후 진출을 고려하고 있는 분야에 도움이 되는 자격증을 충분히 취득하였다.					
39. 나는 구직에 도움이 되는 공모전에 꾸준히 관심을 가지고 참여한다.					
40. 나는 구직에 도움이 되는 인턴십 프로그램에 꾸준히 관심을 가지고 참여한다.					
41. 나는 구직에 도움이 되는 동아리나 동호회 활동에 꾸준히 관심을 가지고 참여한다.					

문항	전혀 그렇지 않다	그렇지 않다	보통이다	그렇다	매우 그렇다
42. 나는 구직에 도움이 되는 사회봉사활동에 꾸준히 관심을 가지고 참여한다.					
43. 나는 다른 사람들의 말을 들을 때 상대방의 의도를 끊임없이 파악한다.					
44. 나는 다른 사람들과 이야기할 때, 상대방의 감정 상태에 주의를 기울인다.					
45. 나는 다른 사람들과 이야기할 때, 눈맞춤, 끄덕임 등을 보이며 적절하게 반응한다.					
46. 나는 내가 의도하는 바를 잘 전달할 수 있도록 체계적으로 목차를 구성하여 문서를 작성한다.					
47. 나는 전문적이고 설득력을 요구하는 글을 논리적인 흐름에 맞게 작성한다.					
48. 나는 과제 수행에 필요한 전문적인 자료를 읽고, 필요한 내용을 빠르게 추출하여 분석한다.					
49. 나는 과제 수행에 필요한 전문적인 자료의 내용을 이해하고, 자료의 질을 평가한다.					
50. 나는 듣는 사람의 특성을 감안하여 적절한 발표기법을 선정함으로써 말하고자 하는 바를 명확히 전달한다.					
51. 나는 어떤 일을 할 때, 그 일을 진행하기 위한 철저한 시간계획을 세운다.					
52. 나는 어떤 일을 할 때, 그 일을 진행하는 데 소요되는 비용에 대한 예산안을 작성한다.					
53. 나는 어떤 일을 할 때, 그 일을 성공적으로 수행하는 데 필요한 물적 자원(예: 정보, 자료, 도구, 기술 등)들이 어떤 것인지를 우선적으로 확인하고 수집한다.					
54. 나는 어떤 일을 할 때, 그 일을 하는 데 도움을 받을 수 있는 사람들이 누구인지를 우선적으로 확인하고 도움을 요청한다.					

문항	전혀 그렇지 않다	그렇지 않다	보통이다	그렇다	매우 그렇다
55. 나는 어떤 일을 할 때, 계획된 예산안에 맞추어 비용을 지출한다.					
56. 나는 어떤 일을 할 때, 그 일을 하는 데 도움이 되는 사람들의 협력을 최대한 활용한다.					
57. 나는 문제해결을 위해 도출된 대안들의 결과를 예측해보고, 이들을 서로 비교 분석한다.					
58. 나는 문제해결을 위해 도출된 다양한 대안들에 대해 명확한 기준을 가지고 우선 순위를 부여한다.					
59. 나는 대안들을 검토하여 실현 가능한 최적의 대안을 선택한다.					
60. 나는 문제를 해결하고 난 후, 어떤 것이 잘 됐고 어떤 것이 그렇지 않았는가를 분석한다.					
61. 나는 과거의 문제해결과정을 스스로 평가해보고, 그 결과를 다음 문제해결과정에 반영한다.					
62. 나는 나와 다른 사람의 차이점을 존중하고, 타인을 정중하게 대한다.					
63. 나는 친밀도 향상을 위해서 다른 사람의 사적인 관심사를 이해하고 함께 대화하거나 즐긴다.					
64. 나는 내가 하는 일에 영향을 미칠 수 있는 사람들을 미리 파악하고, 이들과 다양한 채널을 통해 관계를 유지한다.					
65. 나는 팀워크의 중요성을 인식하고, 팀원들의 자질과 능력을 활용하여 시너지를 창출한다.					
66. 나는 팀 과제 수행 시, 팀 내 자기 역할을 이해하고 타인과 상호보완적으로 협력한다.					
67. 나는 팀 과제 수행 시, 팀원들 간의 다양한 의견을 조율하여 합의된 결론을 이끌어 낸다.					

문항	전혀 그렇지 않다	그렇지 않다	보통이다	그렇다	매우 그렇다
68. 나는 다른 사람과의 갈등이 발생할 가능성을 미리 파악하고 불필요한 갈등을 미연에 방지한다.					
69. 나는 다른 사람과 갈등상황이 발생했을 때, 갈등의 원인을 파악하고 갈등을 미연에 방지한다.					
70. 나는 여러 사람들의 목표가 상충될 때 사람들 간의 의견 차이를 최소화하여 합의된 결론을 도출하도록 한다.					
71. 나는 협상이나 중재가 필요한 상황이 발생하면 회유와 강경책을 균형 있게 사용한다.					
72. 나는 예기치 못한 변화가 발생하였을 때, 당황하지 않고 이에 유연하게 대처한다.					
73. 나는 앞으로 다가올 변화를 미리 예측하고, 이에 대한 대응방안을 수립한다.					
74. 나는 변화의 방향과 필요성을 인식하며, 이에 대한 대응반응을 수립한다.					
75. 나는 뭔가 어려운 일을 맡게 되면, 새로운 학습의 기회로 생각한다.					
76. 나는 내 자신과 내가 하는 일에 대해 높은 수준의 기준을 스스로 설정하고 그것을 달성하려고 한다.					
77. 나는 익숙한 것보다는 새로운 것을 배울 수 있는 기회가 되는 활동을 선호한다.					

5. 문제해결능력

문제해결능력(problem solving ability)이란 문제해결자의 현재상태와 도달해야 하는 목표 상태의 차이를 인식하고 그 차이를 유발시키는 장애물을 신속하고 효과적으로 해소시킬 수 있는 지적·창의적 능력이다. 현대사회에서 개인들은 [그림 13-1]에서 제시된 것과 같이 학습이나 직무수행과정에서 여러 문제에 직면하고 그 원인과 대안을 탐색할 수 있는 문제해결절차와 사고를 배양할 필요가 있다.

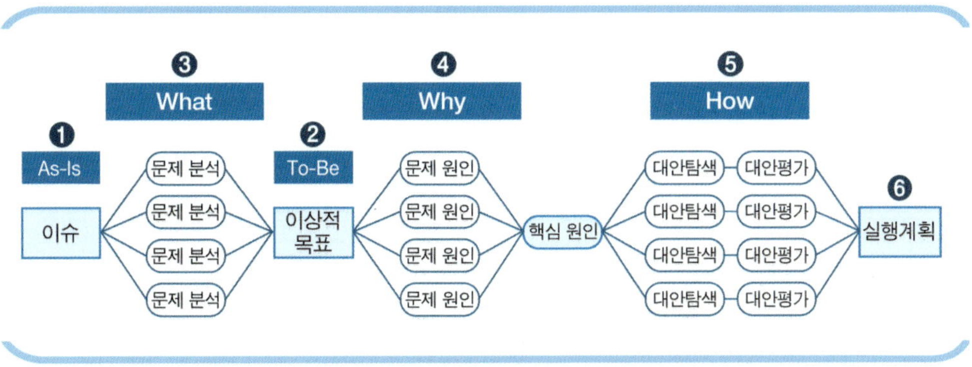

[그림 13-1] 문제해결과정 절차모형

1) 과제인지단계[As-Is]

조직 내에 존재하고 있는 문제를 인지하는 단계로 바람직하지 못하여 기획을 통해 해결·개선해야 하는 현재의 상황, 기획을 통해 달성할 수 있는, 아직 실현되지 않은 가치나 욕구 또는 개선기회를 의미한다.

2) 목표설정단계[To-Be]

목표는 기획을 통하여 달성하고자 하는 바람직한 미래상태로 진술하고, 바람직한 목표와 현재상태 간의 차이를 파악하고 줄이는 방안을 강구한다.

3) 정보수집 및 문제탐색단계[WHAT 트리]

문제를 진단하는 단계로 의사결정이 필요한 문제와 기회를 찾고 정보를 수집하는 활동이다. 문제의 특성을 분석하고 문제의 우선순위를 고려하여 해결해야 하는 문제를 결정하고 정의한다.

4) 문제의 원인 분석단계[WHY 트리]

상황 분석(목표와 연관된 정보와 자료, 통계 등 수집)을 하는 단계이다. 상황 분석은 목표가 설정된 후 현재 및 미래의 상황을 파악하여 목표를 달성하는 데 예상되는 장애요인과 문제점(기존의 문제점과 예상되는 문제점), 목표달성 관련 요인들을 규명하는 것이다. 상황의 분석과 판단을 위해서 목표와 관련된 정보자료를 수집·분석하고 이를 바탕으로 장래의 가능한 상태를 예측한다. 이때, 정보는 각종 통계와 간행물, 연구 논문 등에 제시된 과거의 추이와 현황, 미래전망에 관한 제반지식과 통계, 연구결과 등 모두를 포함한다.

5) 대안 탐색 및 선택단계[HOW 트리]

목표달성을 위하여 필요한 모든 대안을 모색하는 단계이다. 설정된 목표를 달성할 수 있는 가능한 복수의 대안을 찾아내고 분석하는 과정으로 대안을 개발한다는 것은 대안을 찾는 것과 대안을 설계하는 것 두 가지를 의미한다. 대안을 찾는 것은 이미 존재하는 대안들 중에서 좋은 대안을 찾는다는 의미이고, 이와 반대로 대안을 설계하는 것은 존재하는 대안을 찾는 것이 아니라 새로 만든다는 의미이다. 최선의 방안을 선택하고 결정(대안들의 장단점, 문제점을 분석, 대안을 비교검토 후 가장 바람직한 대안 선택결정)하는 단계이다. 복수의 대안들을 탐색하고 결과를 예측하며 각 대안의 결과 비교・평가하고, 목표를 가장 잘 충족시킬 최적의 대안을 선택할 수 있다.

평가기준

- **효과성** : 달성된 목표/설정된 목표
- **능률성** : 산출/투입
- **창의성** : 참신하고 독창적임
- **형평성** : 대안의 시행결과로 인해 자원이나 가치 등이 사회집단 간에 얼마나 공정하고 정당하게 배분되는가
- **대응성** : 어떤 정책이 특정 집단의 요구, 선호, 가치를 얼마나 만족시켜 주느냐의 정도
- **적합성** : 목표달성을 위한 수단이 타당한가
- **합법성** : 법령에 적합한가, 위법한가. 능률성, 효과성을 담보하여도 합법적이지 못하면 수용 불가. 이를 위해서는 법령, 규칙 등 개정 요함
- **실현 가능성** : 예산 확보 여부, 기술적 가능성, 소요인력과 자재 확보 등의 현실적인 실현 가능성

6) 실행계획단계

선택된 최선안을 중심으로 효과적인 집행을 위하여 세부계획을 수립하고 집행을 준비하는 단계이다. 실행계획이 효율적으로 집행되려면 언제, 누가, 어디서, 무엇을, 어떻게 수행할지에 관한 상세한 실천계획(구체적 일정을 포함한 세부목표와 주관부서 명시)과 부수적 행정조치(관계법령 정비, 인원배정, 재정 지원·예산조치 등 포함)가 마련되어야 한다.

문제해결능력 조사지 – 총 45문항

- 이석재, 장유경, 이헌남, 박광엽(2003)이 개발한 문제해결능력 척도임
  - 문제해결능력 : 문제인식(1~5), 정보수집(6~10), 분석능력(11~15), 확산적사고(16~20), 의사결정(21~25), 기획력(26~30), 실행과 모험감수(31~35), 평가(36~40), 피드백(41~45)

문항	매우 드물게	드물게	보통	자주	매우 자주
1. 내가 원하는 상태와 현재 상태 간의 차이가 무엇인지를 생각한다.					
2. 문제가 해결되지 않았을 때, 나타날 결과를 미리 예측한다.					
3. 당면한 문제가 다른 사람에게 어떠한 영향을 미칠 것인지를 생각한다.					
4. 내가 해결해야 할 문제의 핵심이 무엇인지를 먼저 확인한다.					
5. 해결할 문제가 나에게 얼마나 가치 있는 것인지를 객관적인 입장에서 평가해본다.					
6. 내가 가지고 있는 문제에 대해서 다른 사람들은 뭐라고 말하는지 알아본다.					
7. 해결해야 할 문제와 관련이 있다고 판단되는 정보만 수집한다.					
8. 내가 선호하는 방식으로만 문제해결에 도움이 되는 정보를 찾는다.					
9. 내 나름대로 문제답안을 생각하고 문제해결에 도움이 된다고 생각하는 정보만을 찾는다.					
10. 나에게 친숙한 방법으로만 문제해결에 도움이 되는 정보를 찾는다.					
11. 여러 가지 자료를 조사했을 때, 자료의 출처가 어느 정도 믿을 수 있는지 서로 비교해본다.					
12. 어떤 문제에도 결정적인 원인이 있다고 생각하고 그 원인을 찾는다.					

문항	매우 드물게	드물게	보통	자주	매우 자주
13. 문제가 생기면, 내가 이전에 경험해본 적이 있는 문제의 원인들을 가장 먼저 연관지어본다.					
14. 수집된 정보들에 대해서 서로 유사점과 차이점을 비교해본다.					
15. 문제상황에 대해서 내가 아는 것과 모르는 것을 구분하여 정리해본다.					
16. 다른 사람의 의견이 내 의견과 다르더라도 긍정적으로 생각하고 수용한다.					
17. 일상생활에서 일어나는 여러 가지 다른 일들과 나의 문제를 연관시켜본다.					
18. 지금까지 생각해 본 관점과 전혀 다른 관점에서 당면한 문제를 살펴본다.					
19. 문제를 해결하는 데 전혀 관련이 없을 것 같은 생각들도 중요하게 다룬다.					
20. 평소와는 달리 갑자기 떠오르는 엉뚱한 생각대로 문제를 풀어 본다.					
21. 여러 문제해결방법들 중에서 어떤 방법을 택할 것인지 기준을 정한다.					
22. 생각한 방법들이 새롭고, 문제를 해결하기에 적절한 것인지를 알아본다.					
23. 여러 문제해결방법들 중에서 더 중요하다고 생각되는 우선순위를 정한다.					
24. 지금 당장 해결해야 할 것이 무엇인지를 생각하며 해결방법을 결정한다.					
25. 생각한 문제해결방법별로 문제해결에 필요한 비용과 편익을 비교한다.					
29. 일정대로 계획을 추진하다 곤란을 당하는 경우를 생각하여 대비책을 마련한다.					
30. 당면한 문제해결을 위해서 먼저 해야 할 것과 나중에 해도 되는 것을 구분한다.					

문항	매우 드물게	드물게	보통	자주	매우 자주
31. 어떠한 어려움이 닥쳐도 하기로 정한 것은 끝까지 한다.					
32. 이전의 경험이나 해오던 방식과 다르더라도 모험을 시도한다.					
33. 실패도 성공만큼 중요하게 여기며 문제를 해결한다.					
34. 결과가 어떠할지 정확하게 알 수 없지만, 성공할 가능성이 있으면 실제로 해본다.					
35. 지금 당장은 실패할 수 있지만, 앞으로 얻는 것이 있다면 문제해결을 시도한다.					
36. 지금은 결과가 좋지 않더라도 나중에 좀 더 잘 할 수 있는 방안을 찾는다.					
37. 다른 사람들이 내가 한 일에 대해서 어떻게 평가해 주느냐를 중요하게 여긴다.					
38. 문제를 해결하고 나서 정말 잘한 것인지 못한 것인지를 객관적으로 따져본다.					
39. 자신의 문제를 해결한 것에 대해서 다른 사람들은 어떻게 생각하고 있는지 들어본다.					
40. 처음 해결하려고 한 문제가 해결되었는지의 여부를 확인해 본다.					
41. 문제를 해결하지 못하면, 실망하기보다 더 잘 할 수 있는 방법을 적극적으로 찾아본다.					
42. 문제를 좀 더 잘 해결할 수 있는 방안이 무엇인지를 다른 사람과 토의한다.					
43. 앞으로 문제를 잘 해결할 수 있다면, 다른 사람의 비판이나 조언도 수용한다.					
44. 나중에 문제를 해결할 때, 다른 사람의 제언에 따라서 나의 행동을 바꾼다.					
45. 나에게 부정적인 평가라도 해줄 수 있는 사람을 찾아서 피드백을 부탁한다.					

6. 창의성

창의성은 확산적 사고라고도 불린다. 확산적 사고란 상상력을 동원하여 다양하면서도 많은 해결책을 만들어 내는 사고로서 주요인으로는 많은 답을 산출하도록 하는 유창성, 다양한 범주의 답을 산출하도록 하는 융통성, 남과 다른 독특한 해결책을 제시하는 독창성이다.

민감성	주변의 환경에 대해 예민한 관심을 보이고 이를 통해 새로운 탐색영역을 넓히는 능력
유창성	특정한 문제상황에서 가능한 한 많은 양의 아이디어를 산출하는 능력
독창성	기존의 것에서 탈피하여 참신하고 독특한 아이디어를 산출하는 능력
정교성	다듬어지지 않은 기존의 아이디어를 보다 치밀한 것으로 발전시키는 능력
융통성	고정적인 사고방식이나 시각 자체를 변환시켜 다양한 해결책을 찾아내는 능력

[그림 13-2] **창의적 사고의 기능**

가드너(Gardner, 1983)는 다중지능의 개념으로 창의성을 설명한다. 다중지능은 문화적으로 가치 있는 물건을 창조해내거나 문제해결을 하는 문화적인 장면에서 정보를 처리하는 생물·심리학적인 잠재력이며, 그 유형은 [그림 13-3]과 같다.

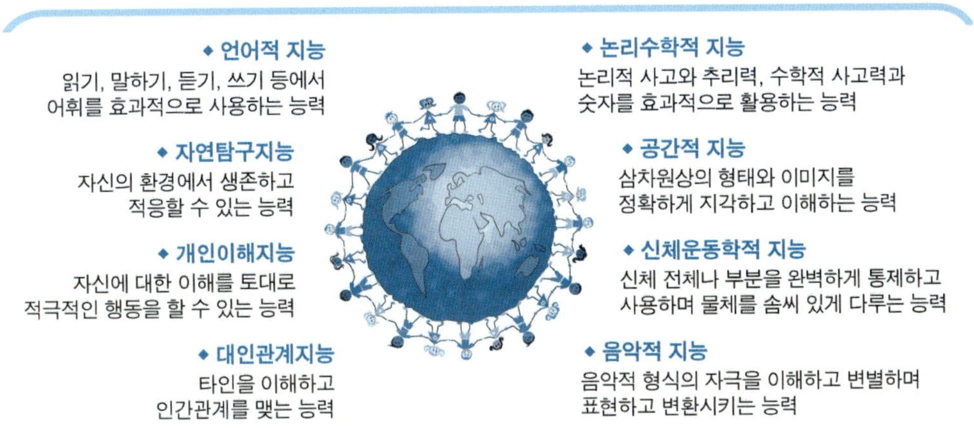

출처: 구글 검색 자료.

[그림 13-3] 다중지능의 유형

▣ 창의적 사고의 특징

- 창의적 사고는 발산적(확산적) 사고로서, 아이디어가 많고, 다양하고, 독특한 것을 의미한다.
- 창의적인 사고는 새롭고 유용한 아이디어를 생산해 내는 정신적인 과정이다.
- 창의적인 사고는 통상적인 것이 아니라 기발하거나, 신기하며 독창적인 것이다.
- 창의적인 사고는 유용하고 적절하며, 가치가 있어야 한다.
- 창의적인 사고는 기존의 정보(지식, 상상, 개념 등)들을 특정한 요구조건에 맞거나 유용하도록 새롭게 조합시킨 것이다.
- 창의적 사고는 후천적 노력에 의해 개발이 가능하다.
- 창의적 사고를 하는 데 어느 정도의 전문 지식은 필요하지만 너무나 많은 지식은 오히려 창의력을 저해할 수 있다.
- 창의적으로 문제를 해결하기 위해서는 문제의 원인이 무엇인가를 분석하는 논리력이 매우 뛰어나야 한다.
- 어떤 사람이 자신의 일을 하는 데 요구되는 지능수준을 가지고 있다면 그는 그 분야에서 어느 누구 못지않게 창의적일 수 있다.
- 사람이 상대로부터 신뢰를 받게 된다면 더욱더 창의적이 된다.
- 창의적 사고를 하기 위해서는 고정관념을 버리고, 문제의식을 가져야 한다.

창의성 검사도구 – 총 36문항

- 정은이, 박용하(2002)가 개발한 창의성 검사 척도임
  - 언어지능(1~8), 논리수학지능(9~13), 공간지능(14~18), 자연지능(19~24), 음악지능(25~30), 신체운동지능(31~33) 대인관계지능(36~36)

번호	문항질문	전혀 그렇지 않다	그렇지 않다	보통 이다	그렇다	매우 그렇다
1	나는 한 가지 일을 여러 가지 각도에서 생각해보고 실행한다.					
2	tv 토론 프로그램을 볼 때 그와 관련된 여러 가지 생각이 떠오른다.					
3	일상생활에서 흔히 볼 수 있는 것들을 사용해 특별한 것을 만든다.					
4	처음 보는 새로운 기능과 디자인의 제품을 보면 사고 싶어진다.					
5	내가 좋아하는 일은 시간 가는 줄 모르고 한다.					
6	나는 남에게 얽매이는 것을 싫어한다.					
7	나는 가까운 주변 사람들에게 즐거움을 줄 때가 있다.					
8	언젠가는 내가 하고 싶은 일을 할 수 있을 것이다.					
9	해결하기 어려운 일에 닥쳤을 때 여러 가지 대안을 생각해본다.					
10	사소한 것이라도 나만의 방법으로 참신하게 변화시킨다.					
11	나는 남들이 당연하다고 생각하는 것에 의문을 갖는다.					
12	나는 간섭이나 구속받는 것을 싫어한다.					

번호	문항질문	전혀 그렇지 않다	그렇지 않다	보통이다	그렇다	매우 그렇다
13	다른 사람들이 나에 대해 알게 되는 것이 싫다.(R)					
14	친구들은 나에게 도움을 청할 때가 있다.					
15	나 자신의 잠재력에 대한 믿음이 강한 편이다.					
16	나는 하나의 지식을 얻으면 응용하여 다른 데 적용해 보곤 한다.					
17	나는 똑같은 재료를 가지고도 여러 가지 다양한 형식으로 표현하려고 노력한다.					
18	나는 전혀 어울릴 것 같지 않은 것들을 결합해 뭔가를 만들곤 한다.					
19	직접 무언가 일상생활에 도움이 되는 것들을 만들어보는 걸 좋아한다.					
20	흥미 있는 일은 다른 일을 제쳐두고라도 꼭 해내고야 만다.					
21	나는 자유롭게 여행을 하거나 혼자만의 시간을 갖는 것이 두렵다.(R)					
22	나는 여러 가지 다양한 경험을 해보려고 노력한다.					
23	나로 인해 다른 사람들이 행복하게 되는 것을 삶의 큰 기쁨으로 여긴다.					
24	나는 틀에 얽매이지 않고 자유스럽게 사고한다.					
25	나는 살면서 새로운 시도를 많이 한다.					
26	나는 남들과 똑같은 방식과 행동을 싫어한다.(R)					
27	나와 다른 생각과 가치관을 가진 사람들과는 잘 어울리지 못한다.(R)					

* (R)은 역채점 문항임

번호	문항질문	전혀 그렇지 않다	그렇지 않다	보통이다	그렇다	매우 그렇다
28	나는 이 세상에서 꼭 필요한 사람이라고 생각한다.					
29	나는 매사를 긍정적으로 생각하고 받아들이려고 노력한다.					
30	나는 사물을 본래의 용도와 다르게 사용할 수 있는 방법을 찾아보곤 한다.					
31	나는 하나의 사건이나 사물을 보고 여러 가지 상상을 한다.					
32	나는 남들이 생각해 내지 못하는 기발하고 특이한 발상을 할 때가 있다.					
33	내가 좋아하는 행사나 모임이 있으면 적극적으로 참여한다.					
34	나는 자유로운 분위기를 좋아한다.					
35	더 나은 생각과 아이디어라면 내 생각과 다르더라도 받아들인다.					
36	여러 사람이 함께 하는 일이 있을 때 사람들과 어울리고 협조하려고 노력한다.					

7. 학습동기

학습동기는 학습자가 학업을 수행할 수 있도록 하는 원동력이다(Bandura, 1986). 그것은 학습자가 스스로 학습을 선택하고 노력을 기울이며 어려움이 있어도 끈기를 보이게 하는 기제이다(김아영, 2002). 학습동기는 주의집중(Attention), 적절성(Relevance), 자신감(Confidence), 만족(Satisfaction), 즉 ARCS 모형을 주장한 켈러(Keller, 2013)에 의해 체계화되었다. 그는 학습동기를 수업에서 학습자들의 주의력을 집중시키고, 학습자들의 흥미를 학습내용으로 연관시켜 적절한 학습활동을 확인하며, 학습을 성공할 수 있다는 자신감을 주고, 학습한 경험과 성취에 대해 만족하도록 하는 것으로 보았다.

학습동기는 내재적 동기(intrinsic motivation)와 외재적 동기(extrinsic motivation)로 나누어지며, 내재적 동기는 학습활동 자체를 목적으로 하는 동기, 외재적 동기는 학습활동이 다른 무엇을 위한 수단의 의미로 사용되는 동기이다(Schunk, 2006). 내재적 동기가 높은 사람들은 자기 결정감, 호기심, 과제에 대한 몰입, 흥미 등의 요인에 영향을 받는 반면, 외재적 동기가 높은 사람들은 경쟁, 평가, 인정, 금전, 타인의 통제 및 제약 등의 요인에 영향을 받는다.

학습동기 조사지 – 총 44문항

- 김아영(2002)의 학습동기척도
  - 학업적 자기효능감: 과제수준선호(1~8), 자기조절효능감(9~18), 자신감(19~26)
  - 학업적 실패내성: 과제수준선호(27~32), 감정(33~38), 행동(39~44)

문항	확실히 아니다	상당히 아니다	약간 아니다	약간 그렇다	상당히 그렇다	확실히 그렇다
1. 나는 쉬운 문제를 여러 개 푸는 것보다 어려운 문제 하나를 푸는 것을 더 좋아한다.						
2. 나는 쉬운 과목보다는 어려운 과목을 좋아한다.						
3. 쉬운 문제보다는 조금 틀리더라도 어려운 문제를 푸는 것이 더 좋다.						
4. 나는 깊이 생각해야 하는 문제보다는 쉽게 풀 수 있는 문제를 더 좋아한다.(R)						
5. 시간이 많이 들더라도 깊이 생각하게 만드는 과목이 더 재미있다.						
6. 나는 복잡하고 어려운 문제에 도전하는 것이 재미있다.						
7. 가능하다면 어려운 과목은 피해가고 싶다.(R)						
8. 학교 공부는 무조건 쉬울수록 좋다.(R)						
9. 나는 수업시간에 배운 내용 중 중요한 것이 무엇인지 잘 파악할 수 있다.						
10. 나는 수업시간 중에 중요한 내용을 잘 기록할 수 있다.						
11. 나는 어떻게 공부하는 것이 효과적인 방법인지를 잘 안다.						
12. 나는 수업시간에 배운 내용 중 내가 무엇을 알고, 무엇을 모르는지 정확히 판단할 수 있다.						
13. 나는 수업시간에 배운 내용을 잘 기억할 수 있다.						

* (R)은 역채점 문항임

문항	확실히 아니다	상당히 아니다	약간 아니다	약간 그렇다	상당히 그렇다	확실히 그렇다
14. 나는 수업시간에 새로 배운 것들을 이미 알고 있는 것과 쉽게 연결시킬 수 있다.						
15. 나는 복잡하고 어려운 내용을 기억하기 쉽게 바꿀 수 있다.						
16. 나는 정해진 시간 안에 주어진 과제를 잘 마칠 수 있다.						
17. 나는 수업시간에 주의집중을 잘 할 수 있다.						
18. 나는 보통 공부를 시작하기 전에 계획을 세우고 거기에 맞추어 공부한다.						
19. 수업시간에 발표를 할 때 실수를 할 것 같아 불안하다.(R)						
20. 토론을 할 때, 혹시 창피를 당할까봐 내 의견을 제대로 발표하지 못한다.(R)						
21. 선생님과 친구들 앞에서 발표하는 것은 내게 너무 큰 스트레스를 준다.(R)						
22. 수업시간 중에 선생님이 문제를 풀라고 시킬까봐 불안하다.(R)						
23. 선생님이 모두에게 질문을 할 때, 나는 답을 알아도 대답하지 못한다.(R)						
24. 나는 시험 때만 되면 우울해진다.(R)						
25. 시험을 치르기 전에는 시험을 망칠 것 같은 생각이 든다.(R)						
26. 시험이 다가오면 불안해서 잠을 이룰 수가 없다.(R)						
27. 학교공부 중에서 어려운 것을 좋아한다.						
28. 아주 쉬운 과목보다는 차라리 어려운 과목을 공부하는 것이 더 낫다.						
29. 어렵거나 도전적인 문제를 풀려고 애쓰는 것은 재미있는 일이다.						

* (R)은 역채점 문항임

문항	확실히 아니다	상당히 아니다	약간 아니다	약간 그렇다	상당히 그렇다	확실히 그렇다
30. 생각을 많이 해야 하는 공부가 재미있다.						
31. 좀 틀리더라도 어려운 숙제를 하는 것을 좋아한다.						
32. 시간이 많이 걸리고 생각해야 하는 문제보다는 빨리 끝낼 수 있는 문제를 푸는 것이 낫다.(R)						
33. 학교에서 실수를 하면 기분이 매우 나쁘다.(R)						
34. 학교에서 실수를 많이 하면 매우 우울해지거나 화가 난다.(R)						
35. 나쁜 점수를 받을 때마다 어디론가 숨고 싶어진다.(R)						
36. 선생님 질문에 틀린 답을 하면 매우 기분이 나빠진다.(R)						
37. 학교성적이 나빠지면 매우 슬퍼진다.(R)						
38. 학교공부를 할 때 틀릴까봐 걱정을 많이 한다.(R)						
39. 학교에서 나쁜 성적을 받으면 틀린 것을 공부해서 다시 풀어본다.						
40. 꼭 해야 하는 것은 아니라도 학교공부 중에서 틀린 것은 다시 공부해 맞춰본다.						
41. 모르는 것이 있으면 선생님께 설명해 달라고 한다.						
42. 학교공부를 하다가 틀리면 계속해서 해보고 또 해본다.						
43. 새로운 학교 과제를 하다가 성공하지 못하면 금방 포기해 버린다.(R)						
44. 나쁜 점수를 받으면 마음을 잡고 열심히 공부하려고 결심하고 한다.						

* (R)은 역채점 문항임

8. 자기주도학습

자기주도적 학습은 학습자 스스로가 책임감을 가지고 자신의 학습 전 과정을 주도하는 것이다(정옥분, 임정하, 정순화, 김리진, 윤정은, 2012). 홍기칠(2014)은 자기주도학습을 '개별 학습자가 학습에 주도권을 가지고 자신의 학습요구와 동기를 진단하고, 학습목표를 설정하며, 학습에 필요한 인적·물적 자원을 확보하고, 인지적·행동적·동기적 학습전략을 선택하여 지식을 구성하고, 성취한 학습결과를 스스로 평가하는 과정과 활동'이라고 정의하였다. 이광성(2014)은 자기주도학습을 학습자가 학습상황에서 자기 스스로 혹은 학습조력자와의 상호작용을 통해 학습의 계획, 실행, 평가과정을 주도하고 관리하는 학습이라고 정의하였다.

정옥분 등(2012)은 자기주도학습이 강조되어야 할 중요성을 다음 여섯 가지로 제시하였다. 첫째, 학습과정에서 학습자의 주체적인 해석과정이 중요하다. 둘째, 학습경험에서 학습자가 주도적으로 참여하는 것이 중요하다. 셋째, 학습과정에서 학습자 자신이 경험하고 깨닫고 발견하는 작업이 중요하다. 넷째, 학습자의 자발적인 의지와 통제력이 중요하다. 다섯째, 학습자의 주도적인 평가능력이 중요하다. 여섯째, 학습의 결과보다 과정이 중요하다.

자기주도적 학습능력 조사지 – 총 44문항 5점 척도

- 이석재, 장유경, 이헌남, 박광엽(2003)이 개발한 자기주도적 학습능력 척도임
  - 자기주도적 학습능력: 학습욕구진단(1~10), 학습목표설정(11~14), 학습을 위한 자원파악(15~19), 기본적 자기관리능력(20~24), 학습전략의 선택(25~29), 학습 실행의 지속성(30~34), 결과에 대한 노력귀인(35~39), 자기성찰(40~44)

문항	매우 드물게	드물게	보통	자주	매우 자주
1. 전에는 몰랐던 것을 알게 되어 즐겁고 재미있게 공부한다.					
2. 누가 시키지 않더라도 내 스스로 책을 사서 읽는다.					
3. 내가 잘 모르는 것이라면, 처음부터 배우는 것을 피한다.(R)					
4. 새로운 것을 배울 때마다 힘들고 피곤하다.(R)					
5. 배우고자 하는 것이 있으면, 아무리 바빠도 그것을 배울 시간을 내어서 배운다.					
6. 내 스스로 학습할 수 있는 능력을 가지고 있다고 믿고 노력한다.					
7. 내가 하고 싶은 공부는 잠을 늦게 자더라도 끝까지 마친다.					
8. 실패를 하더라도 어려운 과제를 풀려고 도전한다.					
9. 좋은 직업을 가질 수 있는 기회를 넓히기 위해서 공부한다.					
10. 모르는 것을 새롭게 알아가는 즐거움 때문에 공부한다.					
11. 학습하거나 과제를 할 때 계획한 일을 언제까지 마쳐야 하는지 날짜나 시간을 미리 결정해 둔다.					

* (R)은 역채점 문항임

문항	매우 드물게	드물게	보통	자주	매우 자주
12. 매일 해야 할 일의 계획을 세운다.					
13. 내가 세운 계획대로 학습을 진행한다.					
14. 학습을 할 때 먼저 무엇부터 할까 스스로 계획을 세운다.					
19. 학습을 할 때는 주 교재나 노트필기 외에도 다양한 참고문헌을 가지고 한다.					
19. 모르는 것이 있으면 다른 사람에게 잘 질문한다.					
19. 내가 배우고 싶은 것이 있으면 관심 있는 친구나 동료들을 모아서 함께 공부하든지, 가르쳐 줄 수 있는 선배나 전문가를 찾아서 꼭 배운다.					
19. 내가 배우고 싶은 것이 있으면 모든 방법을 동원해서 알아낸다.					
19. 다른 사람들에 비해 시험이나 과제수행을 위해 필요한 다양한 자료들을 적극적으로 수집한다.					
20. 공부가 잘 되는 장소로 가서 공부한다.					
21. 깊은 잠을 자다가도 일어나고 싶은 시간에 스스로 일어날 수 있다.					
22. 다른 사람이 재촉하지 않아도 내 일을 스스로 알아서 한다.					
23. 과제를 항상 기한에 맞게 해낸다.					
24. 준비물이나 과제, 교재 등을 잊어버리고 학습장소에 간 적이 있다.(R)					
25. 강의시간에 속도가 느려서 다 못 적은 것이 있으면 강의가 끝나고 꼭 적는다.					
26. 강의 중 강사의 질문에 대답하려고 노력한다.					

* (R)은 역채점 문항임

문항	매우 드물게	드물게	보통	자주	매우 자주
27. 공부할 때 중요한 내용이 무엇일까 계속 생각하면서 공부한다.					
28. 강의시간에 강사가 강조하거나 중요하다고 하는 것을 꼭 적어둔다.					
29. 강의가 끝나고 쉬는 시간에 노트에 필기한 것을 다시 읽어본다.					
30. 과제나 해야 할 일은 끝까지 한다.					
31. 과제나 해야 할 일이 많을 때는 누군가 도와주어야 다 끝낼 수 있다.(R)					
32. 무슨 일이든 내가 시작한 일은 끝까지 한다.					
33. 처음엔 좋아서 시작한 일이라도 싫증이 나면 그만둔다.(R)					
34. 한 가지 일을 하다가도 다른 하고 싶은 일이 생기면 하던 일을 그만두고 새로운 일을 다시 시작한다.(R)					
35. 성적이 잘 안 나오면 노력이 부족하다고 생각하고 더 열심히 공부한다.					
36. 시험성적이 잘 안 나오면 노력이 부족해서 그렇다고 생각하고 포기한다.(R)					
37. 추진한 과제의 결과가 좋게 나온 것은 운이 좋다고 생각하기보다 추진과정을 잘 관리하였기 때문이라고 본다.					
38. 성적이 잘 나오면 노력을 했기 때문이라고 생각하고 더 열심히 준비한다.					
39. 아무리 내가 노력을 해도 성적에는 운이 많이 작용하므로 운이 좋기만 바란다.(R)					
40. 성적이나 과제수행결과가 왜 잘 나왔는지, 혹은 왜 못 나왔는지를 스스로 평가한다.					

* (R)은 역채점 문항임

문항	매우 드물게	드물게	보통	자주	매우 자주
41. 나의 공부습관 중 나쁜 습관이 있는지 스스로 생각해 본다.					
42. 내가 한 일의 결과를 보고 계획을 스스로 수정한다.					
43. 내 성적이나 과제수행결과를 다른 사람들의 것과 비교 분석한다.					
44. 이미 끝난 과제라도 다음에 더 잘 할 수 있는 방법을 생각한다.					

9. 학습 전략

학습 전략은 학습목표달성을 위해 필요한 지식과 기능을 긍정적이고 지속적으로 변화되도록 정신적 조작과 정서적 관리 및 자원과 자신을 관리하는 체계적 활동이다(황재규, 2011). 노원경(2008)은 학습을 보다 효과적으로 하기 위하여 학습자 자신이 취하는 모든 방법적 사고 또는 행동으로 학습목표를 정하고 그것을 성취해 가는 과정에서 사용하는 여러 가지 학습기술에 대한 총체적인 개념으로 보았다.

김동일(2005)은 학습 전략의 구성요인이 인지적 측면(인지와 초인지 등), 정서적 측면(자아효능감, 학습동기 등), 행동적 측면(자원관리 등)으로 구분하였다. 노원경(2008)은 국내외 대학에서 실시하는 학습 전략 프로그램을 메타 분석하여 학습 전략의 요소들을 목표관리, 시간관리, 수업 듣기, 교재 읽기, 노트 필기, 시험관리, 보고서 쓰기, 발표하기 등으로 구분하였다. 박성미(2009)는 자기관리 전략, 시험치기 전략, 인지 전략, 기억 전략, 리포트작성 전략, 자원활용 전략, 노력하기 전략, 협동학습 전략 등으로 구분하였다. 이렇듯 학습 전략의 구성요소는 학자마다 달리 규정되고 있어서 합의되기 어렵다. 하지만 황재규(2011)가 여러 선행연구들을 메타적으로 분석한 결과를 보면 학습 전략의 구성요소의 대강을 알 수 있다. 그는 학습 전략을 인지적 · 정서적 · 행동적 수준으로 구분하였다. 인지적 요소는 주의집중, 시연, 정교화, 조직화, 대인불안 등으로, 정서적 요소는 시험불안, 성적불안, 과제불안, 노력관리, 학습환경관리 등으로, 행동적 요소는 학습자료관리, 타인조력관리, 쓰기 관리, 시험치기 관리, 토론관리 등으로 분류하였다.

학습 전략 조사지 – 총 68문항

- 박성미(2009)가 개발한 학습전략 척도임.
  - 자기관리 전략(1~14), 시험치기 전략(15~27), 인지 전략(28~40), 기억 전략(41~46), 리포트작성 전략(47~52), 자원활용 전략(53~57), 노력하기 전략(58~64), 협동학습 전략(65~68)

문항	전혀 그렇지 않다	그렇지 않다	보통이다	그렇다	매우 그렇다
1. 매일 규칙적인 학습시간을 정해두고 이를 실천한다.					
2. 정신이 맑을 때 공부할 수 있도록 학습시간계획을 세운다.					
3. 수면, 식사, 여가 등을 포함시켜 균형 잡힌 학습시간계획을 세운다.					
4. 평소 학습시간계획표를 작성하여 체계적으로 학습하려 한다.					
5. 시험 중 답안을 작성하기 전에 시간을 미리 계획한다.					
6. 다른 사람들에 비해 공부에 더 많은 시간을 투자하는 편이다.					
7. 가급적 그날 배운 강의내용을 복습하려 한다.					
8. 각 과목별로 한 주에 적어도 강의시간의 두 배 정도는 공부한다.					
9. 시험공부는 충분히 여유를 가지고 시작한다.					
10. 학습장소에서 학습에 방해가 되는 요소를 파악하여 없앤다.					
11. 학습시간계획을 세울 때는 달성 가능한 현실적인 학습목표를 수립한다.					
12. 강의를 들을 때 신속하고 정확한 노트 필기를 위해 약어나 기호를 사용한다.					

문항	전혀 그렇지 않다	그렇지 않다	보통이다	그렇다	매우 그렇다
13. 강의를 들을 때 중심개념을 잘 파악하면서 강의를 듣는다.					
14. 시험공부를 할 때는 공부한 내용에 대하여 문제를 출제해 보면서 공부한다.					
15. 시험을 치룰 땐, 문제를 신중하게 읽고 문제의 모든 부분에 주의를 기울인다.					
16. 시험을 치르기 직전의 강의는 가능한 충실하게 참석한다.					
17. 시험답안지를 제출하기 전에 답안을 다시 한 번 충분히 검토해 본다.					
18. 시험공부를 할 때는 노트내용과 강의 중 받은 학습자료를 충분히 활용한다.					
19. 학습내용에 대해 이해할 수 없는 부분이 있으면 다른 사람의 도움을 청한다.					
20. 공부를 시작하기 전에 학습에 필요한 자료와 도구를 갖추어둔다.					
21. 공부할 때는 집중이 잘 되는 조용한 장소에서 한다.					
22. 꼭 필요한 경우에는 늦은 밤이나 주말에도 공부한다.					
23. 노트필기에 빠진 부분이 많을 경우에는 친구 혹은 교수에게 물어본다.					
24. 시험 중 사용이 허락되는 도구를 미리 파악해 둔다.					
25. 시험공부를 하다가 시간이 모자라게 되면 중요한 부분만을 찾아서 한다.					
26. 암기한 내용을 머릿속에서 떠올려본다.					
27. 답안을 작성할 때는 교수가 항상 강조하는 아이디어를 중심으로 답안을 조직한다.					

문항	전혀 그렇지 않다	그렇지 않다	보통 이다	그렇다	매우 그렇다
28. 새로운 내용을 배울 때는 그것과 관련된 상황을 상상해보면서 이해한다.					
29. 새로운 개념이나 이론은 이미 알고 있는 것들과 연결지어 이해하려 한다.					
30. 공부할 분량이 많으면 내용이 어떤 구조로 이루어졌는지 적어본다.					
31. 어떤 주제에 대해 학습할 때 나름대로 내 생각을 정리해 본다.					
32. 새로운 개념을 배울 때는 이해하기 쉽도록 구체적인 예를 떠올려 본다.					
33. 복잡한 내용을 학습할 때는 그 내용을 도표로 그리거나 요약해 본다.					
34. 책을 읽다가 모르는 단어/구절이 나오면 전후맥락을 고려하여 내용을 추측한다.					
35. 지금 공부하고 있는 내용을 출발점으로 내 자신의 아이디어를 발전시켜 본다.					
36. 교재에서 제시된 주장이나 결론에 대해 또 다른 대안은 없는지 검토해본다.					
37. 책을 읽을 때는 내용을 보다 잘 이해하기 위해 제시된 학습보조자료를 활용한다.					
38. 공부하는 도중에 그 내용을 잘 이해하고 있는지 스스로 질문해보곤 한다.					
39. 중요한 개념은 가급적 이해하기 쉬운 말로 풀어 본다.					
40. 공부를 하기 전에 공부할 분량을 미리 정해 놓고 시작한다.					
41. 암기한 내용을 자신의 말로 다시 써 본다.					
42. 정확하게 암기하기 위해 어떤 특정한 상황을 연상하면서 암기한다.					

문항	전혀 그렇지 않다	그렇지 않다	보통 이다	그렇다	매우 그렇다
43. 중요한 개념이 잘 상기되도록 핵심어를 기억해 둔다.					
44. 암기해야 하는 중요한 내용을 잘 선정한다.					
45. 무조건 암기하기보다는 원리와 개념을 이해하면서 암기한다.					
46. 교재를 읽으면서 그 내용을 얼마나 잘 이해하고 있는지를 점검하면서 읽는다.					
47. 리포트의 내용을 글로 표현할 때 상황에 맞는 표현, 어휘, 구문을 활용한다.					
48. 리포트의 내용을 글로 표현할 때 글의 문장을 적당한 길이, 어조로 조절한다.					
49. 리포트의 내용을 일단 글로 표현한 후, 불필요한 표현을 없앤다.					
50. 리포트의 내용을 글로 표현할 때, 나만의 의견을 명확하게 표현할 수 있다.					
51. 리포트의 내용을 글로 표현하기 전에 먼저 개요를 작성해본다.					
52. 리포트를 해결하기 위하여 도서관의 자료를 활용하거나 인터넷 검색을 한다.					
53. 학습내용을 명확하게 이해할 수 없을 때 다른 참고문헌을 계속해서 찾아본다.					
54. 정보가 부족하면 다양한 출처들(강의노트, 교재, 학술지 등)을 찾아본다.					
55. 이해하기 힘든 전공용어가 있으면 사전을 찾아본다.					
56. 노트필기가 완벽하지 못할 때는 참고도서를 찾아본다.					
57. 학습내용과 관련된 자료를 찾기 위해 다양한 방법을 활용한다.					

문항	전혀 그렇지 않다	그렇지 않다	보통이다	그렇다	매우 그렇다
58. 학습할 내용에 흥미가 전혀 없어도 공부하려 한다.					
59. 학습내용이 너무 어렵거나 복잡해도 포기하지 않고 공부한다.					
60. 공부를 하려고 할 때, 무엇부터 공부할 것인지 순서를 정한 후에 시작한다.					
61. 공부를 시작하기 전, 무엇을, 어떻게 공부할지 미리 머릿속으로 생각해 본다.					
62. 시험을 잘 치룰 수 있다는 확신감이 들 때까지 공부한다.					
63. 학습하고자 하는 분량을 결정했을 때, 그것을 마치려고 노력한다.					
64. 리포트는 미루지 않고 그때그때 해결하려 한다.					
65. 친구들이 교재내용에 대해 질문하도록 하고, 나 또한 친구들에게 질문해본다.					
66. 내가 잘 이해했는지 확인하기 위해 공부한 내용을 친구들에게 설명해본다.					
67. 토론이나 발표수업인 경우, 적극적으로 참여하려 한다.					
68. 토론이나 발표 중에도 필요하면, 노트해 둔다.					

10. 학습양식

학습스타일이라고도 일컫는 학습양식은 학습자 개인의 생물학적이고 발달적인 특성으로서 자신을 둘러싸고 있는 환경을 지각하고 처리하며, 이러한 과정에서 나타나는 독특하고 지속적인 개인의 학습특성이다(고영남, 2013). 그레고스(Gregorc, 1982)는 학습 유형은 한 개인이 어떻게 학습하고 환경에 적응하는가를 보여 주는 행동들로 구성된다고 하였다. 던과 던(Dunn& Dunn, 1978)은 학습 유형이란 개인이 어떠한 정보와 기술에 집중하여 어려운 일을 처리하고 내면화하며 유지시키는가와 관련된 개인적인 선호경향이라고 하였다. 그리고 콜브(Kolb, 1984)는 학습자가 외부에서 들어오는 정보를 지각하고 처리할 때 선호하는 방법이라고 하였다.

학습양식은 학자마다 여러 가지 이론들로 분류된다. 고영남(2013)은 학습양식에 대한 여러 이론들을 토대로 성격 중심 접근의 학습양식, 정보처리적 접근의 학습양식, 학습환경 및 수업에서의 사회적 상호작용 접근의 학습양식으로 분류하였다. 성격 중심 접근의 학습양식은 위트킨(Witkin)의 장독립성-장의존성, 카간(Kagan)의 숙고성-충동성, 마이어스(Briggs Myers)의 MBTI, 그레고스의 학습양식 등이 있다. 정보처리적 접근의 학습양식은 콜브의 학습양식, 슈멕(Schmeck)의 학습양식, 펠더만과 실버맨(Felderman & Silverman)의 학습양식 등이 있다. 학습환경 및 수업에서의 사회적 상호작용 접근의 학습양식은 던과 던의 학습양식, 그라샤와 리치먼(Grasha & Reichmann)의 학습양식 등이 있다.

학습양식에 따른 학습자 분류도 여러 방식이 있다(고영남, 2013). 그 예를 들면, 그레고스는 구체적-순차적 학습자, 구체적-임의적 학습자, 추상적-순차적 학습자, 추상적-임의적 학습자로 분류했다. 콜브는 조절적 학습자, 확산적 학습자, 동화적 학습자, 수렴적 학습자 등으로 분류했다. 펠더만과 실버맨은 감각적 학습자, 직관적 학습자, 시각적 학습자, 언어적 학습자, 활동적 학습자, 반성적 학습자, 순차적 학습자, 통합적 학습자 등으로 분류하였다. 던과 던은 청각적-분석적 학습자, 청각적-통합적 학습자, 시각적-분석적 학습자, 시각적-통합적 학습자, 촉각적-분석적 학습자, 촉각적-통합적 학습자, 운동감각적 학습자 등으로 분류하였다.

학습양식 조사지 – 총 44문항

• 펠더 학습양식 척도

1. 나는 ______, 더 잘 이해한다.
   (a) 직접 해보았을 때
   (b) 깊이 생각하였을 때

2. 나는 ______사람으로 불리는 것을 좋아한다.
   (a) 현실적
   (b) 혁명적

3. 어제 일어난 일을 생각한다면, 나는 대체로 ______으로 떠오른다.
   (a) 그림 장면
   (b) 단어 혹은 문장

4. 나는 ______하는 경향이 있다.
   (a) 주제의 세부내용을 이해하지만, 전체 윤곽의 파악을 어려워
   (b) 전체 구조는 잘 파악하지만, 세부내용의 이해를 어려워

5. 내가 새로운 무엇인가를 배울 때, ______ 이 내게 도움이 된다.

(a) 그것에 대해 말하는 것

(b) 그것에 대해 생각하는 것

6. 내가 만약 교사라면, 나는 ______과정을 가르치고 싶다.

(a) 사실과 실제상황(실험)을 다루는

(b) 아이디어와 이론(사고적인)을 다루는

7. 나는 새로운 정보를 얻을 때, ______ 형태를 좋아한다.

(a) 그림, 도표, 그래프 혹은 지도 등

(b) 지침서 혹은 언어 정보(말로 설명)

8. 나는 ______.

(a) 모든 부분을 먼저 이해하고, 전체 내용을 파악한다.

(b) 전체 사실을 먼저 파악하고, 부분을 어떻게 적용되는지 이해한다.

9. 스터디 그룹에서 어려운 과제를 다루면, 나는 ______.

(a) 참여하고 아이디어를 제공하는 편이다.

(b) 뒤에 앉아서 듣는 편이다.

10. 나는 ______을 배우는 것이 보다 쉽게 느껴진다.

(a) 사실

(b) 개념

11. 그림이나 도표가 많은 책을 보면, 나는 ______

(a) 그림이나 도표를 주의 깊게 보는 편이다.

(b) 그것을 설명하는 문장에 관심이 가는 편이다.

12. 내가 수리문제를 풀 때, 나는 ______

(a) 보통 바로 답을 얻기 위해서 내 방식대로 풀어본다.

(b) 해답을 먼저 보지만, 답이 얻어지는 과정을 익히려고 노력한다.

13. 학급에서 나는 ______

(a) 보통 가능한 많은 친구들을 사귀려고 하는 편이다.

(b) 거의 많은 친구를 사귀려고 하지 않는 편이다.

14. 비소설류(nonfiction) 독서에서, 나는 ______ 것을 선호한다.

(a) 새로운 사실이나 그것을 하는 방법을 말해주는

(b) 생각하고 새로운 아이디어를 제공하는

15. 나는 수업시간에 ______ 교사를 좋아한다.

(a) 도표나 그림을 많이 소개하는

(b) 설명하는 데 시간을 많이 보내는

16. 이야기나 소설을 분석할 때, 나는 ______

(a) 사건을 생각하고, 주제들을 이해하기 위해서 서로 사건을 연관시키는 편이다.

(b) 책을 읽은 후에 주제가 무엇인지 알고, 다시 되돌아가서 그들을 입증하기 위해서 사건을 찾는다.

17. 나는 숙제를 할 때, 나는 대게 ______

(a) 즉시 문제풀이를 시작하는 편이다.

(b) 먼저 문제를 충분히 이해하려고 노력하는 편이다.

18. 나는 ______ 아이디어를 좋아하는 편이다.

(a) 확실한

(b) 이론적인

19. 나는 ______을 잘 기억한다.
   (a) 본 것
   (b) 들은 것

20. 나는 ______ 교사가 내가 더 좋다.
   (a) 분명하고 연속적인 단계로 재료를 제공해주는
   (b) 전체 윤곽과 다른 단원과 관련되는 자료를 제공해주는

21. 나는 ______ 공부하는 것을 좋아한다.
   (a) 스터디 그룹에서
   (b) 혼자서

22. 나는 ______ 생각하는 것을 좋아하는 편이다.
   (a) 과제(나의 일)의 세부사항을 면밀히
   (b) 과제를 해결하는 방법을 창의적으로

23. 나는 새로운 장소의 방향을 찾으려 할 때, 나는 ______을(를) 보는 편이다.
   (a) 지도
   (b) 안내문

24. 나는 ______
   (a) 매우 꾸준히 공부하며, 열심히 노력하면 이해할 수 있다고 생각한다.
   (b) 중단과 시작을 반복하면서 공부하며, 전체가 혼란스럽기도 하고 갑자기 이해되기도 한다.

25. 나는 ______ 하는 편이다.

(a) 먼저 일을 시작

(b) 일을 어떻게 시작할 것인지에 대해서 먼저 생각

26. 나는 흥밋거리를 읽을 때, 작가가 ______ 하는 것을 좋아한다.

(a) 의미하는 것이 무엇인지 분명하게 말하는

(b) 창의적이고 흥미로운 방법으로 사물을 말하는

27. 교실에서 도표나 스케치를 볼 때, 나는 ______을 더 잘 기억한다.

(a) 그림

(b) 교사가 설명한 것

28. 정보의 실체를 파악할 때, 나는 ______

(a) 세부 사항에 초점을 두고 전체 윤곽을 놓치는 편이다.

(b) 세부 사항을 알기 앞서 전체 윤곽을 이해하려는 편이다.

29. 나는 ______을 잘 기억한다.

(a) 해본 것

(b) 깊이 생각해본 것

30. 나는 일을 수행할 때, 나는 ______ 하는 편이다.

(a) 정해진 방법으로 일을 완수하려고

(b) 그 일을 해결하는 새로운 방법을 찾으려고

31. 나는 다른 사람의 자료를 볼 때, 나는 ______ 을(를) 좋아한다.

(a) 차트나 그래프

(b) 결과를 정리한 요약문

32. 보고서를 쓸 때, 나는 ______작업을 좋아한다.
   (a) 보고서의 시작과 전개 (그것에 대한 생각 혹은 쓰기)
   (b) 보고서의 차이점과 순서 (그것에 대한 생각 혹은 쓰기)

33. 내가 그룹 프로젝트를 수행할 때, 나는 먼저 ______ 하기를 바라는 편이다.
   (a) 누구나 아이디어를 발표하는 "그룹 브레인스토밍"
   (b) 개인적으로 머리를 짜내고 그 다음 함께 모여 아이디어를 비교

34. 다른 사람이 나에게 ______ 사람이라고 부르는 것이 가장 높은 칭찬이라고 생각한다.
   (a) 현명한
   (b) 상상력이 풍부한

35. 모임에서 사람을 만날 때, 나는 ______을 잘 기억하는 편이다.
   (a) 그들의 모습
   (b) 그들이 한 말

36. 나는 새로운 주제를 공부할 때, 나는 ______ 하는 편이다.
   (a) 그 주제에 집중하면서 내가 할 수 있는 힘껏 공부
   (b) 주제와 그와 관련된 주제들을 연결지으려고

37. 나는 ______으로 보이는 편을 더 좋아한다.
   (a) 사교적
   (b) 내성적

38. 나는 ______를 강조하는 수업을 선호한다.
   (a) 구체적인 자료(사실, 자료)

(b) 추상적인 자료(개념, 이론)

39. 오락(파티) 대신에, 나는 ______

(a) TV를 보는 편이다.

(b) 독서를 한다.

40. 어떤 교사들은 수업의 개요를 설명하고 강의를 시작한다. 이러한 개요는 ______

(a) 내게 약간 도움이 된다.

(b) 내게 아주 도움이 된다.

41. 그룹으로 과제를 수행하는데, 전체 그룹에서 1등급을 받으려는 것은

(a) 나에게 관심거리다.

(b) 나에게 관심을 끌지 못한다.

42. 내가 오랫동안 계산하는 일을 할 때, 나는 ______

(a) 모든 단계를 반복하고 주의 깊게 나의 일을 확인하려고 한다.

(b) 나는 꼼꼼하게 나의 일을 확인하고 그렇게 하는 것이 내게 힘을 준다.

43. 내가 가본 장소는 ______ 그림을 그린다.

(a) 쉽게 아주 정확하게

(b) 어렵고 덜 자세하게

44. 그룹에서 문제를 해결할 때, 나는 ______ 에 대해 생각하는 것을 보다 더 좋아한다.

(a) 풀이과정에서 단계

(b) 전 범위에서 가능한 결론 혹은 해답의 적용

점수 계산표

Active/ Reflective (활동적/반성적)			Sensory/intuitive (감각적/직관적)			Visible/ Verbal (시각적/ 언어적)			Sequencial/ Global (순차적/ 전체적)		
Q	(a)	(b)	Q	(a)	(b)	Q	(a)	(b)	Q	(a)	(b)
1			2			3			4		
5			6			7			8		
9			10			11			12		
13			14			15			16		
17			18			19			20		
21			22			23			24		
25			26			27			28		
29			30			31			32		
33			34			35			36		
37			38			39			40		
41			42			43			44		

4개의 영역에서 (a), (b)개수의 합을 나타내기

Active/ Reflective (활동적/반성적)		Sensory/intuitive (감각적/직관적)		Visible/ Verbal (시각적/ 언어적)		Sequencial/ Global (순차적/ 전체적)	
(a)	(b)	(a)	(b)	(a)	(b)	(a)	(b)
( )	( )	( )	( )	( )	( )	( )	( )

위 4개의 각 영역에서 (높은 항목 - 낮은 항목):

예) Active/ Reflective영역에서 (a)가 3개이고, (b)가 8개라면 아래의 빈칸에 _____라고 쓰시면 됩니다.

학습양식		학습양식에 따른 특징
정보처리	활동적	외향적인 특성으로 학습과정 중 토론이나 협동활동 등을 통해 문제를 해결하는 방법을 선호
	반성적	내향적인 특성으로 자기평가, 반성적 학습활동을 통해 문제를 해결하는 방법을 선호
정보지각	감각적	사실, 데이터, 관찰 선호 / 구체적, 실제적, 규칙적, 사실지향적 경향 잘 조직된 순서에 따라서 정보를 인식하는 방법을 선호
	직관적	개념, 원리, 모형 선호 / 상상적, 이론지향적, 의미지향적 경향 기억을 바탕으로 학습자가 자유롭게 정보를 조직하는 방법을 선호
정보입력	시각적	시각적인 정보인 그림, 도표, 사진, 미디어 콘텐츠를 선호
	언어적	언어적 정보인 텍스트나 음성 콘텐츠를 선호
정보이해	순차적	연속적이며 단계적, 구조적 학습방법을 선호
	전체적	전체적이고 포괄적인 관점에서 바라보며 자유로운 이해방법과 다양한 학습방법을 선호

기억하기

- 디지털 역량은 ICT와 디지털 미디어를 활용할 때 요구되는 일련의 지식, 기술 및 태도를 말하며 다차원성, 장기적 성과, 역량연계성, 맥락성 등의 특징을 가지고 있다.
- 핵심역량을 OECD에서 세 가지 영역으로 범주화했으며 첫째, 사회적으로 이질적인 집단에서의 상호작용 역량, 둘째, 자율적인 행동 역량, 셋째, 여러 도구를 상호작용적으로 활용하는 역량이다.
- 직업기초능력은 의사소통능력, 수리능력, 문제해결능력, 자기개발능력, 자원관리능력, 대인관계능력, 정보능력, 기술능력, 조직이해능력, 직업윤리 등으로 구성되어 있다.
- 문제해결능력(problem solving ability)이란 문제해결자의 현재상태와 도달해야 하는 목표상태의 차이를 인식하고 그 차이를 유발시키는 장애물을 신속하고 효과적으로 해소시킬 수 있는 지적·창의적 능력이다.
- 학습동기는 학습활동 자체를 목적으로 하는 내재적 동기와 학습활동이 다른 무엇을 위한 수단의 의미로 사용되는 외재적 동기가 있다.
- 자기주도학습은 학습자가 스스로가 학습조력자와 상호작용을 통해 학습의 계획, 실행, 평가의 전 과정을 주도하고 관리하는 학습이다.
- 학습전략은 학습목표달성을 위해 필요한 지식과 기능을 긍정적이고 지속적으로 변화되도록 정신적 조작과 정서적 관리 및 자원과 자신을 관리하는 체계적 활동이다.
- 학습양식은 학습스타일이라고도 하며 학습자 개인의 생물학적이고 발달적인 특성으로서 자신을 둘러싸고 있는 환경을 지각하고 처리하며, 이러한 과정에서 나타나는 독특하고 지속적인 개인의 학습특성이다.

참고문헌

강명희, 김민정, 김보경, 유지원(2013). 21 세기 초등학생의 핵심역량 측정도구 개발. **교육방법연구**, 25(2), 373-402.

강이철(2011). **교육방법 및 교육공학의 입문**. 경기: 양서원.

강인애, 주현재(2009). 학습자 중심 교육의 의미에 대한 재조명. **학습자중심교과교육연구**, 9, 1-34.

고영남(2013). **학습양식과 교육**. 서울: 교육과학사.

곽삼근(2000). **성인을 위한 평생교육방법**. 서울: 원미사.

곽삼근(2002). 여성주의 교육의 연구 동향과 실천과제. **이화교육총서**, 5, 105-112.

국가평생교육진흥원(2013). 2011·2012 평생교육백서.

권대봉(2003). **인적자원개발의 개념 변천과 이론에 대한 종합적인 고찰**. 서울: 교육과학사.

권두승(1991). 한국 사회교육의 변천에 관한 사회학적 분석. 고려대학교 대학원 박사학위논문.

권인탁, 임영희(2011). **평생교육 경영론**. 서울: 학지사.

권중돈(2012). **노인복지론(5판)**. 서울: 학지사.

기영화(2001). **평생교육 프로그램 개발**. 서울: 학지사.

길형석(2001). 학습자중심의 교과교육을 위한 철학적 연구. **학습자중심교과교육연구**, 1, 1-27.

김규태(2012). **교육책무성: 이론, 정책, 제도**. 서울: 원미사.

김규태(2018). **교육학 논리와 논술**. 파주: 양성원.

김규태, 강유정, 강성복(2014). **교육행정 및 교육경영**. 경기: 양서원.

김규태, 강유정, 권민석, 최경민(2016). **교육행정 및 교육경영**. 경기: 양서원.

김규태, 강유정, 권민석, 최경민(2017). **교육행정 및 교육경영**. 경기: 양서원.

김규태, 방경곤, 이병환, 권민석(2013). **교육학 논리와 논술**. 서울: 양서원.

김규태, 이인학, 김도진, 이기영, 박지은, 류관열, 백경숙(2016). **교육사회학**. 경기: 공동체.

김도수(1999). **평생교육**. 경기: 양서원.

김동일(2005). **학업상담을 위한 학습전략 프로그램**. 서울: 학지사.

김선연, 유호정(2013). 지방 대학생 직업기초역량 진단도구 개발 및 타당화. **HRD 연구**, 15(4), 71-100.

김선희, 권영심, 신지숙(2012). 전문대학 재학생의 직업기초능력 증진을 위한 운영 방안 연구. **기업경영연구**, 42, 57-77.

김성국(2004). 21세기 사회구조적 변화와 네트워크사회의 형성. IT의 사회·문화적 영향연구 최종 심포지엄 자료집, 정보통신정책연구원.

김성남(2009). 대학생의 고용가능성 진단 도구 개발. 서울대학교 대학원 박사학위논문.

김성남, 정철영(2010). 대학생의 고용가능성 진단 도구 개발. **농업교육과 인적자원개발**, 42(2), 139-161.

김아영(2002). 학업동기 척도 표준화 연구. **교육평가연구**, 15(1), 157-184.

김안나, 이병식(2003). 대학생들의 핵심능력 개발에 영향을 미치는 개인 및 환경요인 분석. **한국교육**, 30(1), 367-392.

김연희, 정재삼, 이종경, 이유진(2010). 대학생이 인식하는 핵심역량과 교육요구도 분석. **교육방법연구**, 22(4), 1-20.

김재현(2011). 다층모형을 활용한 전문대학 교육서비스와 전문대학생의 고용가능성의 관계. **직업교육연구**, 30(1), 203-223.

김정근(2011). 고령화 시대의 노인 1 인 가구-소득 변화의 특징과 시사점. SERI 경제포커스, (357).

김지혜2006). 진로교육 프로그램의 효과에 대한메타분석. 한양대학교 대학원 석사학위논문.

김진화(2001). **평생교육 프로그램개발론**. 서울: 교육과학사.

김창엽(2012). **평생교육경영**. 서울: 청목.

노원경(2008). 학습전략 루브릭의 개발 및 효과 연구: 대학생 학습전략 교육 프로그램을 중심으로. **교육공학연구**, 24(4), 259-294.

다니엘 핑크(2011). **새로운 미래가 온다**. 서울: 한국경제신문.

박기언(1989). 대학교육의 사회교육적 개방론. **고등교육연구**, 1(1), 1-18.

박동렬, 김대영(2006). 대학생의 직업의식에 관한 실태. **한국직업교육학회**, 25(2), 1-32.

박동오, 송위진(2008). 지속가능한 기술을 향한 새로운 접근. **과학기술학연구**, 8(2), 57-81.

박성미(2009). 전문대학생을 위한 학습전략 진단 도구의 개발. **수산해양교육연구**, 21(1), 16-27.

박성미(2011). 직업능력의 요소로서 핵심역량 분석. **직업교육연구**, 30(3), 327-351.

박찬욱(2013). 사회통합의 방향. **저스티스**, 134(2), 61-93.

백욱인(2013). **정보자본주의**. 서울: 커뮤니케이션북스.

백평구(2013). 대학생 핵심역량 수준과 대학생 개인 변인의 관계 및 특성. **교양교육연구**, 7(3), 349-387.

변영계(2005). **교수학습방법이론의 이해**. 서울: 학지사.

보건복지부(2012). 2012 노인보건복지 사업안내.

서보준, 서명환, 신성철(2015). **평생교육론**. 경기: 공동체.

성태제(2009). **교육평가의 기초**. 서울: 학지사.

성태제(2014). **현대교육평가**(제4판). 서울: 학지사.

소연희(2015). 학습자 중심 수업 인식 척도 개발 및 타당화. **아시아교육연구**, 16(1), 113-135.

송병순(2000). **평생교육의 이론과 실제**. 서울: 원미사.

신용주(2004). **평생교육의 이론과 방법**. 서울: 형설출판사.

신재한(2011). **교육방법 및 공학**. 서울: 태영.

안홍선, 권혁훈(2011). **평생교육사 실습: 이론과 실천**. 경기: 양서원.

양병찬(1997). 영국의 대학확장 연구: 대학 사회교육의 이념 형성과 제도화 과정을 중심으로. 단국대학교 대학원 박사학위 청구논문.

오혁진(2003). **평생교육경영학**. 서울: 학지사.

윤호성, 이기동(2011). 소셜네트워크를 이용한 집단지성 측정연구. **디지털융복합연구**, 9(2), 53-63.

이경화, 강현영, 고은성, 이동환, 신보미, 이환철, 김선희(2016). 과정 중심 평가의 실행을 위한 방향 탐색. **수학교육학연구**, 26(4), 819-834.

이광성(2014). 의사소통능력이 자기주도적 학습능력에 미치는 효과 연구. **열린교육연구**, 22(1), 413-429.

이명진(2012). 네트워크사회의 도래와 공공성의 특성 변화: 영역, 경계, 행위자, 배제를 중심으로. **한국사회**, 13(1), 63-85.

이명희(2007). **3.0 CEO를 위한 명품경영**. 서울: 청년정신.

이석재, 장유경, 이헌남, 박광엽(2003). 생애 능력 측정 도구 개발 연구: 의사소통 능력, 문제해결 능력, 자기 주도적 학습 능력을 중심으로. 한국교육개발원.

이애화(2016). 전문대학생의 디지털과 직업기초능력의 관계에서 자기조절능력의 매개효과: 학습양식별 다중집단분석의 적용. 계명대학교 대학원 박사학위논문.

이애화, 최명숙(2014). 국내 대학생 핵심역량과 그 진단도구에 대한 연구동향 분석. **교육공학연구**, 30(4), 561-588.

이영찬, 임영규, 정혜숙(2010). **현대사회 · 탈현대사회**. 대구: 계명대학교 출판부.

이재열, 노진철, 서문기, 이경용, 홍덕률(2004). **위험사회와 생태적 · 사회적 안전**. 경기: 정보통신정책연구원.

이재현(2013). **SNS의 열 가지 얼굴**. 서울: 커뮤니케이션북스.

이찬영, 태원유, 김정근, 손민중(2011). 고령화에 따른 노동시장 '3S'현상 진단 - 노동력 부족, 생산성저하, 세대 간 일자리 경합. 서울: 삼성경제연구소.

이항우, 이창호, 김종철, 임현경(2011). **정보사회의 이해**. 서울: 미래인.

장성원, 정동영, 조용권, 최진영, 이치호, 최은정, 김동민, 전상인(2013). 미래산업을 바꿀 7대 파괴적 혁신기술. CEO Information, 894.

정경희 외(2011). 2011년도 노인실태조사. 보건복지부·한국보건사회연구회.

정옥분, 임정하, 정순화, 김리진, 윤정은(2012). 중 · 고등학생용 자기주도학습능력 척도개발과 타당화 연구. **인간발달연구**, 19(2), 227-249.

정은이, 박용한(2002). 일상적 창의성 척도의 개발 및 타당화. **교육문제연구**, 17, 155-184.

정정길, 최종원, 이시원, 정준금, 정광호(2012). **정책학원론**. 서울: 대명출판사.

조윤동, 윤용식(2014). 핵심 역량 육성의 관점에서 비교한 한국과 일본의 수학과 교육과정. **수학교육학연구**, 24(1), 45-65.

진미석, 손유미, 주휘정(2011). 대학생 핵심역량 진단체제 구축 방안 연구. **교육행정학연구**, 29, 461-486.

차갑부(1999). **사회교육방법의 탐구**. 서울: 양서원.

천정웅, 김민, 김진호, 박선영(2011). **차세대 청소년학총론**. 경기: 양서원.

최성재, 장인협(2006). **노인복지학**. 서울: 서울대학교출판부.

최은수, 배석영(2008). **평생교육경영론**. 파주: 양서원.

최태복(2011). 노인교육 프로그램의 발전방안에 관한 연구. 대전대학교 대학원 박사학위논문.

최항섭(2009). 레비의 집단지성: 대중지성을 넘어 전문가지성의 가능성 모색. **사이버커뮤니케이션학보**, 26(3), 287-322.

클라우드 슈밥(2016). **제4차 산업혁명**. 서울: 새로운현재.

하원규, 최남희(2015). **제4차 산업혁명**. 서울: 콘텐츠하다.

한국데이터베이스진흥원. http://www.dbguide.net

한영일, 한창수, 신형원, 김진성(2013). **인문학이 경영을 바꾼다**. CEO Information, 818.

한정란(2001). **교육 노년학: 노인을 위한, 노인에 관한, 노인에 의한 교육**. 서울 : 학지사.

한정선, 김영수, 주영주, 강명희, 정재삼, 박성희(2008). **미래사회를 위한 교육방법 및 교육공학**. 서울: 교육과학사.

한정선, 오정숙, 임현정, 전주성, 이수나, 고범석(2006). **지식 정보 역량 개발 지원을 위한 디지털 리터러시 지수 개발 연구**. 서울: 한국교육학술정보원.

홍경선(2007). 학습자중심사회에서의 수업평가 모델 개발 연구. **학습자중심교과교육연구**, 7(2), 401-426.

홍기칠(2012). **교육방법 및 교육공학**. 경기: 공동체.

홍기칠(2014). 초등학생용 자기주도학습력 검사의 타당화. **사고개발**, 10(2), 1-30.

홍성태(2005). 정보위험사회의 도래와 대응에 관한 연구. 경기: 정보통신정책연구원.

황재규(2011). 전문대학생용 학습전략 척도개발 및 타당화. **상담학연구**, 12(5), 1833-1855.

Bandura, A.(1986). *Social foundations of thought and action: A social cognitive theory*. Englewood cliffs, NY: Prentice Hall.

Bass, B.(1981). *Handbook of Leadship.* New York: Free Press.

Billing, D.(2007). Teaching for transfer of core/key skills in higher education: Cognitive skills. *Higher education, 53*(4), 483-516.

Boone, E. J.(1985). *Developing Programs in Adult Education.* Englewood Cliffs, N.J: Prentice Hall Inc.

Breen, L, Z.(1960). *Handbook of Social Gerontology*, Chicago.

Brookfield, S.(1995). Adult learning: An overview. *International encyclopedia of education, 10,* 375-380.

Bundy, A(2004). *Australian and New Zealand information literacy framework: Principles, standards and practice*(2nd ed.). Underdale, Australia: University of South Australia.

Castells, Manual.(2000). *The Rise of the Network Society*. Oxford: Blackwell. 김묵한 외(역). **네트워크 사회의 도래**. 서울: 한울아카데미.

Darkenwald, G. C., & Merriam, S. B.(1982). *Adult education: Foundations of practice.* New York: Harper and Row.

Darkenwald, G. C., & Valentine, T.(1985). Factor structure of deterrents to public participation in adult education. *Adult Education Quarterly, 35,* 177-193.

Dave, R. H.(1976). *Lifelong and School Curriculum*. UNESCO Institute for Education.

Dunn & Dunn(1978). *Teaching students through their individual learning style*. Englewood Ciffs, NJ: Prentice-Hall.

Feinberg, Walter(1995), "Critical Conversation in Philosophy of Education", in Brookfield, S(1995), "Self-directed Learning: A Critical Review of Research" in S. Brookfield(ed), *Self-directed Learning: From Theory to Practice, New direction for Continuing Education,* 25. SanFrancisco: Jossey-Bass.

Froyd, J., & Simpson, N.(2008). *Student-centered learning addressing faculty questions about student centered learning. In Course, Curriculum, Labor, and Impro vement Conference*. Washington DC, 30(11), 1-11.

Gardner, H.(1993). *Multiple intelligenes: The theory in practice*. New York: Basic Books.

Giddens, A., & Sutton, P. W.(2013). *Sociologie*. Praha: Argo.

Goleman, D., R. Boyatzis & A. McKee(2002). *Primal leadership: Learning to lead.*

Gregorc, A. R.(1982). *An adult's guide to style*. Maynard, MA: Gabriel Systems.

Harris, D. K., & Cole, W. E.(1985). *Sociology of Aging*. 최신덕(역). **노년사회학**. 서울: 경문사.

Henry, G. T., & Basile, K. C.(1994). Understanding the decision to participate in formaladult education. *Adult Education Quarterly, 44*(2), 64-82.

Hoy, W. K., & Miskel, C. G.(2013). *Educational administration: Theory, research and practice*(9th ed.). New York: McGraw-Hill.

Illich, I.(1971). *Deschooling society*. New York: Harper.

Jarvis, P.(1990). Trends in education and gerontology. *Educational Gerontology, 16*(4), 401-409.

Keller, J. M.(2013). *Motivational Design for Learning and Performance: The ARCS Model Approach.* 조일현, 김찬민, 허의옥, 서순식(역). **학습과 수행을 위한 동기설계: ARCS 모형 접근**. 경기도: 아카데미프레스.

Kitsantas, A.(2013). Fostering college students' self-regulated learning with learning technologies. *Hellenic Journal of Psychology, 10*(3), 239.

Knowles, M.(1990). *The adult learner: A neglected species*(4th ed.). Houston: Gulf Publishing Company.

Kolb, D. A.(1984). *Experiential learning: Experience as the source of learning and development.* Englewood Cliffs, NJ: Prentice Hall.

Koltay, T.(2011). The media and the literacies: Media literacy, information literacy, digital literacy. *Media, Culture & Society, 33*(2), 211-221.

Kurzweil, Ray.(2007). *The Singulariyt is Near: When Human Transcend Biology.* 장시형 외(역). **특이점이 온다**. 서울: 김영사, 2007.

Lankshear, C., & Knobel, M.(2006). Digital literacy and digital literacies: Policy, pedagogy and research considerations for education. *Digital Kompetanse, 1-2006*(1), 12-24.

Lengrand, P.(1975). *An introduction to lifelong education*. Paris: Unesco Press.

Levy, P.(2002). *Cyberdémocratie, Essai de philosophie politique*. Paris: Edition Jacobs

Marriam, S. B., & Caffarella. R. S.(1999). *Learning in adulthood*(2nd. ed). San Francisco: Jossey-Bass.

Martin, A., & Grudziecki, J.(2006). DigEuLit: concepts and tools for digital literacy development. *Innovation in Teaching And Learning in Information and Computer Sciences, 5*(4), 249-267.

Morstain, B. R. & Smart, J. C.(1974). Reasons for participation in adult education courses: A multivariate analysis of group differences. *Adult Education, 24*(2), 83-98.

OECD(1996). The OECD Jobs Strategy: Enhancing the Effectiveness of Active Labor Market Polocies, Paris.

OECD(2005). *The Definition and Selection of Key Competencies*. Executive Summary.

Perry, W. C.(1976). *Open University: A Personnal Account by the First Vice-Chancellor*. Open University Press.

Peterson, K. A.(1983). *Facilitating Education for Older Learners.* San Francisco: Jossey-Bass.

Reimer, E.(1971). *School is dead: Alternatives in education*. New York: Doubleday.

Russ-Eft, D., & Preskill, H.(2001). *Evaluation in organizations: A systematic approach to enhancing learning, performance, and change.* Cambridge: Perseus.

Toffler, Alvin and Heidi(2006). *Revolution Wealth.* New York: Alfred A. Knopf.

UNESCO(1996). Learning: the treasure within: report to UNESCO of the international commission on education for the twenty-first century. UNESCO Publishing.

Williams, Richard(2007), *Tell Me How I'm Doing: a Fable About the Importance of Giving Feedback.* Amacom Books. *이민주(역), 피드백 이야기, 서울: 토네이도 with emotional intelligence*. Boston: Harvard Business School Press.

경기도. http://www.dbguide.net
국가평생교육진흥원. http://www.nile.or.kr
청소년 기본법 시행령[시행 2018. 6. 13] [대통령령 제28937호, 2018. 6. 5, 일부개정].
청소년 기본법[시행 2018. 6. 13] [법률 제15208호, 2017. 12. 12, 일부개정].
초·중등교육법[시행 2017. 6. 22] [법률 제14603호, 2017. 3. 21, 일부개정].
평생교육법 시행규칙[시행 2017. 12. 29] [교육부령 제141호, 2017. 12. 29, 일부개정].
평생교육법 시행령[시행 2019. 1. 1] [대통령령 제29421호, 2018. 12. 24, 타법개정].
평생교육법 시행령[시행 2019. 1. 1] [대통령령 제29421호, 2018. 12. 24, 타법개정].
평생교육법[시행 2019. 1. 19] [법률 제15964호, 2018. 12. 18, 일부개정].
평생교육법[시행 2019. 1. 19] [법률 제15964호, 2018. 12. 18, 일부개정].
평생교육법[시행 2019. 1. 19] [법률 제15964호, 2018. 12. 18, 일부개정].

찾아보기

ㅇ

ㅂ

ㅅ

ㅇ

ㅈ

저 / 자 / 소 / 개

▪ 김문섭

독일베를린공과대학 철학박사/대구대학교 문학박사

현. 대구한의대학교 평생교육융합학과 교수

▪ 김규태

동국대학교 대학원 교육학박사

The University of Texas at Austin 철학박사

현. 계명대학교 교육학과 교수

▪ 김진숙

숙명여자대학교 대학원 문학박사

현. 대구한의대학교 평생교육융합학과 교수

평생교육론

1판 1쇄 인쇄 — 2019년 3월 1일
1판 1쇄 발행 — 2019년 3월 4일

저　　자 - 김문섭　김규태　김진숙
발 행 인 - 강철원
발 행 처 - 양성원
주　　소 - 경기도 파주시 검산로 173번길 29-20
전　　화 - 031-946-3861(代)
팩　　스 - 031-946-3864
이 메 일 - tnwpub@naver.com
홈페이지 - tnwpub.co.kr
출판등록 - 2015년 8월 31일 제 2015-000211 호

ISBN 979-11-6126-181-2

정가 20,000원